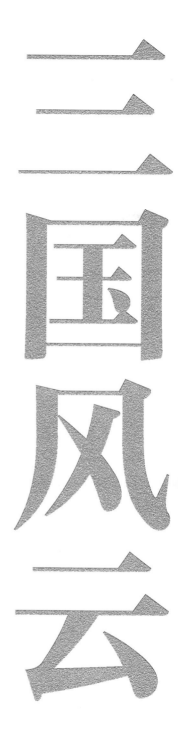

三家归晋

三国风云

蓝水飞舟 —— 著

中国出版集团　现代出版社

图书在版编目（CIP）数据

三国风云．三家归晋／蓝水飞舟著．— 北京：现代出版社，2022.3
ISBN 978-7-5143-8511-3

Ⅰ.①三… Ⅱ.①蓝… Ⅲ.①中国历史－三国时代－通俗读物 Ⅳ.① K236.09

中国版本图书馆 CIP 数据核字 (2021) 第 277672 号

三国风云：三家归晋

作　　者：蓝水飞舟
责任编辑：姚冬霞　谢　惠
出版发行：现代出版社
通信地址：北京市安定门外安华里 504 号
邮政编码：100011
电　　话：010-64267325　64245264（传真）
网　　址：www.1980xd.com
电子邮箱：xiandai@vip.sina.com
印　　刷：三河市宏盛印务有限公司

开　　本：710mm×1000mm　1/16
印　　张：20.5　　　　　　　　字　　数：290 千
版　　次：2022 年 3 月第 1 版　　印　　次：2022 年 3 月第 1 次印刷
书　　号：ISBN 978-7-5143-8511-3
定　　价：55.00 元

序　言

　　三国是一个激荡人心的时代，英雄辈出，群雄争霸，虽然过去了一千多年，但依然令无数人热血沸腾，心生向往。所以，关于三国的历史，从来没有淡出过人们的视线，也从来没有停止过书写。

　　《三国风云》是一部讲述三国历史的通俗历史作品。这部书分为四卷——《群雄逐鹿》《三分天下》《三国鼎立》《三家归晋》，以史料为基础，以人物和事件为主线，以时间为顺序，运用现代人喜欢阅读的轻松活泼的语言，以小说的笔法书写了一个精彩有料的三国。

　　在这里，需要申明的是，《三国风云》书写的是真实的历史。我在写作这部书时，参考了许多文献资料和相关的学术论著，包括《后汉书》《三国志》《晋书》《资治通鉴》及《中国历代战争史》等。但是，中国历史典籍浩如烟海，有时候同一件事情有很多种说法，即使是在同一部史料中说法也不一样。所以，在这部书的行文中，我按照自己的辨析与判断筛选其中的观点，然后采用其中一种最符合真实历史的说法。

　　关于三国，一部《三国演义》在中国广泛流传了几百年，对中国人产生了莫大而深远的影响。在民间，由于《三国演义》的广泛传播，以至于它的影响力比正史《三国志》更大，使得不少人忽视了其小说的本质，经常把它和真实的历史混为一谈。

　　可见，文学作品对真实历史产生的影响是不容小觑的。由于小说塑造人物形象的需要和作者个人的写作立场，绝大多数历史人物的真实形象在小说中都进行了一定程度的"加工"或"歪曲"（不管是美化还是丑化），以致人们看到的小说中的形象早已不是真实历史人物的真实形象了。

因此，我决定写作一部真实的三国通俗历史，让更多的人能知道在我们生活的这片土地上所发生的真实历史，也让读者能正确地认识我们的真实历史人物。当然，这部书与专家学者们苦心孤诣的学术著作是有很大的不同的，它尽可能地用通俗易懂、幽默诙谐的语言来表述，不再按照传统写史的写法和方式来写作，也不受一些条条框框的限制和约束，即从尊重历史出发"我笔写我心"就好。

当然，写历史是需要勇气的，我以一己之力来完成这部总字数大约一百万字的书，毫无疑问是一项艰巨的任务。但是，我要再一次申明写作《三国风云》遵守的三个原则：忠于史实；好看有料；给人启迪。不过，为了让内容更有趣味性，我在行文上将文学的写法与历史的写法糅合在一起，用现代人喜闻乐见的方式进行表述，但所有的历史事件和历史人物都是真实的历史存在。

其实，历史并不是晦涩难懂的，也不是高深莫测的，更不是枯燥乏味的，而现在之所以会造成一种相反的历史印象，其根本在于现代人习惯使用的语言及表达形式与古代人是不一样的。因此，我用现代人的语言写下这部能让现代人轻松愉悦地阅读的三国历史作品，力求拨开历史厚重的烟尘将一千多年前的历史人物鲜活地呈现在人们面前。

我相信，《三国风云》将带你在文字的世界里穿越历史的迷雾，重回三国历史现场。希望这部书能够还原三国历史人物的真实历史形象，修正人们对三国历史人物的误解，同时也希望能起到普及三国历史的作用。当然，由于个人水平有限，如有错误和疏漏，敬请谅解和指正。

蓝水飞舟

2020 年 4 月 14 日

目 录

第一章　诸葛恪辅政

孙权驾崩后，孙亮继承皇位登基为帝，大赦天下，更改年号为"建兴"。孙亮即位后，下诏任命诸葛恪为太傅，滕胤为卫将军兼领尚书事，吕岱为大司马，吕据为右将军，陆抗为奋威将军，朱绩为镇东将军。接着，孙亮任命岳父全尚为城门校尉，封爵都亭侯。当时，全氏家族一门五人封侯，高居重要职位，护卫在皇帝孙亮左右，而自东吴立国以来外戚贵盛显赫者没有一家比得上全家的。至于其他文臣武将，他们也各有封赏。

诸葛恪全面主持吴国朝政，取消监视制度，裁除军政冗员，免除拖欠的赋税，取消货运关税。诸葛恪颁布的各项政策都顾及了百姓的利益，给大家带来了实惠，因此吴国上下无不欢悦。这一系列惠民政策为诸葛恪赢得了巨大的声誉，以至于诸葛恪每次外出都有很多百姓引颈相望想目睹一下他的风采。

诸葛恪秉政后，不想让宗室诸藩王驻守长江沿岸的军事要地，便让小皇帝孙亮下诏收回藩王们手中的兵权，并勒令他们尽快搬家。当诏书下达到藩王们手中，齐王孙奋十分气愤，拒不服从命令。为了抗议，孙奋多次越轨法度行事，向诸葛恪施压——我是吴大帝孙权的儿子，就是不听从你诸葛恪授意之下的诏令，看你能把我怎样？

作为执政大臣，诸葛恪态度强硬，马上给孙奋写了一封亲笔信，严厉谴责孙奋不听从朝廷安排，心怀轻慢之意，蔑视王法。在信中，诸葛恪向孙奋列举了一些历史上违背诏令、不遵法度的人最后落得身败名裂的故事，更是告诫其应深以鲁王孙霸为戒以改变自己的违令行为，谨慎小心地做一个好臣子以尽力敬奉朝廷，这样才能平安富贵地过一辈子；如果执迷不悟，一切后果自负！

当年，鲁王孙霸因有非分之想而萌生夺嫡争储之心，最后被父亲孙权赐死。如今，诸葛恪旧事重提，要孙奋以此事引以为戒，其用意不言而喻。

孙奋收到诸葛恪的笺书后非常恐惧，顿时脑子"清醒"了。孙奋十分清楚，如果他不执行该诏令，下次等来的可能就是一道赐死诏书了。尽管孙奋内心十分不愿意，但他也只得顺从地交出兵权从南昌移居豫章郡，从此做一个"手无寸权"的王爷。

琅邪王孙休不敢抗议，只得按照朝廷的安排默默地从虎林移居丹杨郡，反正抗议也没有用，还不如给朝廷留下一个好印象。

诸葛恪是孙和之妃张氏的舅舅，所以诸葛恪这次"削藩"并没有下令强制将孙和迁居外地。当然，孙和作为一个废太子，是不可能再掀起风浪了。

就这样，孙权临终前的精心布局一下子就被诸葛恪破坏了。在解除地方威胁之后，诸葛恪的权力再也没有人能够限制了，并即将走上权臣之路。

东兴之战

孙权驾崩的消息很快传到了魏国，但魏、吴两国一直是死对头且已经斗争了五十多年，因此这个消息对魏国来说无疑是一个好消息。于是，魏国许多将领都很兴奋，觉得趁吴国国丧之际挥师攻打不失为一个建功立业的好机会。

诸葛恪见魏国蠢蠢欲动，为了防备敌国乘机出兵突袭吴国，决定加强国防措施，重修东兴大堤。早在黄龙二年（公元230年），刚称帝不久的孙权为了阻挡魏国大举进攻吴国，遂在东兴濡须水上修筑东兴大堤作为军事防护堤。后来，孙权征伐淮南地区，在巢湖内被魏国水军打败，一怒之下废弃了这条大堤而不再修治。

如今，诸葛恪重新看到了东兴大堤的军事价值。东兴位于今安徽含山县西南，与巢县相接，而筑堤凭险扼守至少能暂时挡住长江北岸的魏国大军大举深入吴境。

建兴元年（公元252年）十月，诸葛恪率军亲临东兴巡察，并在当地征集大量民众再次修筑东兴大堤。为了更好地防范魏国偷袭，诸葛恪派人在东兴大堤左右两端依山傍水各自建筑一座城池以作为掎角之势，既能保护东兴大堤，又能抗击来犯之敌。东兴大堤竣工后，诸葛恪率大军返回建业，命令将军全端负责驻守西城（西关），都尉留略负责驻守东城（东关），并给每座城池留下一千名士兵守城。

魏国前线将领见吴国修建东兴大堤，认为吴军进入自己疆界，耻于受辱。镇东将军诸葛诞向司马师上表，提议分兵三路攻吴，并分析道："如今，趁吴国深入内地侵略，可以派王昶逼取江陵，毌丘俭攻向武昌，以牵制吴国上游的兵力。然后，挑选精锐之师直攻东兴两城，等到他们援军赶到，我们已大获全胜了。"

诸葛诞认为东兴两城守军极少，只要率领大军兵临城下就能快速攻下来，一旦占领了吴国的军事要地，战略意义不可谓不大。魏国其他边防将领见诸葛诞向司马师请战伐吴，自然不甘落后。于是，征南大将军王昶、征东将军胡遵以及镇南将军毌丘俭等人纷纷上表，献计伐吴。

司马师一下子接到这么多不同的伐吴方案，不知道该听从谁的，便向尚书傅嘏征询出兵意见。

傅嘏为人才干练达，极有军政见识。当傅嘏看了王昶等人的伐吴方案后，他发现每一个方案都存在不足之处，便对司马师分析道："现在朝里议论纷纷，有的人想要乘船横渡长江在水面上排列战船，采取强攻的办法进攻吴国；有的人想要兵分四路并进，一起从不同方向进攻吴国的城池；有的人想要大规模屯田，观察形势后再伺机而动。诚然，这些都是攻取敌军的通常办法，但是自从我们训练集结伐吴部队以来前后已经有三年时间了，而敌人早已知晓我们的情况，所以我军已经不是一支可以出其不意进行偷袭敌军的部队了。况且，魏、吴为敌将近六十年了，吴国早已经做好了各项防备工作。虽然敌国的君臣是伪立的，但他们患难与共，而如今他们新丧元帅（指孙权驾崩），全国上下都担忧危机。因此，他们害怕我们乘机出兵，早已经把战船排列在重要的渡口，凭借险要坚守城池。目前，我军想通过走水路的方式将战船排列在江面上强渡长江进攻吴国，这条计策显然是很难成功的。综合来看，只有在边境一边大规模屯田，一边进军蚕食敌土，这样做不仅能让自己的后方稳固，而且能够根据不同情况调整出兵伐吴的方案。"

接着，傅嘏又为司马师献出自己的万全之策，其良策包括七个方面：

一、我军夺取敌方的肥沃土地，将敌人逼退到贫瘠土地上；

二、严明军队纪律，不允许士兵欺压劫掠百姓；

三、在边境地区实行招抚怀柔政策，诱使吴国军民主动投降归附；

四、从远处开始设置侦察联络哨所，不能让敌国间谍来打探军情；

五、逼退敌军，限其耕作；

六、军队就地解决口粮，食用积储的粮食，不需分兵从他处运粮；

七、多派间谍进入敌国，及时掌握敌军消息，从而迅速作出征讨突袭的决断。

简而言之，傅嘏的计策是这样的：一是抢夺肥沃土地，从农业生产方面限制对方经济；二是军队令行禁止以及实行招抚怀柔政策，争取人心所归；三是军队推行军屯，自给自足；四是发动间谍战，广泛收集对方军事情报，知己知彼，百战不殆。

司马师听了傅嘏的计策后，虽然觉得很有道理却不想采用，因为这个计策太耗时间了，照此执行不知道猴年马月才能打败吴国。

此时，司马师为了能够快速提升政治威望，迫切需要一场大胜来树立自己的威信，毕竟军功才是最有说服力的，而如果他一上任就能打败宿敌吴国，那无疑是证明能力的最好办法。

司马师抱着侥幸心理不采纳傅嘏意见，依然决定出兵伐吴。不过，司马师稍微修改了"四路并进"的出兵方案，改为兵分三路伐吴。这个方案的具

体出兵路径是这样的:

一、王昶负责进攻南郡,此为西路军;

二、毌丘俭负责进攻武昌,此为中路军;

三、胡遵和诸葛诞负责进攻东兴,此为东路军。

在这三路伐吴部队中,东路军是主力部队,人数多达七万人。

各路大军出征前,司马师提升自己的弟弟司马昭为都督,作为监军统领胡遵和诸葛诞袭击东兴。

司马昭督率步骑兵七万人到达东兴后,胡遵、诸葛诞等人将部队安置于大堤之上,命令各部赶造浮桥渡湖,分兵进攻东兴两城。虽然东兴两城兵力不多,每座城池只有一千名守军,但由于城池建筑于高险之处,所以魏军只能抬头仰攻,发挥不了大兵团作战的优势。尽管魏军人数远远多于守城吴军,但他们的兵力优势起不了大作用,而面对这样易守难攻的城池,一时之间难以攻拔。(《三国志》:"遵等敕其诸军作浮桥度,陈于堤上,分兵攻两城。城在高峻,不可卒拔。")

当年,诸葛亮用几万人马进攻只有千余守军的陈仓城,进攻二十余日尚且攻不下。由此可见,坚城不是那么容易被攻克的。

魏军围攻东兴的消息很快就传到了建业。诸葛恪明白,尽管东兴两城暂时能挡住魏军的进攻,但如果对方不计伤亡用车轮战日夜攻城,则是可能破城的。因此,诸葛恪不敢怠慢,亲率四万救援大军日夜兼程赶往东兴救援。为了赶速度,诸葛恪派遣将军留赞、吕据、唐咨、丁奉等人为先头部队,走小路先率领一部分军队去救急。对此,有一些吴将不以为然地说道:"敌军听说太傅亲自率领大军前来,等到我们上岸他们就会闻风而逃的。"

不过,丁奉不赞同诸将的意见,分析道:"事情并非如此!敌人动员了全国的力量攻伐,调集许昌、洛阳的全部军队大规模前来进犯,想必一定是有了全盘规划,岂能空手而归?我们不应指望敌人不战而退,而是要做好充分的准备才能战胜敌人。"

丁奉是作战经验极其丰富的老将,他曾经在甘宁、陆逊、潘璋等人麾下当小将，跟随吴国先辈名将们南征北战。丁奉以骁勇而闻名，作战时奋不顾身，经常能够斩将夺旗，勇冠全军。丁奉累积战功逐渐升为偏将军，成为一名能独领一军的将领。孙亮登基为帝后，丁奉被提拔为冠军将军，晋封都亭侯。

作为先锋部队的指挥官，丁奉敏锐地意识到只有快速率军到达东兴，出其不意攻其不备地袭击敌军才能迅速解围，毕竟己方总兵力不占优势，面对面硬战胜负难料。

于是，丁奉对友军将领们说道："如今各军行动迟缓，如果敌人提前占据有利地势，我军则难与他们争锋了。"言罢，丁奉让参与救援的各支部队给他的部队让路，并统率自己麾下三千人马昼夜不停地向东兴挺进——兵贵神速，长途奔袭。

时值隆冬十二月，北风凛冽，寒气袭人，大雪下得正紧。这种极端天气，显然不是适合行军打仗的时候。于是，魏军众将领放松了警惕，他们聚会高谈、饮酒取暖，浑然没有意识到危险正在慢慢地袭来。

此时，丁奉亲率本部三千士兵正马不停蹄地驰援东兴。吴军迎风前进，仅用两天时间就到达前线抢占有利地点——徐塘。

由于天降大雪天寒地冻，魏军无法攻城，诸将便趁着空隙时间摆酒举行宴会。丁奉看到魏军先头部队兵力比较少，马上看出了战机，对部下们说了一句激励的话："诸位夺得封侯爵位和官职赏赐的机会就在今天了！"

于是，丁奉命令士兵们脱去铠甲头盔，舍弃长兵器，丢掉长枪矛戟，只带短刀盾牌。丁奉如此做，一则轻装上阵，容易杀敌；二则麻痹敌军，让敌人产生轻敌心理；三则激励己方士气，置之死地而后生。

果然不出丁奉所料，魏军见吴军雪天里赤身露膊、裸衣上阵且手中只拿着短刀便丝毫不在意，以为这些吴军将士疯了——这副打扮怎么能打仗呢？

魏军纵饮笑闹，他们看着吴军的"笑话"，丝毫没有派兵防备丁奉偷袭。

当然，丁奉是会把握住这种难得的歼敌机会的。

丁奉身先士卒，率先裸衣上堤。在丁奉的激励之下，三千名吴军士气高涨，他们都尽力爬上了大堤。接着，丁奉一头冲进敌营，纵兵砍杀魏军。

魏军遇袭，被杀得措手不及，顿时乱成一团，根本无法组织起有效的抵抗。吴军势如破竹，马上攻破了魏军先头部队的营寨，击溃敌军。

就在魏军纷乱之际，适逢吕据、留赞等人也率部及时赶到。吕据等救援部队一上岸，就鼓噪呐喊地加入战斗之中，拼命砍杀魏军，展开了一场痛快淋漓的战斗。有了友军的助战，丁奉如虎添翼，势不可当，犹如猛虎下山。魏军前锋部队溃败，逃兵冲散了后方的大部队，于是驻扎在东兴的七万魏军兵败如山倒并四散逃走，人人争相抢渡浮桥逃命。

吴国镇南将军朱异趁机督率水军攻打浮桥，配合友军围歼逃亡之敌。

就这样，数万魏军一下子都挤到浮桥上，人人都想尽快逃离战场……

当然，数万仓皇逃命的魏军所产生的重压是不可小视的，于是浮桥不堪重负桥坏绳断，大批魏军纷纷跌入水中，溺死者不计其数。在后面逃命的败兵，不知道前方浮桥已断还不断向前挤，更是又造成了严重的踩踏事故，导致大量魏军命丧战友脚下。在混乱之中，魏国乐安太守桓嘉等人落水淹死。此一战，魏军几乎全军覆没，死者数万人。（《三国志》："魏军惊扰散走，争渡浮桥，桥坏绝，自投于水，更相蹈藉。乐安太守桓嘉等同时并没，死者数万。"）

丁奉勇冠三军，其神勇程度堪比当年合肥城下的张辽。丁奉仅用三千人马大破数万敌军，一战便创下了诸多纪录。东兴之战是丁奉的成名之战，此战奠定了他的名将地位。

正在进攻南郡的王昶以及进攻武昌的毌丘俭，他们在听闻主力部队东路军的败讯后不敢恋战，各自烧毁营地当机立断地率军撤走了。

值得一提的是，魏军在东兴前线各部一败涂地，唯有徐州刺史石苞所领的部队全身而退。石苞的出色表现，被司马昭看在眼里。不久之后，石苞将会受到重用，被擢升为奋武将军，成为三国时代后期的重要将领。

东兴之战，吴军大获全胜，收获满满，缴获了大批战利品。据史料记载，吴军缴获魏军车辆、牛马、驴骡数以千计，兵器、物资等战利品堆积如山，数不胜数。

吴军一举击溃敌军，取得了一场大胜利。诸葛恪整顿队伍，凯旋回到建业。值得一提的是，在东兴之战中，吴国叛将韩综担任魏军前线指挥官（前军督），也在此战中被斩杀。韩综是吴国名将韩当之子，在其父韩当病亡后，孙权命令他防守武昌。然而，韩综淫乱不轨，为非作歹，不守法度。孙权因为韩当生前为吴国做出很大贡献，功勋卓著，所以并没有派人将韩综抓起来治罪。但是，韩综做了很多坏事内心恐惧，害怕孙权有朝一日改变主意，便决定叛逃到魏国。于是，韩综用车载着父亲韩当的棺木，带着家眷及亲兵男女数千人逃奔到魏国。魏国为了策反吴国更多人前来归附，任命韩综为将军，赐爵广阳侯。更加可恨的是，韩综为了向新主人卖好，经常带着魏兵侵犯东吴边境，杀害吴国百姓。对此，孙权气得火冒三丈，对韩综切齿痛恨，恨不得亲手抓住这个叛徒将之凌迟处死。如今，诸葛恪在乱军之中找到韩综的尸体砍下他的头颅带回建业，放在吴国的太庙里祭慰孙权的在天之灵。

战后，吴国论功行赏，奖励有功之臣。诸葛恪作为三军统帅，此战功劳最大。吴主孙亮下诏加封诸葛恪为阳都侯，晋位丞相，兼任荆、扬两州州牧，督管全国所有武装部队，另外还赏赐一百斤黄金、二百匹骏马、丝帛及棉布各一万匹。丁奉被提拔为灭寇将军，晋升都乡侯。留赞因功被提升为左将军，而其他的功臣也各有赏赐。

诸葛恪取得东兴大捷后，权势和威望达到顶峰，名闻天下，一时风头无两。于是，春风得意的诸葛恪产生了轻敌心理，认为魏军也不过如此。不过，在不久的将来，轻敌大意的诸葛恪将最终会尝到苦果。

司马师的手段

魏军大败回国后，举国哗然。魏国七万大军一败涂地，数万人被歼灭，实在有损国家颜面，对此满朝公卿议论纷纷，强烈要求追究诸将的战败责任，并将他们罢官降职。面对朝廷一边倒的舆论，司马师顶住了压力，诚恳地向群臣检讨道："我没有听从好建议，才造成这样的后果。此次战败是我的失策，诸将有什么罪过呢？"

作为监军，司马昭也难辞其咎。为了避人闲话，司马师下令削去司马昭的爵位。当然，这只不过是象征性"惩罚"而已。

打了这么一个大败仗，司马师却坚决不处罚参战诸将，把战败责任全部包揽在自己的身上，并且只处罚司马昭一人。——我们不得不承认，司马师这招实在太高明了！

司马师这样做，一则树立了敢于负责任的大国领导人的形象，二则让众将心存感激死心塌地地为他效力，三则显示自己大义不避亲、任人不唯亲且有利于收买人心。

不过，司马师为了防止边防将领长期坐镇一地容易在当地树立自己的势力，便借此机会将他们的职位及其防区相互对调。于是，司马师任命诸葛诞为镇南将军，离开原来驻地扬州都督豫州；毌丘俭为镇东将军，离开原来驻地豫州都督扬州。

司马师完美处理了这起公关危机，又借故调离手握重兵的边防将领，其执政手段可见一斑。

司马昭见长兄司马师只处罚自己，心里不服气，便向自己身边的人询问道："近日之事，应该由谁来承担过错？"

王仪答道："罪责在于元帅。"王仪是司马昭麾下的司马，为人耿直，敢于说实话。

司马昭闻此言，大怒道："王仪，你是要诿罪于我吗？"

司马昭作为这次伐吴战争的都督兼监军，尽管败仗不是他亲自指挥的，但好歹他也是名义上的元帅，责任肯定是一定有的。但是，司马昭是一个不能很好控制自己情绪的人，盛怒之下下令斩杀了王仪。从这件事情中可以看出，此时司马昭的手段和水平与其兄司马师相比较确实有一段距离。不过，司马昭后来逐渐成长起来，能够很好地承担起司马家族的重任。

话说魏军伐吴之时，蜀国趁机策动西部地区的少数民族造反，攻打雍州郡县。雍州刺史陈泰随即上疏，请求从并州调兵，联合雍州之兵一起前往镇压羌胡叛乱。司马师批准了陈泰的请求，但想不到的是征兵的消息传到并州后引起了当地骚乱。并州胡人不愿接受额外多出来的兵役、徭役，抵触应召远征，强烈反对该举措，因此雁门、新兴两郡发生叛乱。

一波未平，一波又起。雍州的叛乱还没有解决，如今并州又发生了新的叛乱。毫无疑问，陈泰的征兵之举激化了当地矛盾从而引发并州叛乱，理应承担这次叛乱的主要责任。

并州叛乱的消息传到朝廷后，很多大臣强烈要求严惩陈泰。司马师为了保护陈泰，再次站出来包揽所有过错，对群臣解释道："这是我的过错，不是陈泰的责任！"司马师再三强调这是自己一人的失策，与陈泰无关。后来，陈泰费了一番劲儿，好不容易才将这些叛乱镇压下去。

由此可见，司马师确实是一个玩政治的高手。

刺杀谜团

不知不觉中，公元252年十二月很快就过去了，转眼就到了公元253年。

这一年农历正月初一，蜀国发生了一件大事——大将军费祎遇刺身亡。

众所周知，过年是中国最重要最盛大的传统节日。是日，为了庆祝新年，费祎在军事重镇汉寿城（葭萌关）大摆酒宴举行"岁首大会"，许多将领都被邀请前来参加这次宴会。

有话道，"人逢喜事精神爽，酒逢知己千杯少"。这一天，费祎很高兴，与众将开怀畅饮。在酒宴上，众将杯觥交错，轮流向大将军费祎敬酒。费祎来者不拒，不知不觉中喝得沉醉。这时，左将军郭修站起来趋步下席，向费祎敬酒。对此，大家本以为这不过是一次寻常的敬酒，但当费祎醉眼蒙眬地接过郭修递来的酒杯正要仰头喝下之际，郭修竟然抽出一把利刃径直插入了费祎的胸膛。

就这样，郭修在众目睽睽之下成功地刺杀了毫无防备的费祎。不过，郭修肯定也是逃不掉的，虽然史书里没有明确交代他的最终下场，但想必一定是命丧当场，因为后来魏国皇帝曾专门下诏褒奖追封他。因此，郭修要么是被就地正法，要么是自尽身亡。

郭修身为蜀汉高级将领，为什么会做出如此疯狂的举动呢？

这一切，要从几年前开始说起。

高平陵之变过后，姜维从夏侯霸那里打听到司马懿专心搞内政，就不失时机地上表请求北伐，趁机攻打雍州、兵出西平。姜维这一次北伐，在郭淮、陈泰、邓艾等的联手还击之下只能无功而返，唯一的收获就是俘获了西平人郭修。

据《魏氏春秋》记载，郭修一向有功绩德行，闻名于关西一带。郭修被俘后，不得已归降了蜀汉，并在短时间内官拜左将军。然而，郭修一直不愿成为蜀臣，总是朝思暮想地找机会刺杀后主刘禅。平日里，郭修利用向刘禅朝拜的时机，一边拜贺一边趋前，希望可以接近刘禅伺机行刺。不过，由于朝堂之上人太多，郭修总是被其他人阻隔而难以接近刘禅。就这样，郭修没有机会行刺刘禅，退求其次把行刺目标锁定在蜀汉的大将军费祎身上。

于是，就发生了前文所写的那一幕——大将军费祎遇刺身亡。

郭修舍弃高官厚禄和性命行刺费祎，其行为确实匪夷所思，令人百思不得其解。那么，是谁在幕后指使郭修暗杀费祎呢？

由于当初郭修是被姜维俘获的，所以有人在费祎被刺杀后将矛头指向了姜维。按常理来说，郭修作为一个降将，他在蜀国毫无背景、毫无战功的情况之下能短时间内官居左将军之位，有可能是姜维大力举荐的结果。那么，郭修会不会是"知恩图报"故意除掉费祎，好让姜维上位呢？

费祎死后，姜维很快转正，成为蜀汉的大将军。不过，从明面上看，姜维是费祎遇刺事件的最大受益者，但直到现在也并没有任何史料直接说明姜维是指使郭修行刺费祎的幕后指使者。所以，我们不能确定姜维就是费祎遇刺的幕后指使者。

据《魏氏春秋》记载，郭修最初的刺杀目标是后主刘禅，难以得手才另觅刺杀对象——大将军费祎。如果这则史料所载是正确的，我们可以做一个假设：假使姜维指使郭修行刺，为什么一开始要行刺后主刘禅而不是限制他兵权的费祎呢？显然，这是不合理的。

至于郭修舍弃自己的生命刺杀费祎背后所隐藏的玄机究竟如何则成了一个巨大的悬念，已然成为一个历史谜团。对于一件历史谜案，人们可以用多种证据和办法去推理论证它，但是又往往不能确定它的真实性，这就是历史的迷人之处。

第二章 一场败仗引发的宫廷政变

诸葛恪一上任就打赢了东兴之战，取得了一场前所未有的大捷，遂产生了轻敌思想。诸葛恪打算乘势进取中原，筹划发动一场更大的战役。于是，诸葛恪想亲率大军主动去攻打魏国，获取一场更大的胜利。

建兴二年（公元253年）春，诸葛恪刚过完年就迫不及待地召开军事会议。不过，诸葛恪万万想不到的是，他刚把伐魏议题提出来就遭到了众大臣的一致反对。大家认为，吴国多次出征国力不支，将士们已经劳困不堪，不宜贸然发动大规模的对外战争。

尽管诸大臣一齐劝说诸葛恪不要冲动，但诸葛恪强词夺理，听不进去这些金玉良言。中散大夫蒋延据理力争，坚决与诸葛恪争辩。诸葛恪被惹怒，命人将蒋延强挟出殿，并将之贬为庶人。

就这样，这次会议不欢而散。

为了让群臣领悟伐魏的必要性，诸葛恪亲自撰写了一篇将近一千字的出兵檄文送给群臣传阅。在这篇檄文中，诸葛恪开门见山就提出了自己的观点——"天无二日，士无二王"，接着引经据典列举各种古今事例，主题明确，论据充分，最后通过各种论证办法得出了一个结论：伐魏是一件势在必行的事情，吴国不能错失良机坐以待毙。

虽然群臣都知道诸葛恪的这篇长篇大论不过是为自己坚持出兵寻找借口而已，但大家都不敢再与诸葛恪辩论，毕竟蒋延的例子还历历在目。

不过，丹杨太守聂友向来与诸葛恪素有交情，决定写信劝阻诸葛恪。于是，聂友马上动笔写了一封言辞恳切的劝谏信，大意是这样的：现在我们应当按兵不动，养精蓄锐，观察时机再行动。如今，您趁着打了胜仗的形势想大举出兵伐魏，天时对我们来说并不有利。如果您勉强任意行事，我作为您的老朋友，心里会感到不安。

诸葛恪接到聂友的来信，马上派人把自己写的出兵檄文送给聂友，并在该文后面加上提醒语道："足下所言虽有道理，然而你没有看清时势大局。所以，我建议你仔细阅读这篇论说，你就会明白我的意思了。"

诸葛恪拒绝了聂友的劝谏后，将征兵旨令下发到吴国各州郡，要求地方长官按时按量完成调兵任务。这次伐魏部队的兵力数量实在惊人——高达二十万，要知道整个吴国的常规军也不过是二十几万而已！当然，如此大规模征兵发动对外战争，必定引起吴国各地百姓的骚动不安。诸葛恪的做法引起百姓不满，他的人气开始下降，并开始失去民心。（《三国志·诸葛恪传》："于是违众出军，大发州郡二十万众，百姓骚动，始失人心。"）

滕胤得知诸葛恪即将举倾国之兵伐魏后大吃一惊，急忙向诸葛恪劝谏道："您在先帝驾崩、新君即位时，接受了伊尹、霍光一样的重托，入则安定本国朝政，出则摧毁强大外敌。您的名声传扬全国，天下无不震动。百姓的心愿很简单，就是期望得以依赖您而安居乐业。如今，您在大兴劳役之后倘若再次劳师动众，必定导致百姓疲惫和国力亏虚。再说，敌国的君主已经有所防备，我军远征的结果实在难以预料。如果我军攻城不克，野战无获，您就会丧失以前的功绩而招致全国的责备。依我看来，目前不如按兵息师，休养生息，伺机而行。况且，出兵远征是一件非常重大的事情，此事要靠大家一起同心协力才能成功。众人都不乐意出兵，您岂能独自安心违背众人的意愿？"

诸葛恪与滕胤是儿女亲家，诸葛恪的次子诸葛竦娶了滕胤的女儿为妻，他们同为托孤大臣，关系非同小可。如果诸葛恪北伐失败，势必也会影响到滕家的发展，一荣俱荣，一损俱损。

诸葛恪听了亲家滕胤这番话，反驳道："大家都说不可出兵伐魏，这是因为他们都没有深谋远虑。这些人心怀苟且偷安的思想，而您也认为他们是对的，那么我还有什么指望呢？曹芳昏聩无能，魏国的政权已经被控制在权臣手中，他的臣民本来就离心离德，现在正是伐魏的最好时机。如今，我利用全国力量挟持胜利之威势，将会所向披靡，而我军所到之处哪能不获胜呢？”

事实上，尽管魏国刚刚遭遇一场惨败，但并没有大伤元气，其实力在当时三个国家之中依然是最为强大的。如今吴国与魏国相比较，吴国依然存在不少的差距。不过，诸葛恪的口才很好，擅长辩论，以前他没有掌权时就经常与群臣争论，如今大权在握说得更加理直气壮了，其急功近利的心理也暴露无遗。

就这样，诸葛恪拒绝了所有人的意见，一意孤行亲率二十万大军伐魏。

诸葛恪北伐

为了更好地攻伐魏国，诸葛恪在出征前派遣手下的司马李衡入蜀，诚邀姜维一起出兵北伐，以东西之势夹击魏国。

李衡见到姜维后直接将诸葛恪的意思转达给了对方，并分析道：“古人有话说，圣人不能匡扶时政，时机到来了一定不可错失。如今，魏国的政权已归司马家族，他们君臣相疑，上下离心。经过东兴之战后，魏国在外惨遭大败，在内民怨沸腾。自从曹操篡权以来，曹魏从来没有出现过如此颓势。如果我们联合出兵大举伐魏，按照作战方案，吴国进攻魏国东部，蜀汉则进攻魏国西部。这样一来，魏国派兵救援西部，则东部空虚，而派兵救援东部，则西部空虚。我们用雄武之师，抓住良机进攻虚弱之敌，必定大获全胜！”

姜维在费祎遇刺身亡后凭借资历和军功成为蜀国军方第一人，再也没有人能够限制他的兵权，完全可以大展身手了。

费祎在世之时，根据蜀汉的国情休养生息，增强国力，无意发动大规模的对外战争，极力遏制“好战分子”姜维的兵权。如今，姜维执政之后开始调整国策，蜀国又从全面防守阶段转向全面进攻阶段。姜维是一个进攻型的人，热衷功名，想通过战争建立不世出之功绩以名垂青史。所以，姜维听了诸葛恪的使者李衡的话后，满口答应。

建兴二年（公元253年）三月，诸葛恪不顾群臣劝阻，意气风发地率领二十万大军高调伐魏。诸葛恪出征前，担心镇东将军朱绩在后方捣乱，强行征调他率军一起北伐。朱绩与诸葛恪兄弟关系不睦，而诸葛融曾经失约导致朱绩挨过魏将王昶一顿痛打。虽然诸葛恪征调了朱绩，但并没有派朱绩率军上战场，而是将他留在了半州，并让诸葛融兼任了朱绩的职务。如此，这个梁子算是彻底结下了，因此朱绩对诸葛恪兄弟更加恨之入骨。

出征后，诸葛恪任命滕胤为都下督，留守建业，总管朝中事务。滕胤受命以来，夜以继日地勤劳工作，不敢有丝毫懈怠。在诸葛恪远征的日子里，滕胤白天接待宾客，夜间批阅文件，甚至通宵不眠地加班加点处理朝政。就这样，滕胤亲自批阅处理所有的表章奏疏，从不随意交给下属们代办。

为了诱使魏国做出错误的军事部署，诸葛恪对外宣称要进军青州、徐州。魏国朝廷得知此消息后，准备向青、徐两州增兵抵抗吴军的攻伐。不过，诸葛恪这个佯攻诡计被傅嘏识破了。

傅嘏分析道："淮海地区不是敌军轻易选择的路线，要知道当年孙权派兵出海，船队在海上遇上大浪导致船只倾覆，幸存者寥寥无几。如今，诸葛恪怎么敢抱有侥幸心理，把倾国之兵的性命交托给大海以求不被淹没呢？依我看来，诸葛恪最多是派遣熟悉水军的偏将带领一支小部队从海上沿着淮水逆流而上，做样子表示要攻打青州、徐州，以此扰乱我们的部署，而诸葛恪自己则会率领大军进攻淮南。"

司马师吸取了上次不听傅嘏的建议而惨遭大败的教训，这次他听取了傅嘏的建议重兵防御淮南地区。魏帝曹芳在司马师的授意之下，立即下诏太尉司马孚作为主帅，督统各支部队共计二十万人马防御敌军。

诸葛恪打算先率军到淮南炫耀武力，驱略魏国百姓。有的部将劝道："如今引军深入敌境，敌人边境上的百姓必定相率远避，恐怕士兵劳苦而收效甚微，不如只围困合肥新城。一旦新城被我军围困后，敌人的救兵一定会到来。那时候，我们再设计打败他们，便可大获全胜。"

诸葛恪听了这一建议，觉得很有道理。当时，魏国边境的百姓听闻二十万吴军即将入境，差不多都逃光了。倘若诸葛恪再去淮南地区"打秋风"，显然是捞不到什么"油水"的。

于是，诸葛恪采纳该计策回军包围军事重镇合肥新城，想迫使新城守军向其他部队请求支援，然后以主力部队在运动战中趁机歼灭敌人的援军。其实，这就是围城打援的计策。

当年四月，姜维也率领数万精锐部队伐魏，从石营出兵经由董亭包围雍州南安郡，以配合诸葛恪的军事行动一起围攻魏国。

吴、蜀两国同时出动主力部队伐魏，以至这次北伐比以往任何时候都更为浩大，因此魏国朝野震动。尽管魏国已经做了很多安排，司马师依然有点担忧，向中书郎虞松询问道："如今东西都发生战事，两个方向的军情都紧急，而众将情绪沮丧，这怎么办才好呢？"

虞松分析道："过去周亚夫率军平叛七国之乱，在昌邑坚守不出，拖死敌人，后来吴、楚叛军锐气耗尽，不战自败。所以，战局并不是单靠兵力来决定的，有时候看起来是弱小的，实际上是强大的；相反，有时候看起来是强大的，实际上是弱小的，这些影响战争的外部因素不可不细察。如今，诸葛恪凭借大军锐气旺盛，足以逞凶肆虐，所以现在我们万万不可与他正面交战。我军以逸待劳，坐守合肥新城，凭借坚固的城池，也足以抵抗敌军。如果敌军攻不下坚城，诸葛恪搦战不得，如此下去敌军必定筋疲力尽、士气下跌，然后将会自行撤退。因此，现在众将不率军迎战，对我方来说是有利的。至于姜维入寇，他只不过是配合诸葛恪的军事行动而已。蜀军长途作战，运粮困难，只能依靠我们田地里的小麦才得以维持生活。如此看来，蜀军并不是实力强大、根基稳固的敌寇。姜维以为我们全力应付东线而西线必定空虚，所以他才想趁乱进军捞点好处罢了。现在，只要您下令急调关中地区各支部队救援西线，在我军出其不意地到达雍州后，姜维见没有便宜可捡则必定会自动退走的。"

虞松这番军情判断完全是立足于现实的，他通过缜密的分析逐一指出敌我双方的优势与劣势，而吴、蜀两国联手北伐受制于现实必定不会成功。合肥新城是一座防御型坚城，城小池坚，防守起来并不吃力，足以抵抗几个月的时间，完全可以拖死诸葛恪的大军。姜维轻兵深入魏境，后勤供应补给不上，一旦见到魏国援军到来则必定不敢恋战。简而言之，虞松的计谋是东线的各支部队先不要迎战吴军，只需凭险固守即可，当务之急先要派兵救援西线，这样姜维见形势不利后则会自行撤退。

司马师听了虞松的分析，大喜道："妙计！"

于是，司马师命令征西将军郭淮、雍州刺史陈泰率领关中诸军去雍州解围。与此同时，司马师敕令毌丘俭等人在驻地按兵不动，保护自己的防区即可，并任由吴军去攻打合肥新城，以此耗尽敌军的锐气。

司马师的军令颁布后，魏国诸将按命令行事。果然不出虞松所料，当郭淮、陈泰等人率军到达洛门时，姜维考虑到军粮缺乏不利于长久战斗，果断率军撤走退守到了陇西边界。

姜维撤退了，西线的威胁自动解除，这样魏国就可以全心全力对付诸葛恪。

诸葛恪包围合肥新城后，马上派兵发起了猛烈的攻击。当时，合肥新城的守将是张特，颇有勇有谋。张特先前曾经在镇东将军诸葛诞麾下做牙门将，后来毌丘俭和诸葛诞对调防区后，毌丘俭命令张特屯守合肥新城。

估计张特也想不到，他刚当上新城的守将后，诸葛恪就一下子率领二十万大军前来围城。此时，合肥新城只有三千人马，与吴军相比兵力实在是太悬殊了。

尽管合肥新城内的守军并不多，但由于城池较小，也能兼顾得过来。当然，二十万吴军也不能一下子一起攻城，因为城池太小挤不上这么多人马。

张特在部将乐方的协助下，动员全军誓与城池共存亡，多次打退吴军的进攻。

诸葛恪刚开始时自信心强劲，自以为用二十万人马围攻只有三千守军的合肥新城，估计用不了几天就能打下来。谁想到，连日下来，吴军除了扒下几块城砖，一无所获。诸葛恪看见合肥新城纹丝不动，恼羞成怒，下令攻城部队不计伤亡地日夜强攻新城。于是，吴军堆起了土山，各支部队轮番猛烈进攻新城。在吴军狂风暴雨般的进攻之下，合肥新城情况十分危急。

张特决定派人出城求援，向寿春告急，请求火力支援。军士刘整受命带着求救信突围求援，但在出城不久后就被吴军抓获。吴军拷问刘整，说道："诸葛公想给你活命的机会，只要你认罪即可。"吴军想以此诱使刘整说出出城的意图。

刘整怒骂道："这是什么话！我就算死了也是魏国的鬼魂，不会苟且求生的。我只希望将你们这些贼寇打败。想要杀掉我，就尽快动手吧！"刘整宁死不屈，最终被吴军杀害。

张特见刘整突围失败，决定再派富有责任心和使命感的军士郑像出城求援。郑像临危受命，昼伏夜出，躲过了城外的巡逻兵，并成功突围向寿春方向急奔。不过，有奸细将这一情况秘密报告给了诸葛恪。于是，诸葛恪派出多股骑兵一路追寻郑像的踪迹，最终将郑像抓住。郑像被擒之后，诸葛恪令人将郑像捆绑起来用布遮住其脸，然后派人带着郑像绕着城外游走，试图策反新城守军。诸葛恪威胁郑像，只要他向城中喊出这么一句话就能免其不死——"朝廷的援军已经返回洛阳，魏军不会胜利，不如趁早投降了"。

诸葛恪再三向郑像表示，只要他能诱降新城，即可饶其不死。

郑像连连答道："我愿意配合。"

当然，郑像并不是一个贪生怕死之人，他之所以愿意喊话，只因为他还没有完成他的使命——为国效忠的使命。为了发挥自己最后的人生价值，郑像决定用自己的生命和勇气激励城内守军的士气。

郑像被吴军带到城下，但他并没有按照吴军的意思喊话，而是向城中大喊道："我们的救援大军已经快要到来了，城中的将士们要坚持住，继续努力战斗！"

诸葛恪傻眼了，直到此时才意识到被郑像忽悠了。诸葛恪气急败坏，令人用刀刺入郑像的口中，绞烂了他的嘴巴。郑像忍住剧痛，依然大呼大喊，让城中所有将士都听到了他的喊话。

合肥新城守军听了郑像的话后，山呼海啸，士气大振。

诸葛恪见他的策反计谋起了反作用，气得当场杀了郑像。

刘整和郑像这两个名不见经传的小人物，他们坚贞不屈、保持气节并坦然面对死亡，用自己的鲜血和生命捍卫了忠诚，是值得人敬佩的。

其实，退一步来说，即使刘整和郑像将求救消息传递到寿春，司马孚也不会出兵救援合肥新城的。当时，魏军诸将已经知道合肥新城被困，很多人想出兵进击诸葛恪，快速打退吴军。司马孚拒绝，解释道："进攻这种事情，要借助对方的力量才能轻松取得成功。我们应当见机行事，相机取巧，不能力争。"

镇东将军毌丘俭与扬州刺史文钦等人好立功名，请求出战吴军。司马师有点担心叔父司马孚压制不了诸将的请战要求，急忙派人带来他的禁战口谕："诸葛恪全军深入，将其军队置于绝境，这是兵家所忌。现在，他们的锋芒正锐，我军难以抵挡。再说，新城既小又坚固，敌军进攻也难以攻克。"司马师命令诸将高筑营垒防守，不得逞能私自出兵援救新城。毌丘俭等人只能按照司马师的指令，龟缩在寿春等城池里固守不出。

经过连日鏖战，合肥新城守军因没有外援而损失严重，患病及战死者超过了一半。合肥新城守军人数本来就不多，如今一下子死了将近两千人，守军终于抵挡不住了。于是，合肥新城被打开缺口，器械破损严重，城池即将沦陷。

张特见战斗人数锐减，城墙崩塌，知道合肥新城已经挡不住吴军的进攻，必须获得喘息之机才能再坚持奋战了。

张特决定伪降，欺骗诸葛恪下令停止攻城。于是，张特站在城头向诸葛恪喊话："现在，我已经无心再战了，但按照魏国律法规定被围攻超过百日而救兵仍然未至投降者，其家属可以免去刑责。我自受围攻以来，已经抵抗了九十多天，城中本来有四千多人，如今战死者已经超过一半。虽然城池即将失陷，但仍然还有一半人不愿投降，所以请给我一点时间让我去做下属们的思想工作，劝说他们一起投降。明天一早我会打开城门送名单过来投降，而现在请先把我的印绶拿去当作信物。"张特喊完话，随即把他的印绶扔给城下的吴军当作凭证。

诸葛恪听了这些话后，自忖合肥新城的抵抗力已经消耗殆尽无力再战，遂听信了张特的话而没要他的印绶。于是，诸葛恪令人将印绶扔上城头还给张特，并留一天时间给对方准备做好投降工作。

张特见诸葛恪下令部队暂停进攻，心中暗喜，立即派人拆除城内房屋的木材、砖块，连夜修补城池缺口。合肥新城内全员挑灯砌墙，将城墙崩塌的地方补上两重，以作为双重防护墙。经过一夜通宵达旦的补救，张特加固了城墙，修缮了防御工事。

第二天，诸葛恪喜滋滋地来到城下喊话，呼叫张特打开城门投降。

张特对诸葛恪说道："我誓死保卫新城，决不投降贼寇！"

诸葛恪上当受骗后恼羞成怒，下令吴军加紧攻城。然而，此时已到了炎热的夏季，南方的气候异常闷热。

其时，战斗已经持续了几个月，吴军久攻不下合肥新城，导致士卒劳苦不堪，并且因天气酷热而饮用了不洁净的生水，因此许多士兵肚痛腹泻以致两腿发肿，浑身无力。由于疫病横行，二十万吴军病倒了一半，到处都是死伤的士兵。（《三国志·诸葛恪传》："攻守连月，城不拔。士卒疲劳，因暑饮水，泄下、流肿，病者大半，死伤涂地。"）

吴军经过不断折腾，战斗力锐减，再也没有力气攻得动修好了城墙的合肥新城。

随着各营病号不断增多，吴军将领们非常担忧，遂向诸葛恪报告相关情况。但是，诸葛恪却认为他们说假话扰乱军心，扬言要杀掉这些汇报之人。自此，诸将噤若寒蝉，再没有人敢汇报病情了。

二十万大军攻打了几个月，依然攻不下只有几千名守军的合肥新城。为此，诸葛恪深感耻辱，愤怒至极，把怒气撒在了众将士身上。尽管诸葛恪内心深处已经认识到攻打合肥新城是失策之举，然而耻于攻城不下，愤恨之情经常挂在脸上给众将士看。("恪内惟失计，而耻城不下，忿形于色。")

镇南将军朱异见军情不利，建议诸葛恪停止攻打合肥新城，应该率军快速返回豫章郡袭击石头城，这样不出数日就可以将之攻克。诸葛恪不同意朱异的意见，写了一封书信晓谕朱异继续坚持攻打合肥新城。

朱异见诸葛恪为了个人面子而拿几十万将士的生命做无谓的牺牲，生气地将书信扔在了地上。诸葛恪闻此状大怒，下令剥夺了朱异的兵权，并将之贬为庶民遣还建业。

都尉蔡林见朱异因提建议就被诸葛恪撤职，遂心生恐惧，连夜骑马投奔魏国而去。蔡林之前曾经屡次献策陈述用兵之计，但诸葛恪都不采纳，因此蔡林担心诸葛恪为了发泄怒气会找他算账。

蔡林叛逃魏国后将吴军前线的情况和盘托出，于是司马孚得知了吴军的全部情况，意识到反攻的时刻终于到来，遂下令各支部队一齐出兵夹击疲惫之敌。毌丘俭、文钦等人得到命令，都率部倾巢而出，联手围歼吴军。

吴军本来攻打合肥新城数月不下就已经耗尽了锐气，而此时更是疲惫不堪、士气低落、毫无斗志，根本不是养精蓄锐几个月的魏军的对手。当然，诸葛恪也明白自己部队的处境，所以他得知魏军倾巢而出后马上下令从合肥新城撤军。不过，此时撤军已经晚了，二十万大军不是那么容易就能全身而退的。由于吴军病号很多，沿路掉队者不计其数，有的人甚至直接倒毙于路边的坑沟中，尸横遍野。

此时，司马师得知诸葛恪率军仓皇撤退，急令文钦督率精锐部队急速赶赴合榆截断吴军的退路。同时，毌丘俭等部在后面全力追击撤退之中的吴军，前后夹击溃逃之敌。

在魏军围追堵截之下，大批生病走不动的吴军成了魏军的俘虏。在毌丘俭等部的配合之下，文钦率部迎击不堪一击的吴军，一战追斩万余人，取得了一次大胜。("恪惧而遁，钦逆击，大破之，斩首万余级。")

吴军一路不断被魏军追打，苦不堪言。众将士对诸葛恪极其不满，怨声载道，全军上下呼天抢地，恨不得生吞活剥了诸葛恪。当然，正是由于诸葛恪的失策，才导致成千上万吴军死于异国他乡。

在付出了巨大的伤亡代价后，吴军好不容易才摆脱了魏军的追击，进入了吴国的国境内。

吴军惨败而归，吴国上下都沉浸在哀痛悲叹之中，但诸葛恪神色自若没有丝毫悲伤之情，好像将士们的生命不值一提。

在诸葛恪惨败退还之时，聂友就知道诸葛恪将要败亡，便给滕胤写了一封信伤感地说道："当一个人处于强盛之时，他的命令可让山动河移，但一旦陷于败弱之地，人们对他的态度就会不同了。说到这里，实在令人悲伤叹息。"聂友是诸葛恪的朋友，很了解诸葛恪的秉性，知道他不会为战败负责，反而会推卸责任给别人。到时候，人们肯定会群起而攻之，诸葛恪的覆灭指日可下。

魏国名将邓艾见诸葛恪率军撤退，也对司马师说道："孙权已死，群臣不认可新任的执政者。东吴著名的宗族大姓都有自己的武装力量，江东世族凭借武力、倚仗权势则完全可以独霸一方。诸葛恪刚刚把持朝政，国内没有众望所归的君主，他不考虑如何安抚江东豪族以便稳定政权，却频繁对外用兵虐使自己的国民。如今，诸葛恪以全国的兵力攻打合肥新城，损失数万兵马大败而归，他自取灭亡的末日就不远了。从前，伍子胥、吴起、商鞅、乐毅等人都曾得到各自国君的重用，但是君主一死他们也就大难临头了，更何况诸葛恪的才能远远不能和上述四位贤能之士相比。诸葛恪不谨慎考虑潜伏在暗处的巨大危险，反而自取败亡之日，其时不会太远了。"

诸葛家族是流亡北士，在江东根基很浅，属于外来户，远不如世代扎根的江东豪族那么稳固。诸葛恪执政后，不安心搞内政团结各股势力，却恃功轻敌轻率出兵并导致惨败。邓艾预料到诸葛恪败北后必定人心尽失，到时候诸葛恪的政敌就会趁机设计杀掉他，并且可以轻松消除他在吴国的影响力。

诸葛恪打了这么一个大败仗后却并没有率军直接回朝，而是在江渚住了一个月，打算在浔阳屯田以恢复元气，企图再一次挥师北伐。

吴国朝廷得知诸葛恪的打算后，不断下诏召唤诸葛恪回朝。一时之间，诏书接踵而来，诸葛恪在不得已的情况下才慢慢地率军返回建业。从此，吴国百姓对诸葛恪大为失望，越来越多的人开始口出怨恨之言埋怨诸葛恪。

新城之战后，诸葛恪的形象一落千丈，威望急骤下降，这为他的败亡埋下了伏笔。

诸葛恪的覆灭

建兴二年（公元253年）八月，诸葛恪离开京都半年且吃了一个大败仗后，这才带着残兵败将慢吞吞地返回建业。不过，诸葛恪很讲排场，他率军一回到建业地界就要求将领们排列成整齐的队伍，并由仪仗队导引他回到大将军府。诸葛恪把入城仪式搞得很隆重，仿佛他打了一个大胜仗归来。

吴国军民们见诸葛恪这样做心里很难受，成千上万的江东弟子兵丧命敌手，而诸葛恪竟然如此漠视将士们的生命。不过，吴军虽然死伤惨重，但诸葛恪却心安理得，他脸上丝毫不见愧悔之意。就这样，诸葛恪冷漠无情且不负责任的态度激起了吴国百姓的反感，而这终将导致他招来杀身之祸。

诸葛恪回到大将军府后，立即召来中书令孙嘿，厉声呵斥道："你们怎么敢随意滥发诏书召我回朝？"

孙嘿听了诸葛恪的斥责，浑身颤抖着恐惧地辞谢出来。孙嘿担忧诸葛恪会惩罚他，回家后急忙写了一封信告病辞官还乡。

诸葛恪着手检视官员名录，把自己出征离京后朝廷所奏准任命的各级官员一律罢免。诸葛恪重新选任官员，排斥政见不合者，任人唯亲地让自己的亲信担任空缺出来的官职。自此以后，诸葛恪为了显示威严动辄就对他人横加责备，经常怪罪文武百官，俨然就是一个说一不二的权臣样子，以至前来觐见他的人个个都屏息敛气，无不诚惶诚恐，大气都不敢出一口。吴国群臣日夜提心吊胆、如履薄冰，害怕自己被诸葛恪一不顺心找碴儿。殊不知，诸葛恪以严立威实施"高压政策"，得罪的人将会越来越多，而且只能产生更多的政敌。

为了更好地控制皇帝和探听皇宫的消息，诸葛恪私自改换皇宫中的侍卫部队，任用自己亲近的人做宿卫人员。接着，诸葛恪又命令军队整装待发，准备进军青州、徐州一带。

诸葛恪这一系列人事调整及违规操作，完全是在挑战吴国百姓的底线。于是，群臣的怨愤情绪溢于言表，敢怒不敢言，人人恨不得将诸葛恪置之死地而后快。

要知道，司马师在东兴之战后马上把战败归咎于自己而主动担责，但反观诸葛恪在新城败北之后的态度着实让人心寒，不肯承认自己失策也就罢了，反而不断指责和罢黜他人。换言之，诸葛恪这些举动完全是"作死"的行为，简直就是作茧自缚。

诸葛恪一直将叔父诸葛亮当作自己的偶像，发誓要干出超越叔父的功绩。尽管诸葛恪也是一个人才，但他的水平和胸襟与其叔父诸葛亮相比起来实在是差距太大了。想当年，诸葛亮第一次北伐违背众意提拔马谡驻守街亭，战败后诸葛亮主动上表担责且自贬三等，向蜀国通报自己的过错并做出深刻的自我检讨，这体现了一个执政者的责任和胸襟。

当然，"人非圣贤，孰能无过"。其实，犯错并不可怕，可怕的是犯了错误还不肯承认，并找各种借口推卸自己应当承担的责任。

诸葛恪不听建议违背众意北伐且惨败而归，这完全是他一个人的责任，但是他把自己应当担负的责任推得一干二净。

与此同时，诸葛恪为了找回面子，刚惨败回朝后又想再次率领大军北伐。当然，诸葛恪这一次没有机会再次北伐了，因为他即将命丧政敌之手。

自从诸葛恪接受遗诏辅政后，他就不缺乏政敌，而在新城之战后许多中立的大臣更是转变了自己的立场，都恨不得诸葛恪尽早下台。

前文说过，孙峻是一个政治投机分子，他之前向诸葛恪出卖孙弘完全是站在个人角度考虑自己的利益。作为辅政大臣之一，孙峻完全是一个多余的人，因为所有的军政大权都集于诸葛恪一身。因此，孙峻对诸葛恪的怨恨很大，一直在寻找机会下手并想取而代之。如今，诸葛恪尽失民心且为群臣所嫌，孙峻知道他的机会来了。

于是，孙峻秘密觐见小皇帝孙亮，构陷诸葛恪即将发动政变，企图废帝迎接废太子孙和登基。诸葛恪北伐失败后，为了摆脱在朝中威望下降的政治危机，便派人修整武昌的宫殿有意迁都武昌，所以民间就有传言说诸葛恪想迎立废太子孙和在武昌登基。

当孙峻秘密汇报这个小道消息后，孙亮大吃一惊，"宁可信其有，不可信其无"。尽管这是一个谣言，孙亮还是选择了相信孙峻的话，因为历史上从来没有哪一个被赶下台的皇帝还有好结局的。

孙峻在得到皇帝的首肯后，决定与孙亮合谋设计除掉诸葛恪。其实，孙峻的密谋毫无新意，只不过是以皇帝的名义邀请诸葛恪进宫赴宴，趁机在酒席上将之杀死。——这就是翻版"鸿门宴"。

诸葛恪接到皇帝的请帖后，不知有诈，便满口答应了。

当诸葛恪的马车行驶到宫门口前，孙峻提前站在那里满脸笑容迎接诸葛恪。孙峻一望见诸葛恪的马车，便疾步上前问候，并对诸葛恪说道："太傅的尊体如果不太舒服，自然可以改日再来朝见，我自会去禀告陛下。"

此时，孙峻早已在宴会场地的帷帐中埋伏好了亲兵，不过担心诸葛恪不按时赴约导致密谋败露，所以亲自出来迎见诸葛恪，并假惺惺地作态想以此试探诸葛恪看对方有没有怀疑自己。

尽管诸葛恪身体不舒服，依然答道："我会尽力进宫觐见陛下的。"在诸葛恪的认知和意识里，他没有任何理由在别人面前示弱，争强好胜是他的一贯作风。作为首辅，诸葛恪有着铁腕的政治手段，敢于不顾反对举倾国之兵北伐，敢于罢黜所有不是他任命的官员，所以性格张扬的诸葛恪只知道进而不知道退。

就在诸葛恪打算进宫之际，散骑常侍张约、朱恩偷偷地给诸葛恪递上了一张纸条，上面写道："今日宴会布置不同往常，我们怀疑有诈。"

张约和朱恩是诸葛恪的心腹，他们二人被诸葛恪安排在皇宫里当差，以便及时汇报皇宫里的情况。所以，张约和朱恩有机会看到孙峻派人布置宴会的情形，但他们只是察觉到宴会不同往常，并不知道孙峻究竟想干什么。

诸葛恪看了亲信递过来的纸条后有所省悟，借故抽身离去。诸葛恪还未走出宫殿大门就遇到了太常滕胤，便将该纸条递给亲家看。

滕胤是一个做事比较谨慎之人，力劝诸葛恪打道回府，不要冒任何危险进宫赴宴。

诸葛恪听了滕胤的话摇了摇头，不以为然地说道："孙峻这小子有何能耐，他哪敢动我一根汗毛！只怕他在酒食中下药，这点不得不防备。"诸葛恪素来看不起孙峻，认为孙峻能当上托孤大臣靠的不是能力而是宗室身份，所以诸葛恪经常在言行中侮辱对方。

于是，诸葛恪随身带上自己常饮的药酒，带剑穿靴上殿。诸葛恪拜谢了小皇帝孙亮，就转身安然地坐下来。

不一会儿，侍者端上酒菜，给诸葛恪斟满美酒。诸葛恪怀疑皇宫中的酒有毒，并没有饮用。孙峻见诸葛恪迟疑不饮，贴心地说道："太傅的病还未痊愈，应当带有常服的药酒，可以拿出来喝。"

诸葛恪听了孙峻的话后打消了心中的疑虑，取出随身携带的药酒自斟自饮。酒过数巡后，孙亮借故离开宴席回到了内殿里，紧接着孙峻也起身上厕所。对于这一切，诸葛恪已经放松了警惕，他浑然没有意识到危险的到来。

过了一会儿，孙峻出来后手拿圣旨当众宣读："有诏书，收捕诸葛恪！"这时，诸葛恪才吃惊地发现孙峻已经脱掉长衣更换了短装，并满脸杀气地拿着大刀。

诸葛恪惊起，还没来得及拔剑出鞘，而孙峻的大刀已经接连砍了过来，并把诸葛恪砍翻在地。张约见情势不妙，急忙从旁边过来解救诸葛恪，拔刀砍向了孙峻。不过，张约只砍伤了孙峻的左手。孙峻骁勇有力，受伤后随手回砍一刀，砍断了张约的右臂。

这时，伏兵们才反应过来，纷纷跑上大殿要砍杀诸葛恪一派的大臣。孙峻制止道："要杀的是诸葛恪，现在他已经死了，不准伤害其他人。"

孙峻喝退伏兵，命令将地上的血迹拭擦干净，然后又继续从容饮酒，好像什么事情都没有发生过似的。

参加宴会的群臣心惊胆战地看着这一幕，人人目瞪口呆，不知所措……

不过，"覆巢之下，岂有完卵"！

诸葛恪的次子诸葛竦和幼子诸葛建听闻父亲被杀于大殿之上，马上知道再不逃跑就有人来收捕他们了。于是，他们用车子载着母亲计划逃到魏国避难。诸葛竦知道孙峻心狠手辣，一定会派人来追捕他们，便决定用自己的性命来负责断后，为母亲和弟弟诸葛建赢得宝贵的逃命时间。

当然，孙峻是不会放过诸葛恪的妻儿的，遂派遣骑督刘承率军追赶，并在白都追上诸葛竦将之杀死。诸葛竦的自我牺牲确实赢得了一点宝贵的时间，使得诸葛建带着母亲渡过长江仓皇往北投奔魏国。不过，最后还是功亏一篑，诸葛建和母亲走了几十里快要到达魏国边界时，被追兵赶上收捕回去处死了。诸葛恪的亲属和亲信都受到牵连，其外甥都乡侯张震及亲信朱恩等人被诛灭三族。

诸葛恪直系亲属死了，旁系亲属也跑不掉。孙峻派遣无难督施宽前往荆州，召集驻扎在江陵的镇东将军朱绩带领孙壹、全熙等人一起领兵前去公安城收捕诸葛恪之弟诸葛融。孙峻知道朱绩与诸葛氏有仇，让朱绩奉旨擒拿诸葛融会收到一举两得的效果：一是给朱绩一个公报私仇的机会，他会感激孙峻；二是朱绩必定十分卖力，帮孙峻顺利灭掉政敌。由此可见，孙峻是懂得收买人心且有一定的权谋手段。

诸葛融听闻其兄诸葛恪被诛，如今官兵又兵临城下，大为恐惧，不知道如何是好。施宽等人指挥军队将城池包围后，诸葛融无计可施，知道难逃一死，只得服毒自杀，而他的三个儿子也全被处死，惨遭灭门。

至此，在吴国的诸葛氏被政敌消灭得一干二净，惨遭灭族。诸葛恪曾经权倾一时，可惜最后他犯了各种错误失掉了人心，招致灾祸，身死族灭，悲乎哀哉！

独裁者孙峻

诸葛恪被诛杀后，一些见风使舵之人纷纷上表推荐孙峻。于是，小皇帝孙亮下诏任命孙峻为丞相、大将军，假节督管吴国所有军队，晋封富春侯。因此，孙峻全面掌握军政大权，取代了诸葛恪的职位，成为吴国实际上的执政者。毫无疑问，孙峻成为这次宫廷政变最大的受益者。

孙峻一向没有显赫的声名，又没有出色的业绩，却通过一次宫廷政变成为一国主宰，并开始专擅朝政。孙峻骄矜阴险，性格好杀，知道很多人心中不服他，就不断通过严刑立威以滥施酷刑杀人，导致百姓怨声载道。孙峻执政后，他色胆包天地多次潜入后宫奸淫宫女，并暗中与全公主孙鲁班私通。（《三国志·孙峻传》："峻素无重名，骄矜险害，多所刑杀，百姓嚣然。又奸乱宫人，与公主鲁班私通。"）

孙峻是孙权的堂孙，孙鲁班是孙权的长女。从两人的辈分上来看，孙峻是孙鲁班的堂侄儿，孙鲁班是孙峻的堂姑妈，他们的血缘关系离得挺近。

顺便提一下，孙鲁班的丈夫全琮在赤乌十二年（公元249年）去世了。作为一个寡妇，孙鲁班是半老徐娘依旧风韵犹存，并利用自己的身份在皇宫中经常与孙峻幽会。同时，这对男女不但勾搭成奸，而且陷害忠良，使得吴国政坛乌烟瘴气。

有人说，孙鲁班在丈夫全琮去世后因为按捺不住寂寞勾搭孙峻，是"三国最淫荡的女人"。其实，孙鲁班和孙峻发展成为情人，恐怕是政治上互相利用的因素占得更多一些。

前文提及，孙鲁班与孙和的母亲一向不和。因此，孙鲁班在孙峻执政后不失时机地劝说其将孙和迁居到新都，并想以此整死孙和。孙峻素来谄媚侍奉孙鲁班，故而满口答应。在此之前，有谣传诸葛恪企图拥立孙和在武昌登基，所以孙峻无论是为自己考虑还是为了讨好孙鲁班都不可能放过孙和。

于是，孙峻派遣特使到长沙剥夺了孙和的南阳王印玺绶带，将他流放到新都。孙和只得默默地收拾行李，带着全家男女老少一起上路去新都。

想不到，过了几天孙峻又派特使带着一封新诏书追赶孙和，而这是一封赐死的诏书。

事已至此，孙和只能接受命运的安排了。在孙和自尽前，他叫来了自己的妻子张氏，与之告别。张氏听了丈夫永诀的话，强忍着泪水坚决地说道："无论吉凶福祸，我这一辈子都相随着你，终不能独自一人存活在世上。"

在孙和自尽后，张氏随之自杀殉夫。孙和夫妻无辜被逼死的消息传出后，吴国上下都为之悲伤嗟叹。

孙和有一个爱妾叫作何姬，她目睹了孙和的自杀过程，也恨不得自杀殉夫。不过，何姬见孙和遗留下四个嗷嗷待哺的儿子，悲恸欲绝地说道："如果都跟着一起去死，谁人来抚孤育小？"

孙和死后留下四个儿子，其长子是孙皓，当时年仅十一岁。孙皓是何姬的亲生儿子，他也目睹了父亲孙和自杀的惨烈场景，并深深地印入了他的脑海之中。十几年后，孙皓阴差阳错地成为吴国的末代皇帝，由于童年留下了极大的心理阴影，他心理有些变态地利用手中的权力展开了疯狂残酷的报复。何姬是一个性格坚韧、意志坚强的女人，她忍辱负重地活着，独自抚养孙皓及其他三个孩子。孙皓登基后，追尊父亲孙和为"昭献皇帝"（后改尊为"文皇帝"），而何姬被尊为"昭献皇后"，随之晋升为皇太后。此是后话。

孙峻独自专持军政大权后，他还有两件事情亟须做：一是继续打击政敌，扫清专政的障碍；二是设法收买人心，巩固自己的统治。

孙峻忌恨聂友与诸葛恪交好，打算将他赶往荒凉的地方——去交州郁林郡做太守。聂友才干过人，是社会上的知名人物，留这么一个政见不合者在京都自然不利于孙峻的统治。聂友得知孙峻的打算后，心中很是郁闷，不久就忧愤而逝。

滕胤见孙峻铲除异己者，急忙向朝廷提交辞呈，请求回家养老。因为滕胤是诸葛竦的岳父，与诸葛恪有着姻亲关系，所以孙亮接到滕胤的辞职申请书后在孙峻的指示下批示"不同意"。

滕胤德高望重，是孙权指定的托孤大臣之一，如果在他没有犯错的情况下同意他辞职离京，无疑会让孙峻背负上嫉贤妒能的恶名。于是，孙峻为了挽留滕胤亲自去做他的思想工作，诚恳地说道："鲧和禹罪过不相连累，滕侯何必这样呢？"

孙峻这句话说的是鲧禹治水的故事。相传上古时代，神州大地洪水泛滥，鲧受命治水，但他用筑堤堵水之法治水，九年不成功，获罪被舜处死。后来，舜让鲧的儿子禹负责治水事宜。禹治水三过家门而不入，经过不懈努力终于取得成功。最后，禹治水有功接受帝舜禅让，成为夏朝开国君主。

在孙峻的挽留之下，滕胤只得继续留任。为了拉拢滕胤，孙峻让孙亮下诏晋封滕胤为高密侯。尽管孙峻提高了滕胤的俸禄和爵位，但还是提防着滕胤，不让他担任御史大夫，限制对方的实权。御史大夫是丞相的助手，其职责是负责监察百官，是一个仅次于丞相的职位。对于孙峻的做法，吴国很多士人皆备感失望（"士人皆失望矣"）。

虽然孙峻与滕胤关系并不融洽，但他们为了各自需要在外表上都相互包容，继续一起共事。

吕据作为孙权临终前安排的辅政大臣之一，当然也是孙峻的拉拢对象。于是，孙峻升任吕据为骠骑将军，让他兼管西宫事务。孙峻为了争取宗室成员的支持，将孙壹从镇南将军迁任镇军将军，给予假节权力，令其驻守夏口。

在孙峻的建议之下，孙亮宣布大赦天下并改元——将"建兴"年号改为"五凤"。

五凤元年（公元254年），吴侯孙英见孙峻滥用职权，擅权专横，祸乱朝纲，遂企图谋杀孙峻为国铲除权臣。孙英是故太子孙登的次子，东吴宗室。不过，孙英还没有动手就被孙峻提前知道了，并在谋杀计划泄密后自杀身亡。

据《吴历》记载，孙和无罪被赐死引起了众人的同情，很多人为此义愤填膺，非常不满孙峻滥杀无辜。前司马桓虑见众人对孙峻怀有不满之情，遂暗中秘密召集一些将吏谋划刺杀孙峻，欲拥立孙英为帝。桓虑和孙英一样，他的计划还没有动手就泄密了，最后这些参与之人都被孙峻诛杀了。不过，孙英并不知道桓虑等人的计划。

吴国频繁发生针对孙峻的谋杀事件，由此可见孙峻的统治并不得人心。

孙峻发动宫廷政变攫取了最高权力，但他为后来者树立了一个坏榜样，导致吴宫喋血事件层出不穷。从此以后，吴国政坛将永无宁日。

第三章　一手遮天

吴国发生了一场影响深远的宫廷政变，不知道魏国一些大臣是不是从中得到了启发，他们也紧接着谋划了一起关系到魏国国运的政变。

自从高平陵政变后，司马家族就把持了魏国朝政，他们通过各种手段剪除政敌，稳固其统治。如今，与其说魏国是曹家几代人打拼下来的基业，倒不如说是司马氏的天下更加恰当。当然，司马氏专擅朝政，引起了一些忠于魏室的大臣的强烈不满，这些人在暗处谋划了一场政变以试图推翻司马师的统治。

谋划

在魏国后期的"拥曹派"人物中，中书令李丰是一个不可忽视的人物。

李丰，字安国，卫尉李义之子。李丰才华横溢，善于品评人物，十七八岁时就名扬天下，赢得了魏国士人的交口称赞。李丰少年成名，自然引起了官府的注意。不过，李义认为成名太早也不一定是一件好事，因此不想让自己的儿子过早涉足官场，遂强令李丰闭门读书谢绝来客。李丰被"雪藏"后，只能在家研习学问。

后来，李丰应召入仕，在曹叡居住的东宫担任文学侍从。曹叡登基称帝后，有一次接见一名吴国降人，问道："江东地区的人，听到谁人称得上是中原名士啊？"

投降的人答道："我只听说过李安国。"

当时，曹叡也不知道何人是李安国，便向左右问道："李安国在哪里？"

此时，李丰担任黄门郎，官卑职小，所以曹叡并不认识他。当左右近臣为皇帝曹叡指出李丰后，曹叡有感于李丰名声传到国外，遂让他转任骑都尉、给事中。

到了正始年间，李丰被提拔为侍中、尚书仆射，开始担任显要职位。当时，曹爽专政架空了很多元老重臣，引得朝臣不满。李丰见曹爽不成大器，意识到曹爽以后有可能被司马懿赶下台，所以李丰为了不得罪曹爽和司马懿便两面讨巧、虚与委蛇，经常借口生病请病假在家"养病"。

按照当时台省的制度，请病假满一百天还不能到任者，就会自动解除官职。李丰是一个聪明人，很会钻律法的漏洞。因此，李丰一般请病假休息几十天后就会病愈，可是到任不到几天又会突然"发病"，然后又请假休息几十天，病愈后又到任几天，然后又突然"发病"需要卧病在床休息，如此反复数年。尽管很多人都知道李丰生病是假的，但是他名声在外，也不好意思说他什么。

司马懿发动高平陵政变诛杀曹爽后，李丰非常恐惧，再不敢"请病假"不到任了。司马懿病逝后，司马师接管魏国权柄。当时，中书令一职空缺，司马师询问朝臣："谁人合适补任该职位？"有人便推荐了李丰。司马师本也比较看重李丰，便向朝廷上表奏请任命李丰为中书令。尽管司马师极力拉拢李丰，但李丰内心深处却是偏向夏侯玄的，认为夏侯玄才有资格辅政。

李丰出任中书令后，有机会得以时常接触皇帝曹芳。此时，曹芳已经长大成人了，也明白司马师专擅朝政从而导致皇室式微，心中对司马师充满了怨恨之情。曹芳知道李丰是魏室忠臣，时常召他来商议一些事情，并暗中策划扳倒司马师。

要知道，夏侯氏和曹氏世代都是姻亲关系，这两个家族的利益休戚与共。曹操创业之初，其根基就是曹家和夏侯家的人马，而这两个家族诞生了无数名将，并为曹魏政权的创立做出了杰出的贡献。但是，高平陵政变后，司马氏篡夺了魏国的政权，曹魏宗室黯然，处处受制于权臣。

据《魏书》记载，李丰以为自己身处机要，深知皇宫机密，又其儿子李韬娶魏明帝之女齐长公主为妻，他们父子为朝廷内外所重视。因此，李丰心不自安，担心为司马师所忌惮。

李丰无论是为国家命运着想，还是为个人前途考虑，都有必要除掉司马师，以让曹魏宗室辅政。当然，李丰也知道，光凭自己的力量是不足以扳倒司马师的。

于是，李丰秘密派遣自己的儿子李韬去联系一个重要的帮手——光禄大夫张缉。张缉是当朝张皇后之父，即少帝曹芳的岳父。张缉是原凉州刺史张既之子，属于功臣之后。张缉以门荫入仕，在其父张既死后袭封西乡侯，随后以中书郎身份迁任东莞太守。

嘉平四年（公元252年）二月，曹芳下诏立张缉之女张氏为皇后。张缉成为国丈后，身价水涨船高，升任光禄大夫，位特进，备受恩宠。谁想到，张缉的好日子没有过多久，他就因为是皇后之父而被司马师免去了郡守之职。司马懿曾经借故将曹魏藩王们软禁在邺城居住，而司马师也得其父真传，当然不想让皇亲国戚掌权。张缉赋闲在家郁郁不得志，虽然不敢对司马师口出怨言，但其内心深处自然痛恨司马师专权跋扈。

张缉作为一个手无寸权的外戚，其政治抱负当然实现不了。李丰知道张缉的心思后，便暗中派遣儿子李韬去联络张缉。

当时，张缉卧病在床，于是李韬以探病的名义去探望张缉。李韬到了张缉府上，屏退众人后在张缉耳边轻声地说道："我李韬娶公主为妻，我父子两人都身在机要之处。如今，大将军司马师秉政，有一些事情恐怕不得明说，而太常夏侯玄也对江山社稷常怀忧虑之心。现在，您虽然贵为国丈，但以后您的身家性命也很难预料。您认真思考您的处境，家父希望能与您图谋大事。"

张缉闻此言默默地思考了很久，才说道："现在，我们都站在同一条船上，我怎能置身事外逃避呢？此等大事，事关重大，一定要严防泄密。如果不成功的话，我们都会有灭族之祸。"

李丰和张缉是老乡，有一定的交情。现在，他们利害相同，一致认为有义务振兴魏室，而且在驱逐权臣的同时也能实现自己的人生目标；否则，在司马氏的压制之下，永远没有出头之日。于是，他们有意联手密谋，打算让夏侯玄取代司马师辅佐朝政。

李韬得到张缉的应允之后马上离开了张府，赶紧回家向父亲李丰汇报相关情况。李丰虽然是皇帝身边的中书令，有处理政务的权力，但他并没有兵权。一般来说，发动政变必须要有武装力量作为后盾，才有成功的机会。

当年，司马懿能成功发动高平陵政变，其背后的武装力量是司马师在民间豢养的三千名死士。如果没有这些人，即使司马懿有经文纬武之才，也不可能占领得了洛阳。同理，李丰想推翻司马师的统治，必须要有武装力量作为硬实力，况且如今的司马师并非往日的曹爽可以并论。

于是，李丰暗中指示他的弟弟兖州刺史李翼上表请求入朝觐见皇帝，打算让李翼趁机率兵前来洛阳，然后见机合力起事，以武力威逼司马师主动下台。

司马氏是搞阴谋起家的，司马师从小耳濡目染，又经过多年的权力斗争，已然成了政坛的老狐狸。尽管司马师不知道李翼的意图如何，但他敏锐的政治嗅觉已经告诉他镇守外地的将领无事突然上表请求入京，这绝对不是什么好事。想当年，董卓进京改写了东汉的命运。所以司马师不批准李翼的请求，派人告诉他留在驻地老老实实地待着。

李丰一计不成又生一计，打算用皇宫里的守卫作为杀手，设计谋杀司马师。

嘉平六年（公元254年）二月，魏国皇宫册封贵人。按照礼仪，司马师作为辅政大臣，他是要前来参加隆重的宫廷典礼的。不过，司马师自执政以来，为了人身安全着想，他从不主动进入皇宫，毕竟不能保证忠于魏室的大臣不会教唆皇帝对他不利。

在册封典礼之前，李丰秘密会见黄门监苏铄、永宁署令乐敦、冗从仆射刘贤等人，对他们说道："诸位在皇宫内当差，暗中做了很多违法之事。大将军司马师为人严厉刚毅，已多次跟我提起这些事情，你们都应该以张当的下场作为鉴戒。但是，只要你们按照我的要求去做，就能化险为夷。"

当年，张当依附曹爽做了一些违法乱纪的事情，最后身死族灭。其实，这些事情也才过了几年而已，洛阳东市刑场的悲惨一幕在苏铄等人的脑海中都曾留下深刻的印迹。当然，至于司马师有没有向李丰提起苏铄等人的违法之事并不重要，反正在李丰的连吓带骗之下苏铄等人害怕了……

苏铄等人手中有一定权力，他们长期混迹官场，要么生活作风有问题，要么经济来源有问题，反正没有哪一个人是干净的。所以，苏铄等人闻此言大为恐慌，以为司马师已经掌握了他们违法的确凿证据，急忙众口同声地答道："我等一定会遵循您的嘱咐去做。"

李丰见苏铄等人都答应听从他的命令，便把诛灭司马师的计谋告诉他们，说道："册封贵人那天，诸营官兵都守卫在宫门口。陛下御驾临近前廊时，大家可以趁此机会威迫陛下同意诛灭权臣。到时候，你们奉诏率领众官兵士，一起动手诛杀司马师。你们应当共同谋划这次谋杀行动，切记不要走漏消息！"

苏铄等人面带难色答道："如果陛下不同意，我们该怎么办呢？"

李丰表情严厉地说道："事情有权宜之变，我们不能固守成规。如果陛下临时不敢听从我们的建议，便顺势将他挟持出去。到了这种地步，他哪能不从呢？"

苏铄等人听李丰这样说，只能唯唯诺诺地答应了。要知道，如果等到司马师派人来调查追究苏铄等人的违法之事，他们必死无疑；倘若放手一搏，他们还有存活的可能。因此，迫于形势，苏铄等人只能硬着头皮应许了。

李丰为了鼓励苏铄等人，向他们许下了重赏，说道："这是一件灭族之事，关系到大家的身家性命，所以你们要暗中秘密谋划，做好各种准备工作。等到事成之后，你们都能封侯做常侍。"

此时，苏铄等人想反悔打退堂鼓也不可能了，因为他们都已经参与了这次政变，相当于上了"贼船"已无退路，只能一路走到底了。事到如此，苏铄等人即使心中一万个不愿意，也不得不冒险去赌一把——趁机诛杀司马师。

李丰说服苏铄等人为这次政变效命后，又将这件事情告诉给张缉，让大家一起做好政变准备。于是，张缉派遣自己的儿子张邈去联络李丰，共同谋划起事。与此同时，李丰也派遣自己的儿子李韬将这次密谋透露给夏侯玄。夏侯玄对李韬说道："希望你说得详细一点。"不过，李韬遵循父亲李丰的交代，并没有将政变的具体细节告诉给夏侯玄。李丰这样做，可能有几个方面的考虑：一则政变是否能成功实在难料，不想因此连累夏侯玄；二则担心夏侯玄不肯就任大将军之职出来辅政，不如等到政变成功后再向他详述；三则夏侯玄没有兵权，告诉给他也帮不上忙。

尽管李丰等人的工作做得很隐秘，但司马师的眼线耳目遍布朝廷内外，无孔不入。这些"特务"人员眼观六路耳听八方，他们通过一些蛛丝马迹得知了李丰的密谋，并第一时间将打听到的情报反馈给了司马师。于是，一场自高平陵之变后最大的清洗运动开始了！

屠戮

司马师得知李丰的密谋后勃然大怒，本想连夜派人收捕李丰，但舍人王羕急忙制止，并建议由他去邀请李丰前来大将军府议事时再擒获对方。王羕分析道："如果李丰没有准备，他一定会迫于形势前来。如果他怀疑不肯跟我前来，我王羕一个人足以制服他。但是，大将军派人去收捕他的话，李丰必定知道他的阴谋泄露了。这样的话，李丰一定会狗急跳墙，立即指示他的党羽带兵奔入云龙门，挟持天子登上凌云台，而台上驻扎着三千名禁军，到时候李丰一定调动那里的部众作困兽之斗。这样的情形一旦出现，我王羕一个人就无能为力了。"

司马师听了王羕一番话后觉得很有道理，便同意了王羕的建议。为了不打草惊蛇，司马师派遣王羕驾驶马车去李丰家，盛情邀请李丰前来大将军府议事。

当时，李丰并不知道司马师截获了他的密谋，他迫于形势也不敢不来，便硬着头皮坐上马车跟随王羡去大将军府。

司马师见李丰来了，当面责问李丰为什么要背弃他？李丰听了司马师的责问，马上意识到事情败露且难逃一死。于是，李丰干脆豁出性命，义正词严地斥责道："你们父子心怀奸邪之心将要倾覆社稷，只可惜我力不能及，不能亲手擒杀诛灭你们这帮逆贼！"

李丰慷慨陈词，脸上毫无惧色，气得司马师咬牙切齿、火冒三丈。于是，司马师命令府上的勇士用刀把上的铁环击打李丰的腰部，使得李丰在外力重击之下颓然倒地，死于非命。

司马师当场捶死了李丰，并连夜派人把尸体移送到司法部门。廷尉钟毓见李丰被人杀死大吃一惊，死活不肯接收李丰的尸体，拒绝道："我只是一个负责审案的法官，其余事情我不管。"毕竟李丰是当朝中书令，如今三更半夜不明不白就死了，尸体放在这里恐怕会惹上麻烦的，况且这里是官署不是太平间，不负责接收来历不明的尸体。然后，搬尸的人只得实话实说，告诉钟毓是大将军司马师叫他们运送到这里来的。

直到此时，钟毓才知道是司马师杀死了李丰，不得不勉强地接收了李丰的尸体。

李丰的死讯传出后，少帝曹芳怒不可遏，向身边人追问李丰的死因，并要派人调查杀死李丰的幕后黑手。郭太后知道是司马师杀死李丰的，急忙将曹芳拉进皇宫里叫他不要多管闲事。

李丰死了，屠戮拉开了序幕。司马师将这个谋反案交给司法部门，并命令钟毓负责审理罪犯。于是，钟毓派人收押了夏侯玄、张缉、苏铄、乐敦、刘贤等人，并于当日开庭审案。

就这样，夏侯玄一夜之间从一个名士领袖成了一个阶下囚。夏侯玄到案后，并没有认罪悔罪，不肯给审案人员写认罪状。没办法，钟毓只得亲自审理夏侯玄。

夏侯玄表情严肃地责问钟毓："我有什么罪过？你要作为司马师的幕僚来诘问我吗？如果你认为我有罪，那认罪供词就请你代劳吧！"实际上，夏侯玄并没有参与到李丰等人的密谋之中，只不过是李丰等人想私自发动政变推翻司马师而拥戴夏侯玄当大将军辅政而已。

夏侯玄是名士领袖，品行高洁，在社会上名声很大。当然，对待夏侯玄这样的知名人士，钟毓自然是不敢刑讯逼供的。

其实，钟毓也知道夏侯玄是冤枉的，内心深处并不希望夏侯玄死。因为，钟毓与夏侯玄无冤无仇，杀掉这样的大名士对他也没有丝毫好处。如果夏侯玄被冤杀，作为该案的主审官，钟毓难免遭人非议。

不过，这是司马师督办的案子，钟毓一定要以司马师满意的方式来结案的，否则以后就难以继续为官了。无奈之下，钟毓当夜就替夏侯玄写了"罪辞表"，并以夏侯玄的口吻承认参与李丰等人的阴谋。然后，钟毓流泪拿"罪辞表"给夏侯玄看。

夏侯玄看了一眼"罪辞表"一言不发，只是点了一下头而已，表示自己知道了。当然，夏侯玄深知司马师的秉性，这样心狠手辣之人一定不会放过他的政敌的。当年，司马师顾忌元配夫人夏侯徽（夏侯玄之妹），就不惜下毒手将给他生了五个女儿的妻子毒死。

是夜，钟会得知夏侯玄身陷囹圄之中，赶紧前来廷尉大牢探监。钟会是钟毓的弟弟，非常"倾慕"夏侯玄。以前，钟会千方百计想结交夏侯玄，但夏侯玄不屑与他结交。这一次，钟会知道夏侯玄这个案子一定是死案，如果这次不抓紧时间结交夏侯玄以后就再没有机会了。

在灯光微弱的大牢里，钟会苦苦哀求夏侯玄认他做朋友。夏侯玄正色答道："钟君何必如此苦苦相逼呢！"夏侯玄无情地拒绝了钟会的请求，至死都不肯承认钟会是他的朋友。

钟会少年成名，颇有谋略。此时，钟会刚好三十岁，是魏国政坛上一颗非常耀眼的政治新星，深得司马氏的信赖。那么，钟会为何非得让一个将死之人认他做朋友呢？

其实，在魏晋时代，钟会这样的举动并不像现代看来那么不可思议，而是一个非常容易理解的行为。当时，不管家族背景多么强大，不管官位爵禄多么丰厚，即使是皇亲国戚或者豪门巨富，如果这个人没有结交几个声望崇高的大名士，就依然会被许多士人看不起。关于魏晋风度，在后文中再另列篇章详写。

钟毓拿了自己替夏侯玄写的"罪辞表"向朝廷上奏道："李丰等人密谋挟持天子，打算擅自诛杀宰辅，犯上作乱，大逆不道。请依法惩罚，并对他们判处极刑。"

曹芳收到钟毓的奏章，迫于严峻的形势只得召集朝中文武百官前来商议。当然，这些官员大多数都是司马氏的死党，他们一致认为："李丰等人各自深受恩宠，掌管机要之事，而且张缉因国丈外戚的身份得到高位，夏侯玄则是几朝重臣。他们都身居高位，却心怀叵测密谋反叛，勾结宦官图谋作乱，罪不可赦！他们忌惮君威，不敢明目张胆地公开奸计，故而就想胁迫天子，借以施行他们险恶的密谋，诛杀忠良的宰辅，擅自互相委任官职，将要作乱颠覆朝纲律法，危害江山社稷。臣等认为，钟毓所判定的惩处符合国家律法，可以让他依法实施。"

不过，李韬的妻子是魏明帝的爱女齐长公主，先帝曹叡唯一的在世亲生骨肉。在座的公卿百官，他们大多数人曾经受过魏明帝的恩惠，所以并不希望齐长公主也受到此案株连。因此，群臣达成共识，联名给司马师上表，恳请司马师看在先帝曹叡的分上放过齐长公主。

司马师难违众卿求情，再说齐长公主也不能对他产生威胁，赦免她反而显示自己宽大的胸怀，于是同意群臣的请求。

在司马师的同意之下，少帝曹芳才敢下特赦令赦免齐长公主，其诏曰："齐长公主是先帝留下的亲生骨肉，因此特赦她及其所生三个儿子的死罪。"

张缉作为皇帝的岳父，李韬作为曹魏的驸马，他们并没有得到赦免，而是被赐死狱中。不过，张缉和李韬好歹能留个全尸，但其他的参与者则全部被押往洛阳东市刑场斩首示众。当然，司马师是不会宽恕他们的家人的，凡参与这次政变的人全部被诛三族，无论男女老少。

嘉平六年（公元254年）二月二十二日，这是一个屠戮的日子。

夏侯玄、苏铄、乐敦、李贤等人迎来了他们生命的最终结局——当众处斩。

对于这一天的到来，夏侯玄不是不知道，而是非常清楚地知道他的生命终点就是洛阳东市刑场。

早在嘉平三年（公元251年）司马懿刚刚去世后，侍中许允对夏侯玄庆贺道："您以后没有生命之忧了！"夏侯玄却叹息道："士宗（许允字），你怎么看不清时事变化呢？此人（指司马懿）尚且能够以世代交情善待我，而子元（司马师字）、子上（司马昭字）是不会容忍我的。"

此时，夏侯玄面不改色地走向断头台，神态安然，没有一丝恐惧。临刑之前，夏侯玄依然神情自若、态度从容，而这种名士气质唯有后来的嵇康才可以与之媲美。据史载："玄格量弘济，临斩东市，颜色不变，举动自若。"（《三国志·夏侯玄传》）

夏侯玄等人被杀之后，他们族中的其他远房亲属也依然受到牵连，都被流放到了苦寒之地——辽东地区乐浪郡。

废黜皇帝

司马师处决了夏侯玄等人后，立即威逼少帝曹芳下诏废黜张皇后。此时，曹芳是一个真正的孤家寡人，不得不按照司马师的意思做，并且违心地下诏表彰司马师。其诏曰："奸臣李丰等人惯听谗言，任用奸邪扰乱朝政，暗地图谋作乱。大将军识破阴谋，敬奉上天的法规，把他们绳之以法。周勃降服吕氏，霍光擒获上官，他们的功绩都难以超过大将军。因此，朕嘉奖大将军，增加其九千户食邑，累加以前的食邑共计四万户。"

不过，司马师推辞封赏坚决不接受，因为整个魏国都是司马氏的天下，如此又何必还要这些食邑呢？

经过此事后，司马师派人监视曹芳。就这样，曹芳的处境越来越艰难了，日夜提心吊胆，担心司马师查出他是这次政变的幕后指使者。

司马师在京都屠杀政敌引起了一些官员的恐惧，并产生了不良反应——

雍州狄道县长李简献城投降蜀国。得此消息后，姜维马上率领荡寇将军张嶷等部前去接应李简，并趁机北伐攻取雍州。

司马师得知姜维北伐的消息后，立即命令司马昭率领许昌兵团增援雍州，统率各部还击姜维。当时，司马昭镇守许昌，他得到兄长司马师的旨令后马上率领一支精锐部队离开驻地前往雍州。从许昌去雍州，洛阳是必经之路，所以司马昭率军顺道来到了京都。

当司马昭率领大军到达洛阳城西时，曹芳按照惯例需要在平乐观检阅出征军队。这时，有人建议曹芳在检阅部队之际趁机下诏擒杀司马昭，收编强大的许昌兵团，然后用这支部队出其不意袭击司马师，一举将司马氏铲除。

对于这样关系到生命的决定，曹芳踌躇不定，恐惧之下不敢应允。

后世，有人惋惜曹芳不能把握住这次难得一遇的良机，让魏室错失最后一次翻身的机会。其实，即使曹芳在阅兵时下诏擒杀了司马昭，局势也是很难预料的。首先，曹魏政权落入司马氏之手已久，军中大多数将领是司马氏的人，他们的效命对象显然是司马氏而不是曹氏。同时，毫无威望的曹芳能否指挥得动许昌兵团，这是一个未知数。其次，即使司马师遭到突袭，他也能快速反应过来指挥部队反击。毋庸置疑，司马师的嫡系部队战斗力很强，挡住许昌兵团的进攻是可能的。前文已经提过，司马师心理素质极强，相比之下曹芳的心理素质却极弱。如果许昌兵团不能快速灭掉司马师的嫡系部队，那曹芳的信心就会自行崩溃，到时候胜负就不言而喻了。

司马昭在阅兵仪式结束后率兵进入洛阳城，然后率军去往雍州阻击姜维。

作为政坛的老狐狸，司马师的政治嗅觉是非常敏锐的，其实之前他已经怀疑曹芳参与了李丰等人的未遂政变。这一次，心生疑虑的司马师又怀疑曹芳另有图谋。于是，司马师密谋废掉曹芳另立新帝，换一个曹魏宗室的人当皇帝，这样更容易控制整个魏国。经过一段时间缜密的思考后，司马师主意已定，派遣散骑常侍郭芝进宫将这件事通报给郭太后。郭芝是郭太后的叔父，依附于司马师。

当时，郭太后和曹芳在皇宫内相对而坐闲聊。郭芝连招呼都不打便开门见山地对曹芳说道："大将军打算废黜陛下，改立彭城王曹据为帝。"

曹芳闻此言，起身发怒离去。郭太后听闻废帝，也非常不高兴。

郭芝生气地对郭太后说道："太后不能教育好自己的儿子，以致差点酿成大祸。如今，大将军废帝心意已决，又派兵驻扎在皇宫门外以防非常之事发生。所以，你应当顺应大将军的旨意，不要再多嘴，否则对你不利！"郭芝斥责自己的侄女，不要自讨苦头吃。

郭太后不甘心，答道："我打算出宫去见大将军，有话对他说。"郭太后希望与司马师面谈，当面说清问题的关键。郭太后之所以急于去见司马师，是因为曹据是曹操之子，即魏明帝曹叡的叔父。曹据的辈分比曹叡的辈分大，一旦他即位将会不合宗庙昭穆顺序，而到时候郭太后将无法自处。

郭芝斥责道："你怎么能随意去见大将军呢？你快点取出皇帝的玉玺印绶交给我，我要带出去交给大将军！"

话说到这种地步，郭太后明白了，如果自己再拒不从命，司马师就会带兵前来逼宫。事已至此，郭太后只能同意废帝。不过，郭太后留了一个小心眼儿，派遣随身侍从取来了传国玉玺放在自己身边。郭芝见郭太后同意了废帝的事，便喜滋滋地离宫向司马师汇报去了。

司马师见郭芝顺利完成任务，心里非常高兴。当然，司马师是一个做事讲究效率的人，当下就派人将提前准备好的齐王印绶送给了曹芳，勒令他马上离开皇宫去封地就藩。与此同时，司马师要求郭太后即刻下旨废黜曹芳的皇帝身份。

此时，郭太后只有身份没有权力，她已经变成了一个为司马氏服务的政治工具，叫她向东她不敢往西。所以，郭太后只能按照司马师的要求下旨，正式废黜了少帝曹芳。

是日，司马师拿着郭太后的手令，召集满朝公卿前来当众宣布废黜皇帝。猝然之间，群臣听到这个消息，无异于晴天霹雳。于是，人人大惊失色，而大家都知道司马师是为了一己之私擅行废立。

司马师看着群臣惊愕的样子泪流满面，哽咽地说道："皇太后的旨令就是这样的，大家对王室有什么看法呢？"司马师假装伤心曹芳被废，表示这一切都是郭太后的旨意。由此可见，司马师是完全遗传了其父司马懿的"表演"基因，是一个擅长伪装的高手。

司马师一手遮天，威迫郭太后下旨废黜皇帝曹芳，自然是没有再回旋的余地了。为此，大臣们只得异口同声地说道："以前伊尹流放太甲让殷商得以安宁，霍光废黜昌邑王让汉朝得以安定。这两位执政大臣权衡轻重，废黜昏君，稳定江山社稷，四海得以清平。商、汉两代以前都这样做了，现在明公也应当这样效仿。今天之事，我们全听从明公的命令。"

司马师满意地点点头，一脸为难地说道："大家对我的期望这样厚重，我怎么敢回避责任呢？"于是，司马师与群臣一起联名上疏奏告郭太后，云经过商议后决定依照汉代霍光的做法收回少帝曹芳的皇帝印玺，让他以齐王的身份回到他的封地。

郭太后准奏，同意少帝曹芳退位。按照祖宗规矩，有关官员用祭品祭祀曹氏宗庙，告诉各位先帝有关于曹芳退位的消息。

司马师见曹芳被正式赶下帝位心中窃喜，但他却当众流泪哭泣，假作伤心地对群臣说道："我的祖先历代受到特殊待遇，先帝（曹叡）驾崩之时又遗诏相托我的先人（司马懿）辅政。我有愧于重任，不能劝善规过。诸位公卿大臣，为了国家长远利益考虑，宁可背弃皇帝本人，也要让皇家宗庙享受祭祀。"

司马师继承了司马懿的各种政治手段，包括其父的高超"演技"。当然，司马孚更是司马懿之后最优秀的"历史演员"。

失去了帝位的曹芳，当日就被人赶出了居住多年的皇宫。失魂落魄的曹芳只能泪别郭太后，从太极殿南出后迈着沉重的步伐登上侍从车，恋恋不舍地离开洛阳去前途未卜的地方做一个手无寸权的藩王。

这一天，太尉司马孚带着几十名大臣前来为曹芳送行。司马孚见曹芳悲凉地离开洛阳，老泪横流，泣不成声，一副悲恸欲绝的样子（"太尉司马孚悲不自胜，余多流涕"）。

不过，极具讽刺意味的是，司马孚终生以魏臣自称，但其做的事情却完全只是为司马家族的利益着想。所以，《三国志》中并没有司马孚的传记，而《晋书》中却有司马孚的传记。

其实，司马孚在司马氏集团中扮演着极其重要的角色，在未来的岁月中他还会继续用高超的"演技"为司马家族争取人心。

曹芳离开洛阳后，司马师又派人前来向郭太后索求皇帝的玉玺印绶，并且告诉她已经派人去迎接彭城王曹据进京登基。

郭太后不满地对使者们说道："彭城王是先帝（曹叡）的叔父，如果立他当皇帝，我将如何自处？这样做的话，是不是有意让明皇帝（魏明帝曹叡）绝嗣？我认为，高贵乡公曹髦是文皇帝（魏文帝曹丕）的长孙、明皇帝的侄子，他才是最适合继位的。从礼法上来看，小宗入继大宗，传承香火天经地义。曹髦即位才是符合宗法制度的，所以你们要周详考虑我的建议。"郭太后认为曹据是魏明帝曹叡的叔父，曹据一旦成为新任皇帝后她自己则变成了新帝的侄媳，势必造成她身份下降且处境尴尬，而且魏明帝也将无人奉祀。

司马师见郭太后不同意拥立曹据为帝，又急忙召集群臣商议。最后，司马师妥协，决定按照郭太后的意思选择东海定王曹霖之子高贵乡公曹髦入继大宗，让他成为魏国新任皇帝。

反正，曹氏子孙只是当一个手无寸权的皇帝而已，所以司马师也没必要固执己见。

事情商定后，司马师又再次派人向郭太后索求皇帝的玉玺。郭太后拒绝，说道："我以前见过高贵乡公曹髦，与他相互认识，明日他进京登基时我会亲自把传国玉玺交给他的，不劳你们费心。"

高贵乡公

曹髦，生于正始二年（公元241年），是魏文帝曹丕之孙、东海王曹霖之子。曹霖是曹丕的亲生儿子，魏明帝曹叡的同父异母弟弟，身份尊贵。

早在黄初三年（公元222年），魏文帝曹丕册立皇子曹霖为河东王。同时，曹丕也下诏封诸王的庶子为"乡公"，嗣王的庶子为"亭侯"，公的庶子为"亭伯"。（《三国志》："初制封王之庶子为乡公，嗣王之庶子为亭侯，公之庶子为亭伯。"）

魏明帝曹叡即位后格外宠爱曹霖，给予曹霖的赏赐往往多于其他藩王，后改封为东海王。托父亲曹霖的庇荫，曹髦年仅四岁即在正始五年（公元244年）就被封为郯县高贵乡公。曹髦是一个爱学习的孩子，从小就勤勉好学，手不释卷。同时，曹髦天资聪颖，小小年纪就学业有成，很有做学者的潜质。

少帝曹芳被废后，郭太后以担忧辈分混乱和魏明帝曹叡绝嗣为由，执意要求立曹髦为帝。此时，曹髦是魏文帝曹丕在世诸孙中的庶长孙，时年十四岁。

在郭太后的坚持下，司马师退一步同意她的立君要求，毕竟郭太后这块政治招牌对司马家族来说还是很有可用之处。

于是，司马师派遣中护军司马望、河南尹兼太常王肃等人率领禁军去元城迎接高贵乡公曹髦入京都洛阳即位。曹髦接到旨令后，迅速动身进京。

当曹髦的车驾到达京都洛阳北郊邙山的玄武馆后，文武百官上书请求他住到前殿。曹髦认为前殿是先帝曹叡的寝殿，不能违礼入住，所以要到西厢暂居。同时，百官又希望以天子之礼迎接并为他接风洗尘，但曹髦依然没有同意。

第二天早晨，曹髦的车驾正式进入京都洛阳。当然，文武百官早早地提前到了西掖门南边接迎新君登基。群臣见到曹髦后欢欣鼓舞，纷纷跪倒在地叩拜即将登基的曹髦。

曹髦平静地下车，想要答拜百官。司礼官拜请道："按照礼制，您不需要向百官下拜。"

谁想到，曹髦语出惊人，平静地说道："我不是天子，而是一个臣子。"

说完，他就对群臣还礼。

车驾行进到宫门，曹髦命令停车，打算下车步行进宫。左右侍从说："按照旧制，您进宫登基，可以乘车进入。"

曹髦拒绝道："我接到皇太后的旨令，被征召前来京都，还不知道自己要做些什么呢！"

曹髦从小受到良好的教育，优雅谦虚，礼貌待人，行为举止自然要符合礼仪。实际上，曹髦聪明好学，才慧早成，他当然知道此次被征召入京是来当皇帝的，而他这样做不过是想在众人面前树立一个贤君的形象。

不过，此时魏国权臣当道、王室式微，曹魏宗室失势已久矣。虽然曹髦有心重振曹魏宗室，但他是不可能担负得起如此重任的，因为他缺少一样东西——权力。司马师拥立新君，完全是从自己的个人利益出发，而曹髦只不过是权臣的一枚政治棋子罢了。所以，曹髦再怎么有文才武略，也改变不了魏国被司马氏篡夺的命运，因为曹髦始终不能掌握国家最高权力。

曹髦跟着百官一同步行到太极东堂，拜见郭太后之后便在太极前殿登基称帝，成为魏国的第四任皇帝。

按照惯例，新帝登基，自然要大赦天下并改元。于是，曹髦下诏大赦天下，宣布将年号"嘉平"改为"正元"。

接着，曹髦下诏表彰司马师，赐钱五百万，帛布五千匹，敕封为相国，增加九千户食邑，加上以前的食邑累计四万户，擢升为大都督，假黄钺。此外，曹髦还赏赐给司马师一个特权——"入朝不趋，奏事不名，剑履上殿"。

司马师效仿当年他父亲司马懿那样上表坚决请辞相国之职，并表示自己拥立新君是心系魏室而别无他念，无功不受禄。不过，这样熟悉的"剧本"将会在未来的岁月中反复上演。

虽然司马师的对外说辞非常感人，但他害怕曹髦不满权臣专政而暗中生事，于是找了一个借口大量削减了皇宫里的精壮卫士。然后，司马师用老弱残兵充当曹髦的侍卫值宿宫禁，并且不让这些警卫员身穿铠甲。如此一来，曹髦以后就是想出其不意发动政变，也没有能力做得了。司马师深思远虑，未雨绸缪，后来果然收到了效果。

当然，曹髦入朝当一个傀儡皇帝，必将注定他悲剧的人生。

嘉平之变，以曹芳退位、曹髦即位而结束了。不过，曹魏宗室与司马氏的斗争并没有真正结束，以后将会发生更加激烈的斗争。

勇士

延熙十七年（公元254年），夏末秋初之际，成都。

蜀国朝廷接到一封请降密信，写信人是魏国狄道县长李简。面对这封请降信，蜀国文武百官众说纷纭，大多数人持怀疑态度，认为这是敌人的诈降之计，不可贸然率军深入敌境。但荡寇将军张嶷认为可信，认定李简是真投降，应该派遣姜维去接应李简。

张嶷曾经担任了十五年越巂郡太守，所在治地安定稳固，并多次成功平定南中地区的叛乱。由于张嶷的军功政绩显赫，他在朝中威望比较高。在张嶷的坚持之下，众人也不好意思多说什么反对的话了。

在姜维即将率军去接应李简时，张嶷向后主刘禅上表请战，要求跟随姜维一起挥师北伐。这封简短的请战表言辞慷慨激昂，非常感人，堪比当年诸葛亮的《出师表》。谨录如下：

"老臣得蒙陛下看重，屡受恩惠，无言以谢！近年来老臣病魔缠身，时常担忧突然病亡，不能报答圣上恩宠。幸亏老天有眼，如今让我得到一个为国效命的机会。我请求随军出征，为国效劳。如果能攻克凉州，老臣愿意担任藩将镇守此地；如果不能为陛下带回捷报，老臣只好牺牲自己的性命，以报答陛下的恩情。"

后主刘禅看了张嶷的请战表不胜感慨，感动流泪，只好批准张嶷的出征请求（"后主慨然为之流涕"）。

张嶷之前长期在湿润的南中地区任职，风寒湿毒不断侵入他的体内，以致患有严重的风湿病。此时，张嶷年老力衰，饱受病痛折磨，必须依靠拐杖才能走路。众人见张嶷有病在身，极力劝说他留下——"您都这么一把年纪了，身体状况不好，不宜再上战场，不如留在后方贡献余热"。

尽管众人万分挽留，张嶷断然拒绝了，执意跟随大军北伐。

于是，张嶷穿上铠甲、挂着拐杖踏上了征途，毅然决然地跟随大军出征。

不过，对于张嶷来说，此去一别将是永诀。

姜维率领张嶷等部进入雍州地区，顺利到达狄道城下。李简见蜀军如期到来，打开城门率领城中官民出来迎接蜀军。

李简举城投降蜀国的消息不胫而走，雍州刺史陈泰急忙派遣讨蜀护军徐质率军急速驰援，务必歼灭来犯之敌。

当时，姜维在狄道得到物资补充后想继续扩大战果，遂率军围攻襄武。为了保障大军侧翼安全，姜维派遣张嶷率领无当飞军负责阻击魏国援军。

猝然之间，徐质援军遇上了张嶷的部队。徐质援军是精锐骑兵部队，而无当飞军则是精锐的"野战步兵团"，但徐质部队的人数远远多于张嶷部队的人数。

一场激烈的战斗就此打响！

徐质是一个猛将，他一见蜀军就分外眼红，亲自率领麾下的骑兵进攻蜀军，想凭借骑兵的优势歼灭对方的步兵。

这是一场遭遇战，战况极其惨烈，双方进行了殊死战斗。无当飞军勇猛善战，精于射术，他们用弩箭射死、射伤大批魏军。

不过，徐质部队毕竟有人数优势和马匹速度，以骑兵部队排成大纵深阵列不计伤亡的方式猛冲猛打无当飞军。在魏军猛烈的攻打下，无当飞军逐渐抵挡不住了。

在战局不利的情况下，张嶷为了大军安全着想没有下令撤退，依然奋战到底。其实，早在出征前，张嶷就已经不打算活着回去了。于是，张嶷拖着残躯强忍疼痛，面无惧色，带病亲临战场前线督战，鼓励士兵们英勇杀敌。这些勇士视死如归，拼死抵抗，以身许国，将生死置之度外，而他们在杀掉了一批批敌军时己方也倒下了一片片战友。

这将是无当飞军最后一战！

无当飞军拼死作战，死战不退，他们用血肉之躯硬抗曹魏精锐骑兵的一波波猛烈冲击。就这样，无当飞军用自己的鲜血与生命，将为大军赢得了最后的胜利。

此一战，张嶷战死沙场，杀身成仁，实现了他"杀身以报"的人生诺言。据史载："军前与魏将徐质交锋，嶷临阵殒身，然其所杀伤亦过倍。"（《三国志·张嶷传》）同时，无当飞军在主帅张嶷阵亡后并没有退缩，力战而死，壮烈殉国。

无当飞军寡不敌众，为国捐躯，其悲壮结局让人唏嘘感慨。这是一群值得世人尊敬的人，他们在绝境之中依然没有人当逃兵，自觉履行了一个军人的职责。尽管后世难以知道他们的名字，但他们用生命谱写了一首感人至深的爱国之歌，并在史册中留下他们光辉的传奇。

在中国古代战争史上，无当飞军留下了惊心动魄的一幕，他们是真的勇士。

尽管徐质歼灭了无当飞军，但他的部队也被打残了，兵员损失十分惨重。此时，姜维率领大军回战徐质，欲为张嶷及无当飞军报仇。

当有勇无谋的徐质带领残部遇上有勇有谋的姜维的精锐之师，结果可想而知：魏军溃败，徐质被斩。

魏军败退后，姜维乘胜进军，俘降不少敌兵。于是，姜维挟胜利之师一鼓作气先后攻取河间、狄道、临洮三个县城。当然，姜维知道魏国会派遣大军前来复仇的，其时司马昭率领许昌兵团即将到达雍州。鉴于难以持久作战的现实，姜维果断将这三县的百姓迁徙到蜀地，将之安置于绵竹、繁县，然后引兵回还。

可以说，张嶷用自己的生命帮助姜维换来了一场胜利。综合来看，姜维这一次北伐小赚一笔。当然，作为蜀国的主战派，姜维是不会满足于这点小胜利的，而他的下一次北伐将会取得北伐战争有史以来最大的胜利。

第四章 淮南二叛

司马师在诛杀李丰、夏侯玄等人后，紧接着废黜皇帝另立新君，变本加厉威逼曹魏王室。当这些消息连续不断地传到淮南地区后，毌丘俭和文钦都心神不安。因为，毌丘俭和李丰、夏侯玄等人关系很好，而文钦是曹爽的老乡并深得曹爽厚待。换言之，毌丘俭和文钦都是司马师潜在的政敌。于是，毌丘俭和文钦都产生了狐兔之悲，担心司马师不会放过他们。

作为曹魏忠臣良将，毌丘俭素受皇帝恩典，他见司马师强行废帝、操纵国政，心中极为愤慨。尽管毌丘俭非常不满司马师废掉魏明帝曹叡的正统继承人曹芳，但他也不敢轻举妄动。此时，毌丘俭官居扬州都督，负责镇守东南地区，位高权重。从世俗的眼光来看，毌丘俭已经功成名就，所以他必须周详考虑举兵的风险和得失，毕竟起兵勤王不是一件小事，失败就会身死族灭。

就在毌丘俭犹豫不决之时，一封家书的到来打消了他的疑虑，而写这封家书的人是毌丘俭的长子毌丘甸。毌丘甸在信中写道："父亲大人担负镇守一方重任，如今国家即将倾覆而您却泰然自保，倘若如此做下去，您将会受到天下人的指责。"

当时，毌丘甸在洛阳担任治书侍御史，他目睹了京师近些年来的所有状况，深感权臣势力滔天并在朝中为所欲为，以及曹魏政权即将覆灭。毌丘家族世代受到曹魏恩惠，毌丘甸的祖父毌丘兴在魏文帝曹丕时代担任武威太守、封高阳乡侯，而其父毌丘俭更是深受魏明帝曹叡器重。青龙年间，魏明帝曹叡委派毌丘俭担任幽州刺史。因此，毌丘俭得以一跃成为封疆大吏，跻身于曹魏军方主帅行列。当然，毌丘甸虽然在朝中任职，实为司马师控制封疆大吏的人质。实际上，毌丘甸在京师担任京官虽然表面上很风光，但这个京官做得却很憋屈。所以，毌丘甸对司马师专擅朝政非常不满，委婉且勇敢地鼓励父亲毌丘俭起兵铲除权臣，匡扶魏室。

毌丘俭得到儿子毌丘甸的鼓励信后怅然泪下，深感惭愧，"有子如此，为父自豪"。

于是，毌丘俭终于下定决心，决定联合好友扬州刺史文钦共同举兵，为拯救曹魏政权拼死一搏。

起兵勤王

正元二年（公元255年）正月，淮南地区出现了一种奇异的天象——天上出现了长达几十丈的彗星，并从吴、楚之地的分界处开始划过天穹，直接消失在了西北上空。

在中国古代的天象学中，彗星又被称为"扫把星"。在中国古籍文献中，彗星出现而发生灾祸的记载数不胜数，所以人们一般将其视为不祥的预兆和灾难的象征。当然，从现代科学的角度来看，这不过是一种迷信的说法而已。其实，彗星的出现是一种自然的天文现象。

古代，人们讲究迷信，认为新一年刚到来就出现这种天文异象绝对不是什么好兆头。因此，百姓对此议论纷纷。

不过，扬州都督毌丘俭和扬州刺史文钦认为彗星是除旧布新的象征。因此，他们非常高兴，认为这是吉祥的征兆。毌丘俭和文钦之所以产生这种异于常人的想法，是因为他们想打着天象的幌子来发动兵变以推翻司马氏的统治。于是，毌丘俭暗中与文钦秘密商量举兵讨伐司马师，打倒权臣后重新拥戴曹芳即位。

文钦作战勇敢，屡建战功，在三军中颇有声望。不过，文钦有一个特点是好大喜功，经常虚报战功以多求封赏。在曹爽时代，文钦凭借他与曹爽的良好关系经常能凭此得到多余的赏赐。同时，文钦依恃曹爽的权势，日益傲慢无礼。曹爽倒台之后，文钦依然喜欢向朝廷虚报战功，企图获得多余的赏赐。但是，朝廷核实战果后，往往不给文钦真实战果之外的赏赐，因此文钦对司马师的怨恨日益加重。

如今，司马氏夺权专政，大力打击异己。作为曹爽的余党，文钦的处境也越来越艰难，并深知唇亡齿寒的道理而忧惧不安。毌丘俭担任扬州都督后对文钦很友好，于是二人关系融洽。当然，文钦对毌丘俭也感恩戴德、忠贞不贰，因此这次他二话不说就同意了毌丘俭的举兵提议。就这样，毌丘俭和文钦因为有着相同想法和利害关系，一拍即合，决定共同起兵勤王，振兴魏室。

作为一位镇守一方的藩将，毌丘俭是有实力的，他控制着六万精兵。当然，这区区六万人马自然是打不过中央军的，毕竟司马师手握着魏国数十万兵马。所以，毌丘俭有必要寻找盟友增强自己的实力，这样才有足够的资本攻打司马师。

于是，毌丘俭和文钦一边写信给魏国各地的藩将，号召他们联合起兵勤王；一边各自派遣四个儿子进入吴国当人质，请求吴国提供兵力支援。

信使们拿着毌丘俭和文钦的书信分别潜入兖州、豫州、雍州等地，秘密拜见当地的封疆大吏，想劝说他们联合起兵勤王。

当时，兖州刺史是振威将军邓艾，豫州都督是镇南将军诸葛诞。此时，雍凉都督郭淮已经病重即将离世，而陈泰作为副手顺其自然地全面继承了郭淮的职权，负责处理雍、凉二州事务。

却说邓艾接到勤王邀请书后，他立即杀死了信使，并旗帜鲜明地与毌丘俭等人划清界限。邓艾是一名出色的战略指挥官，他敏锐的军事嗅觉认为，毌丘俭等人的下一步行动会派人来占领军略要地——乐嘉城。于是，邓艾率领一万兵马绕道快速进军增援乐嘉城，并派人搭架浮桥等待中央军，协助司马师平叛。对于邓艾此举，将会为司马师成功平叛淮南立下大功。

前文曾述及邓艾出身寒门，从小吃尽了各种生活的苦头，他能从放牛娃成为封疆大吏少不了司马懿的栽培和提拔。毫无疑问，邓艾是司马家族的人，自然是帮助司马师的，怎么可能响应毌丘俭和文钦的邀请呢？

再说，诸葛诞接到勤王邀请书后也同样马上斩杀了信使，并将毌丘俭和文钦的阴谋公诸天下。实际上，诸葛诞并不是司马家族的死忠分子，他之所以这么做完全是从自身利益考虑的。当时，钟毓已经接受司马师的命令手持符节到扬州、豫州颁布朝廷赦免令，告知军民只要大家不参与淮南叛乱，绝对不会受到任何牵连。（《三国志》："毌丘俭、文钦反，毓持节至扬、豫州班行赦令，告谕士民。"）可见，诸葛诞即使此时想起兵响应毌丘俭等人，也是得不到豫州军民的支持的。所以，此时的诸葛诞只能听从朝廷的安排，奉命出兵平叛。不过，诸葛诞为了个人的现实利益终将会步毌丘俭等人的后尘，并在两年后掀起声势更加浩大的淮南三叛。

当然，陈泰也是司马家族的人，自然不会出兵帮助毌丘俭等人的。

毌丘俭的质子到达吴国后，吴国丞相孙峻召集群臣商议是否应派兵去协助毌丘俭攻打司马师。最后，虽然吴国答应出兵，但他们反应迟钝，吴军还来不及援助毌丘俭等人的淮南军时就被司马师指挥的各路大军打败了。

所以，毌丘俭手中的军事力量实际上只有这支六万人的淮南劲旅，其他的外援因各种原因并没有给他提供任何实际帮助。

尽管各地藩将没有人响应勤王号召，但毌丘俭等人也只能独自起兵，因为箭在弦上而不得不发。

为了站在道义制高点，毌丘俭等人以郭太后的名义向全天下发布了一道"讨逆诏书"，列举了司马师十一条严重罪名，号召天下人起来铲除权臣，振兴魏室。当然，这是一封矫诏。

毌丘俭和文钦联名发布诏书后，立即胁迫淮南地区将士及百姓进入寿春城。毌丘俭等人在寿春城西设坛，与众将士歃血盟誓，并对天发誓共同锄奸。

这一天，是正元二年（公元255年）正月十二日。

毌丘俭和文钦将老弱病残者留下来负责守卫后方大本营寿春城，率领六万精锐部队悉数渡过淮河，向西抵达豫州项城。毌丘俭负责坚守项城，文钦负责带兵在外征战。

淮南大军深入中原，剑指洛阳，其意图明显就是想与司马师大军速战速决，一举消灭掉对方。毌丘俭等人知道，这次勤王战争不能打持久战，他们与司马师对耗不起，毕竟司马师掌控着全国的资源，而他们仅有一州之地的资源可用。可是，毌丘俭等人万万想不到，这次起兵的失败竟然如此迅速。

司马师亲征平叛

淮南叛乱的消息传到洛阳后，震惊了魏国朝廷。对于司马师来说，这无疑是一个晴天霹雳。于是，司马师召集满朝公卿商议如何应对毌丘俭等人的叛乱。

司马师把议题提出来后，大多数大臣认为只需派遣众将出兵，即可顺利平叛。但有人认为，大将军司马师不应该自己率军征讨叛军，可以派太尉司马孚作为统帅领兵前去平叛。一时之间，众说纷纭，不过众人的出兵方案有一点是相同的，即不主张大将军带病出征。

当时，司马师因为眼睛上长了一颗肉瘤，不久之前刚动过手术，正处于恢复期。所以，司马师非常清楚自己的身体状态，自己确实不宜亲自率军长途征战。

傅嘏见司马师因身体原因不想亲自率军平叛，便对他分析道："淮南士卒骁勇善战，毌丘俭等人在边境图谋作乱，他们是拥有强大的军事力量的劲敌，我们不可小觑对方。您派遣诸将前往交战，到时候各种情况都有可能发生。如果您失去有利形势，毌丘俭等人就会长驱直入进军中原腹地，到时候您就危险了。"

王肃赞同傅嘏的看法，也在一旁极力劝说司马师挂帅亲征，并认为淮南叛乱事关重大且非同小可。

司马师知道毌丘俭手握重兵，况且淮南军队担负戍守边防重任，长年累月与吴国交战，战斗力自然不可小觑。最后，司马师听从了傅嘏和王肃的建议，奋然从病榻上起来坚决地说道："我就算躺在马车上出征，也会亲往前线平定叛乱。"

当年，淮南一叛发生后，司马懿不顾年老体弱亲自东征王凌。如今，淮南的这一次叛乱不像上次那样，要知道当年王凌没有多少兵力，而这次毌丘俭却是有很强的实力的。

尽管司马师新割目瘤后身体还非常虚弱，但严峻的现实迫使他不得不抱病东征，因为这次的淮南叛乱严重威胁到了司马家族的统治。

在大军东征前，司马师派人从许昌急召司马昭回京，任命他为中领军，统领禁军留守京师洛阳，以防出现不测之事。与此同时，司马师委任王基为行监军，授予假节权力，接替司马昭统率许昌兵团。司马师安排好各项事务后，亲自率领十余万中央军精锐东征，与各路部队一起准备剿灭毌丘俭等人。与此同时，司马家族的许多亲信也随军东征，包括钟会、贾充等人。钟会掌管军中机密事宜，而贾充为司马师的军事参谋。

司马师率领大军离开洛阳之际，向王肃问计如何快速平定淮南叛乱。

王肃有理有据地分析道："从前关羽率领荆州军队发动襄樊之战，刚开始时声势惊人，在汉水边迫使于禁投降。于是，关羽志满意得，产生了北上争夺天下的志向。后来，孙权采取吕蒙的计策，出其不意突袭荆州，擒获了关羽部队众将士的家属。在前线作战的荆州军，听闻后方被端，顿时丧失斗志，因此关羽大军立即土崩瓦解。如今，淮南将士的父母、妻子、儿女们都居住在内地各州，所以当今之计应该这样做：一边带领军队急速东进，抵御叛军深入中原；一边派兵保护好这些淮南军的家属，不让叛军靠近他们。只要您如此去做，那么叛军一定会重蹈覆辙，就像当年关羽的军队那样。"

当年，关羽发动襄樊之战，在老天爷的神助攻下水淹七军，擒于禁、斩庞德、围襄樊、逼许都，威震华夏。其时，关羽兵锋之利，甚至让曹操都产生了迁都的念头。不过，吕蒙看准时机，趁关羽后方空虚之际，果断率军袭取荆州。吕蒙顺利拿下荆州后，善待关羽军队留在后方的众将士家属。此消息一传出来，关羽数万大军士气大跌，军心涣散，随之作鸟兽散。最后，关羽败走麦城，兵败身亡。对于当年这件轰动天下的大事，司马师当然知道，而如今的形势确实和王肃所说的差不多。

按照曹魏军制，守护边界的将士的家属是要留在内地居住的——其实就是做人质。这样做，尽管不人道，但对统治者来说确实好处很多：一则能激励将士们在前线奋勇杀敌，毕竟其家属的性命掌控在统治者手中；二则有效地防止将士们叛变投敌、里通外国，他们起叛变之心时会有所顾忌，毕竟投鼠忌器。可以说，守护边界的将士们的家属就相当于朝廷手中的棋子。实际上，即使诸如毌丘俭和文钦这样的高级将领的家属们，他们也需要按照军制在内地居住。前文提到，毌丘俭的长子毌丘甸在朝为官，其实他就是司马师的人质。不过，毌丘甸在写信劝说父亲毌丘俭起兵后，他就马上弃官逃跑，并私自带着家属偷偷地溜出了洛阳城。毌丘甸带着家属一路逃亡来到了新安的灵山上，以躲避司马师的追捕。

司马师听从了王肃的建议，日夜兼程率军东进到了许昌。司马师的大军在许昌与王基会合后，马上召开战前会议。司马师问王基道："你认为毌丘俭等人怎么样呢？"

王基自信地答道："淮南产生叛乱，不是当地吏民有心作乱，而是受到毌丘俭等人的谎言诱惑。同时，他们担心不服从毌丘俭等人起来造反，就会被对方杀死，所以才聚集在一起罢了。如果大军逼近叛军，对方一定会土崩瓦解。依我看来，毌丘俭、文钦的首级，不用多久就会被悬挂在军营门口示众了。"

司马师听了王基这番振奋军心的话，赞许道："你说得真好！"

于是，司马师就让王基打先锋，率军在前方开路。随后，中央军跟进，寻找淮南军决一死战。

对于司马师的这个军事安排，很多人都认为毌丘俭、文钦的部队剽悍善战，很难和他们正面交锋。要知道，毌丘俭是一个作战经验丰富的名将，文钦是一个勇猛无敌的猛将，他们联手在一起势必很难对付。

司马师听了这些话后，自忖没有十足的把握战胜对方，遂下令让王基停止进军。

王基见司马师不让进军，马上派人送来一封书信，详细地分析道："毌丘俭等人挟众叛乱，凭借他们的军力完全可以长驱直入中原。但是，现在他们没有率军前进，只因为他们的谎言已经被揭露，将士们已起疑虑之心。目前，我军没有张扬示威以符合百姓的期望，却停军修建壁垒被动对抗叛军，就好像我军畏惧敌人，这不是用兵的气势。如果叛军劫掠百姓，并抓获各州郡兵士的家属的话，那么我军就会更有叛离的想法。毌丘俭等人所胁迫的人，只是自认为自己罪行深重，不敢回来归降朝廷。淮南地区是乌合之众聚集之地，叛军并没有多少战斗力。如果我军不主动出击，这里就会成为奸邪的根源。再说，吴国也在一旁蠢蠢欲动，敌寇见我军不出动，他们就会趁机出兵入侵，那样淮南地区就不会是魏国的土地了。到时候，谯、沛、汝、豫等地就会因此危急而不安定，不主动出击就是最大的失策。所以，我军应该迅速进军，抢先占据南顿。南顿有大粮仓，那里存放的粮食预计足够供应大军食用四十天的。我军抢在叛军前面攻取南顿，驻守坚城，并借助南顿大粮仓以供应大军需求，造成先声夺人的气势，这是平定叛贼的首要措施。"

王基反复上书、多次请战，司马师才允许他进军据守濦水，观察淮南军的动态。

王基率军到达之后，又给司马师上书，分析道："兵贵神速，不能拖延，以致错失战机。现在，外有敌寇，内有叛臣，如果您再不当机立断，那么将来出现的后果就难以预知了。大多数商议军情的人希望将领稳重用兵，而将领确实应该稳重，但是长久驻军不战也是不正确的。稳重不是做不到，但是裹足不前就是错误的。目前，我军龟缩在坚城里保守壁垒，却将充足的粮食拱手相让给敌人，自己则要从远处运输粮食，这绝对不是好计策。"

或许，司马师并没有意识到南顿的重要性，他还想要等到各路人马都聚集后再出兵，所以没有批准王基抢占南顿的作战计划。

王基见司马师不批准，再次上书申述自己坚持作战的理由："将领在外领兵作战，君主的命令也是可以不接受的。敌军得到城池有好处，我军得到城池也有好处，这就是攻城略地的要诀。南顿城是战略要地，必须提前抢占！"王基一边给司马师上书指明当前形势，一边冒着抗命的危险挥师抢占南顿。

王基刚抢占南顿，毌丘俭等人就率领大军从项城出发打算占领南顿。淮南军出发十几里后，毌丘俭得知王基已经抢先一步占领了南顿的消息，无奈之下只得怅然率军返回保守项城。

司马师见毌丘俭退守项城，就知道对方陷入了困境。于是，司马师命令诸葛诞统率豫州各支军队渡过安风津，直逼寿春城，趁着淮南军后方空虚之际拿下他们的大本营。征东将军胡遵督率青、徐两州各支军队出兵谯、宋之间，切断了淮南军的退路。征南大将军王昶率军从荆州北上，配合诸军夹击淮南军，以包抄其归路。司马师要求各路军队互相配合，誓必全部剿灭淮南军。从司马师召集三大区的统帅同时率军平叛来看，可见司马师这次是誓不扑灭淮南叛军决不会善罢甘休的。

毌丘俭部将史招、李续见司马师大军压境，知道毌丘俭必败无疑，先后前来投降中央军。这对淮南军士气有一定打击，毌丘俭面临的形势更加雪上加霜。

此时，司马师并不急于进攻毌丘俭，而是高筑壁垒有条不紊地做出了军事部署，等待东面军队集结后再一举将毌丘俭"包饺子"。

众将见司马师不出战，纷纷请求进军攻打项城。司马师解释道："诸位只知其一，不知其二。淮南将士们本来没有反叛朝廷的意思，只不过是受到毌丘俭等人的威迫才不得不造反。况且毌丘俭、文钦想走纵横家的路线，学习张仪、苏秦的学说去游说各路将领，认为远近必定响应他们的号召，然而他们发动叛乱的时候淮河以北不依从，史招、李续先后归降了。由此可见，他们内部不顺从，外部又有背叛，所以毌丘俭和文钦自知必定会失败。如此，困兽犹斗，迅速交战更符合他们心意。虽说现在我们出兵必定能战胜叛军，但这样做伤亡太大了，不划算。再说，毌丘俭等人欺骗众将士，狡诈善变，不容易对付。因此，我们只要稍稍与他们相持一段时间，对方的骗局自然会败露，到时候就能不战而胜。"

淮南军错失抢占最重要的军略要地后，中央军却又不肯与他们交战。于是，毌丘俭不甘坐以待毙，只能退而求其次，派遣文钦率部攻打乐嘉城。

此前邓艾已经率领一万兵马增援乐嘉，修缮了各项军事防御措施，做好了随时战斗的准备。所以，当文钦率部兵临乐嘉城下时，他所面对的不仅是一座坚城，还有大批磨刀霍霍的敌军。

当然，邓艾是一个出色的军事家，他知道这一仗该怎样打才能以最小的成本获取最大的收益。于是，邓艾利用对方不知道己方的情况，让老弱病残士兵在城头故意示弱，装出不堪一击的样子，以引诱文钦攻城。

文钦不知是计，以为乐嘉城只有一小撮人马在坚守。大喜之下，文钦定计夜袭邓艾，攻占乐嘉城。

此时，司马师率领中央军驻扎在汝阳，他得知文钦上当攻城后立即率领主力部队衔枚潜进，悄无声息地径直奔赴乐嘉城想与邓艾两面夹击文钦。

司马师率领中央军精锐急速赶到乐嘉，即将与邓艾联手夹击文钦。此时，文钦形势万分危急，他就是想率军逃跑也来不及了，而淮南军正面临着全军覆灭的危险。

后三国第一猛将

文钦突然发现司马师大军如幽灵般出现在乐嘉附近时大吃一惊，这实在出乎他的意料。就在文钦不知所措之时，他的儿子文鸯站出来对父亲说道："趁敌人还未站稳脚跟之际，我们立即袭击敌军，一定可以打败司马师。"

虽然当时文鸯才十八岁，但他武力绝人，勇冠三军，勇猛程度犹胜其父。此时，文钦确实没有更好的办法了，只能按照儿子的提议冒险尝试。于是，文钦父子商议，他们各率一部分兵二路，由文鸯带队冲杀敌军，等到文鸯扰乱司马师大军后，文钦再带队前来接应，并趁夜两面夹击司马师。计策定好后，文钦父子率军分头行动，想出其不意地痛打司马师大军。

"月黑杀人夜，风高放火天。"当夜，文鸯率领精壮骑兵，擂鼓呐喊，凭借夜色的掩护突然之间就杀进了司马师的营地，他们一边击鼓喧闹在营地内冲杀，一边大叫着司马师的名字。当时三更半夜，中央军在睡梦中被袭击，瞬间慌成一团。慌乱之间，司马师也不知道有多少敌军杀进来，只听见四面八方都有敌军的杀叫声，并且声声叫着他的名字。

面对这种突发情况，司马师根本没有时间组织部队反击，也不敢从病榻上起来察看情况。由于过度惊吓，司马师那只刚动过肉瘤手术的眼睛的创口裂开了，眼珠从创口内直接迸了出来。尽管疼痛难忍，但司马师害怕自己一喊叫就会让三军更加陷入混乱之中，所以只好用被子蒙着头并用牙齿去咬被子以防止发出一点痛苦的声音，以至于被子最后都被咬烂了。司马师强忍常人难忍之痛，用坚强的意志死撑着一声不吭，任凭文鸯在大营内冲杀。（《晋书·景帝纪》："初，帝目有瘤疾，使医割之。鸯之来攻也，惊而目出。惧六军之恐，蒙之以被，痛甚，啮被败而左右莫知焉。"）

不过，这一幕却被一个人清清楚楚地看见了。这个人叫作尹大目，也就是当年高平陵政变劝降曹爽的那个尹大目。

尹大目从小为曹氏家奴，深得曹爽信任，并经常跟随曹爽陪伴在少帝曹芳身边。当年，尹大目被司马懿忽悠，以至于主人曹爽全家男女老少被杀得一干二净。司马懿去世后，司马师执政后又强行废黜少帝曹芳，所以尹大目常怀报仇之心，总想找机会杀死司马师。当然，司马师身为执政大臣，身边护卫林立，使得尹大目不可能有暗杀司马师的机会。所以，尹大目只能一直隐忍，不敢轻举妄动去刺杀司马师，毕竟这是关系到他身家性命的大事。

如今，在旁边的尹大目亲眼见司马师的眼珠从带伤的眼眶里震出来，就知道司马师活不久了。于是，一个大胆的想法在尹大目脑海中产生了。

此时，文鸯鼓噪了一夜，虽然也杀掉了一些中央军，但是久久不见父亲文钦率军前来接应。由于文钦没有如约率军前来夹攻司马师大军，所以文鸯在天亮后见敌军兵势强盛也不敢恋战，只好率军撤退。

直到这个时候，司马师才发现文鸯部队人数并不多，原来是被对方趁夜打了一记闷棍。司马师对众将说道："贼兵逃跑了，你们赶紧领兵去追击。"遂命令众将率领精锐部队追击文钦，不想让他逃跑。

不过，众将被文鸯折腾了一整夜，他们都亲眼见识到了文鸯的神勇，也不想去招惹这样的厉害角色，都说道："文钦是一个久经沙场的猛将，他的儿子文鸯更是年轻气锐，他们引军退入项城并没有失利，一定不会逃走的。"

当然，司马师也知道这只不过是众将的推托之词，其实就是不想去追击文鸯。于是，司马师用不容置辩的口气说道："古话说，'一鼓作气，再而衰，三而竭'。文鸯三次击鼓冲进我们大营，而文钦却不率兵前来响应，所以此时他们的气势已经衰竭了，不逃走还等什么呢。"

既然司马师都这样说了，众将只好不再说什么了。于是，司马师派遣左长史司马班督率八千精壮骑兵从侧翼追敌，另外派遣将军乐綝等人率领大量步兵在后面助战，全速追击文钦等人，务必一举平叛。

文鸯率军撤退后，遇到了父亲文钦，于是父子两人合兵一处。文钦见战机已失，准备引兵东还。文鸯对父亲文钦说道："如果不先打掉敌军锐气，我们是走不掉的。"

文钦思考了一会儿，觉得儿子文鸯说得很有道理，便点头答应了。"唯有挫败追兵的锐气，才能从容地撤退"，如果在后面有追兵的情况下就急忙下令撤退，弄不好就会全军溃散。

于是，文鸯亲率十余名骁勇的骑兵，一起骑马快速杀进敌阵，所向披靡，然后引兵撤离。

当然，中央军将领们不甘心让叛军就这么逃跑了，他们整顿好阵形后再次率军追击淮南军。

文鸯见敌军不死心，便单枪匹马冲进敌阵冲杀追兵，如入无人之境。即使面对八千精锐骑兵，文鸯也毫无畏惧，"初生牛犊不怕虎"，一人单挑数千人而丝毫不落下风。文鸯每冲杀一次，还没有等到敌人反应过来就倚仗马匹的速度毫发无伤地快速冲出来。就这样，文鸯连续在敌阵中七进七出，杀死杀伤百余名追兵，杀得追兵魂飞魄散。——这才是三国历史上真实的"七进七出"！文鸯刚刚连续作战一夜，依然勇武不减，还有如此充沛的体力杀敌，实在是叹为观止。追兵见文鸯实在太勇猛，只好放弃追击，不敢过分追逼对方。（《资治通鉴》："师使左长史司马班率骁将八千翼而追之，鸯以匹马入数千骑中，辄杀伤百余人，乃出，如此者六七，追骑莫敢逼。"）

就这样，文鸯在后面压阵，文钦才得以率军撤退。

文鸯以一人之力杀退八千追兵，在史书上留下了最为精彩的个人一页。纵观百年三国史，除了文鸯外，没人能有如此壮举。当年，赵云长坂坡单骑救主，虽然他也非常神勇，但就精彩程度而言远不及文鸯的这一次。——至于赵云在《三国演义》中的"长坂坡七进七出"这一段戏份，官方史料中并没有记载，很有可能是作者罗贯中为了美化赵云而杜撰虚构的情节。

此时，三国时代一大批名将已经纷纷谢幕，而认定文鸯是"后三国第一猛将"应不为过。

败逃

却说尹大目见文钦退军，便打算将前一晚想好的计策偷偷透露给文钦。于是，尹大目走进中军大营，对司马师说道："文钦本来就是明公麾下心腹将领，他只不过是受到毌丘俭蛊惑而起兵造反。他是天子的老乡，昔日我也曾经得到他的信赖，所以我斗胆乞求骑马去追他，劝说他卸甲归降，与明公重修于好。"

司马师不知道这是尹大目的诡计，想想觉得也有道理，多一敌不如少一敌。如果文钦率部归降，毌丘俭必然势单力薄，这样淮南叛乱马上就能平定了。所以，司马师听从了尹大目的建议，叫他骑上快马去游说文钦率部过来归降。

尹大目得到司马师的批准，立即穿上铠甲骑着快马离开军营向文钦撤军方向急奔而去。毕竟文钦是带着大队人马撤退的，撤军速度不是很快，所以尹大目很快追上了文钦。尹大目远远看见文钦部队就大声喊话，称要"文将军出来，有话要跟他说"。文钦听见故人喊话，纵马出阵，与尹大目遥遥相对。

尹大目看见文钦后，一边连使眼色，一边对他说道："文将军何不忍耐数日再离去？"这是一句颇有含意的哑谜，其隐藏的意思是：司马师活不了几天了，您再等几天就可以趁机反攻，大事可定矣！

不过，文钦是一个粗人，听不懂尹大目的意思，反而认为尹大目是一个贪图荣华富贵的说客。于是，文钦拉弓搭箭，厉声责骂尹大目："你是先帝（魏明帝曹叡）的奴仆，不思报恩，反而当司马师的走狗，与奸臣一起祸乱朝政。你不顾上天的旨意，上天必定不保佑你。"说完就要开弓射死尹大目，代替上天除掉"叛贼"。

其实，武将大多数文化水平有限，所以文钦在匆忙撤军途中听不懂尹大目那么有深意的话也实属正常。当然，在众军面前，尹大目也不能直言明说司马师即将病重身亡的消息，否则这话如果被大家听见而有人去告了密，到时候尹大目的三族就要被诛灭了。

事已如此，尹大目只能含泪伤心地说道："世事失败了，希望将军能够多加努力！"尹大目说完，就骑着快马大哭而归。

文钦父子率军返回项城附近时，打听到毌丘俭已经弃城逃跑，十分生气。当时，毌丘俭派遣文钦率军去攻打乐嘉城后，王基得知淮南军已经分散兵力，马上抓住机会出兵进逼项城。所以，当毌丘俭得知文钦在前线作战不利的消息后，恐惧之下失去了坚守项城的信心，连夜做出了弃城逃跑的错误选择。

"树倒猢狲散，各自奔前程。"毌丘俭弃城逃跑后，他的部众一哄而散，没有多少人愿意再跟着他这个失败者仓皇逃命。淮南军众将士的家属都在北边，所以大家在毌丘俭逃跑后相继投降各路中央军。王基等人率领十二支部队日夜追杀毌丘俭，到处布下了天罗地网。

等到毌丘俭逃到慎县境内时，他的追随者全部弃他而去，身边只有自己的小弟弟毌丘秀和孙子毌丘重了。当时，他们三人藏匿在河边的芦苇丛中，想要躲避追兵的追捕。不幸的是，他们的踪迹被安风津都尉的部属张属发现了。张属拉弓搭箭瞄准毌丘俭，一支穿云箭"嗖"的一声射进了毌丘俭的脑袋。毌丘俭中箭身亡后，毌丘秀急忙携着侄孙毌丘重逃入吴国避难，才得以幸免。

不过，毌丘俭留在魏国的其他亲属就没有这么幸运了。毌丘俭起兵勤王失败后，中央军包围了新安灵山。就这样，连同毌丘甸在内，毌丘俭的三族男女老少全部被诛杀。

顺便提一下，张属射杀毌丘俭后，割下他的脑袋送到了京都洛阳邀功，因此张属得以因功封侯。

此时，项城的军民差不多跑光了，所以文钦打算率军回到后方的大本营寿春。不过，文钦很快得到探子带来的情报——寿春被诸葛诞占领了。

于是，无家可归的文钦只好写了一份投降书派人送往吴国。与此同时，文钦也写了一封信派人送给郭淮，力劝他起兵勤王配合吴国一起进攻司马师。当时，郭淮刚刚病逝，但文钦并不知道该消息，所以派人将书信送给对方。

话说淮南二叛刚发生时，毌丘俭和文钦都派遣了质子入吴求救。不过，吴国朝廷反应迟钝，直到闰正月初九日才正式出兵援救毌丘俭等人。当吴国丞相孙峻亲自率领骠骑将军吕据、左将军留赞等部抵达东兴时，他们听到了文钦等人败走的消息。闰正月十九日，吴国的支援大军挺进橐皋，遇上了逃往吴国的文钦部队，他们合兵一处打算袭击寿春。当联合部队来到寿春城下时，他们发现诸葛诞的大军已经牢牢控制了城池，并做好了各项御敌准备工作。

寿春作为淮南地区的一个非常重要的军事重镇，城防极其坚固，短时间内是很难攻破的。况且，当时司马师的十几万中央军精锐也距离寿春不远，随时都可以派兵支援寿春。正是基于这种现实情况，孙峻等人最终放弃了攻打寿春，和文钦一起领兵回到了吴国。

诸葛诞见孙峻等人撤军，自然不想让对方就这么从容地走掉。于是，诸葛诞派遣部将蒋班率军追击来犯之敌。

蒋班领命率领四千精锐步骑兵追击吴军，并追上了留赞部队。当时，留赞还没到寿春就在路上发病了，孙峻见留赞无法继续随军战斗便命令他先带着辎重回吴国。谁想到，孙峻等人到达寿春城下望一眼后也撤军了，而留赞部队由于携带大量辎重走不快却被魏军追上了。

此时，留赞病情急剧恶化不能整顿军阵迎敌，自知必败，急忙解下曲盖印绶交给侄子叫其赶快带回吴国。留赞伤感地对侄子说道："我自从当将领以来破敌拔旗，从来没有战败过。今天我病重兵疲，寡不敌众，你赶快走！如果我们都留下来一起战死了，对国家也没有丝毫好处，反而会让敌人痛快。"

留赞的侄子不肯先走，还想留下来一起并肩作战。留赞气得拔刀就砍，其侄子这才一步三回头地走了。

留赞病重无法指挥部队迎战追军，况且其部队又是后勤部队，所以吴军很快就被魏军击溃了。留赞兵败后自知必死无疑，仰天长叹道："我打仗常有御敌之策，而今天病重致败，这是命啊！"留赞兵败身死，殁年七十三岁。

作为胜利者，蒋班割下了留赞的首级，将之送到京都洛阳邀功。

由于各种失误，毌丘俭和文钦从正月十二日正式起兵勤王，至当年闰正月二十一日，他们就一死一逃。至此，历时一个月的淮南二叛正式结束。

当然，"历史是胜利者书写的"，而战争似乎没有对错只有输赢，成王败寇。毌丘俭等人勤王失败，在史书中则被定义为"叛乱"。

顺便提一下，文钦投降吴国后，颇得丞相孙峻器重。孙峻任命文钦为都护、镇北大将军，遥领幽州牧、封谯侯，并给予假节权力。但是，文钦作为一个降将，却不遵从吴国礼仪，处不好与同僚的关系，因此招致吕据、朱异等人的憎恶。不过，孙峻很欣赏文钦的勇猛，极力保护他。当然，文钦对司马氏的刻骨仇恨并没有因为失败而消停，他不久之后还会参与淮南三叛。

司马昭上台

战后，魏国论功行赏，大批有功之臣得到封赏。诸葛诞因功被封为高平侯，食邑三千五百户，转任征东大将军，享受"三公"待遇，都督扬州。邓艾因功被封为方城乡侯，代理安西将军职权。王昶被擢升为骠骑将军，他的两个儿子也靠着父亲的功劳得以封侯。王基被提拔为镇南将军，都督豫州诸军事，兼任豫州刺史，晋封安乐乡侯。傅嘏因功晋封阳乡侯，增邑六百户，累计食邑一千二百户。钟会擢升为黄门侍郎，晋封东武亭侯，食邑三百户。

轰轰烈烈的淮南二叛宣告彻底失败，司马师赢得了全面胜利。可是，此时的司马师却高兴不起来，反而忍受着极大的痛苦。这是为什么呢？

前文提过文鸯夜袭司马师大营，司马师受惊吓后眼珠迸出眼眶。此前，司马师的病眼就经常流脓，如今再加上感染，病情严重恶化了。司马师的身体状况本来就不适宜率军长途征战，而如今他耗尽了最后一点精力，命在旦夕。

以当时的医疗条件来看，对于司马师的病变，医生也无力回天。如果司马师在做过眼部手术后安心养病不亲征，他或许能保住一条命。当然，此时的司马师也非常清楚自己的病情，知道自己已经病入膏肓，时日不多了。所以，司马师刚平定淮南二叛后，马上下令班师回朝以向弟弟交代后事。但是，司马师走到许昌时，他实在不能继续前行了。司马师停留在许昌后，马上派人骑快马回洛阳急召司马昭即刻赶来许昌。

司马昭接到急召后，知道兄长司马师已然生命垂危。于是，司马昭骑着千里马日夜兼程，一口气跑到了许昌。

值得一提的是，司马师没有儿子，只有五个女儿。后来，司马师从弟弟司马昭那里过继了一个侄子来做儿子传承香火，即司马攸（司马昭的次子）。当时，司马攸年仅十岁，自然没有执政能力，所以司马师只能选择自己的胞弟司马昭继承家族事业。

司马师向司马昭交代后事完毕后，强撑着的那一口气就泄了，很快病逝于许昌，卒年四十八岁。此时是农历闰正月二十八日，距离淮南二叛正式结束才刚过几天。可以说，司马师是冒着生命危险亲征的，平叛成功后也搭上了自己的一条命。

后来，司马炎代魏称帝，追尊伯父司马师为"景皇帝"，庙号世宗。

司马师病逝的消息传到洛阳后，一些忠于曹魏的人意识到这是一个翻身的机会。于是，他们悄悄地向皇帝曹髦建议，下诏加封司马昭为卫将军令他镇守许昌，让傅嘏率领大军返回京师。

于是，曹髦秘密给傅嘏下达一封诏令，大意是：东南刚刚平定，暂且留下卫将军司马昭驻扎许昌作为朝廷的外援，傅嘏负责率领各路军队返回洛阳。

傅嘏前脚刚接到诏令，后脚就去与钟会一起商议。傅嘏与钟会都是足智多谋之人，他们已经看出这封不同寻常的诏令背后所隐藏的含意了。

的确，这是一封能决定司马家族命运的诏令。如果按照诏令要求去做，司马昭留守许昌，傅嘏率领十几万中央军精锐回京师，那么可以想象傅嘏率军一到洛阳便可能被曹髦立即下诏剥夺指挥权，然后亲自指挥这支大军对抗司马家族。倘若如此，曹髦再下诏号召魏国各地藩将一起围剿司马昭，到时候司马昭就是有三头六臂也抵挡不了。——假设是这样的话，历史将会改写。

可惜的是，历史没有如果，只有结果，一切假设都是没有实际意义的。

钟会与傅嘏两人密谋后，决定让傅嘏上表婉拒。与此同时，他们把此事密报给了司马昭，建议司马昭立即亲自率领大军返回洛阳。其实，此举是威逼曹髦下诏让司马昭辅政。

于是，司马昭留下亲信贾充坐镇许昌，监督周边诸军，而司马昭则亲率十几万中央军马不停蹄地往洛阳方向急赶，几天后就赶到了洛水之南驻扎下来。司马昭手握重兵，虎视眈眈地盯着京师的一举一动，完全不怕曹髦有任何的举动了。

司马昭违诏返京，率领十几万大军兵临洛阳城下。这副架势，朝野上下震惊不已，满朝文武大惊失色。就这样，曹髦想夺回司马氏兵权的计划，彻底宣告流产。

事已至此，曹髦只得下诏任命司马昭为大将军，加侍中，都督中外诸军、录尚书事，辅佐朝政。另外，曹髦给予司马昭"带剑穿履上殿"的待遇。对于这些虚衔，司马昭不稀罕，便仿照自己的父兄那样推辞掉了，以落个"好名声"。

至此，司马昭全面继承了司马师的权力，掌握了魏国的军政大权，正式登上了魏国历史的最高舞台。

第五章　风云莫测

　　司马师病逝的消息传出后引起了轰动，尤其是蜀国的姜维很激动。蜀国与魏国是一对死对头，双方互相攻伐数十年，谁也打不服对方。司马师病亡后，姜维认为魏国正处于权力更迭时期，司马昭无暇顾及西部事务，刚好是一次北伐的好机会。于是，姜维向后主刘禅上表，要求出兵北伐。

　　征西大将军张翼不同意姜维的看法并在朝堂上力争，认为蜀国弱小而百姓劳苦，不宜穷兵黩武，连年征战已经消耗了很多国力，如今最需要做的事情是大力发展国力，而不是发动对外战争。

　　姜维作为诸葛亮的军事传承人，认为蜀国不能坐以待毙，必须主动出击才能生存下去，而现在魏国政局不稳有机可乘，不可错失这样的北伐良机。

　　在姜维的再三坚持之下，后主刘禅还是同意了姜维的提议。

　　延熙十八年（公元255年）夏季，姜维率领数万人马再次伐魏，兵出狄道，夏侯霸、张翼等人随军同行。为了更好地北伐，姜维派遣使者出访吴国，希望联合孙峻一起出兵攻打魏国。

　　想不到的是，这次外交活动却差点引发了吴国的一场宫廷政变。

宗室残杀

　　自从孙峻救援淮南行动失败后，他的执政能力受到了吴国上下普遍的质疑。孙峻本来就是一介武夫，虽擅长骑射、骁勇果敢，但他没有治国安邦的能力。孙峻的治国水平远远不如他的前任诸葛恪，他只不过是一个擅长宫廷政变的高手而已。

自从诸葛恪被诛后，孙峻就牢牢掌控着吴国的权柄。孙峻执政两年来，既没有军功也没有政绩，坏事倒是干了不少。孙峻专擅朝政，打击政敌，淫乱后宫，勾搭公主（孙鲁班），时常传出丑闻。所以，吴国内部一些人看不惯孙峻的所作所为，对其极其不满，欲除之而后快。如今，蜀国使者来访，这些人便觉得这是一次刺杀孙峻的好机会。

当然，蜀国特使来访，孙峻自然是按惯例率领文武百官设宴款待。于是，将军孙仪、张怡、林恂等人密谋，企图借会见蜀使之机悄悄地靠近孙峻发动政变。然后，孙仪等人一起动手，就席刺杀孙峻。

值得一提的是，孙仪的祖父是孙坚之弟孙静，而孙峻是孙静的曾孙。换言之，孙仪即孙峻的堂叔伯。连皇室宗亲都如此痛恨孙峻，可见孙峻在吴国的统治多么不得人心。

可惜的是，孙仪等人的密谋走漏了消息，被孙峻提前知道了。

孙仪等人得知事情败露，为了不受辱而死，他们抢在收捕队到来之前纷纷自杀身亡。孙仪等人用自杀的方式结束了自己的生命，保留了人生最后的一点尊严。

这次未遂政变的策划者自杀后，事情却并没有这么简单结束。孙峻下令追根查源，务必将所有参与者收捕处死。因此，数十人受到牵连，全部被斩首示众。

这个时候，全公主孙鲁班落井下石，乘机诬蔑朱公主孙鲁育也参与了这次政变，是孙仪等人的同谋者。对于孙鲁班的话，孙峻一向言听计从，于是当场下令处死了孙鲁育。(《三国志》："全主因言朱主与仪同谋，峻枉杀朱主。")

那么，孙鲁班为什么要教唆孙峻杀死自己的胞妹孙鲁育呢？

早在南鲁党争之时，孙鲁班就深恨孙鲁育当年不肯帮自己打倒太子孙和，因此在心中埋下了仇恨的种子。孙鲁班是一个心眼极小、嫉妒心极强又颇有野心的女人，她怎肯放过能害死被自己视为眼中钉肉中刺的政敌的机会呢？哪怕孙鲁育是自己的胞妹！

孙休的妻子朱夫人是朱据和孙鲁育所生的女儿，也因此受到了牵连。孙休在孙峻枉杀岳母朱公主后心中非常害怕，遂与妻子相哭而别。孙休主动遣送朱夫人回建业，让她接受朝廷的调查和审讯。朱夫人怀着忐忑不安的心情回到建业后，孙峻觉得朱夫人没有在京都生活，不可能勾结孙仪等人谋害他。于是，孙峻将朱夫人释放了，并派人将她遣送回到了孙休身边。

孙鲁育被诬惨死后，被潦草地埋在了乱葬坟地石子岗。不过，孙鲁班也没能得到善终，她不久之后将会遭到惩罚。

洮西之战

孙峻又一次成功地灭掉了一批政敌，然而这些"功绩"似乎没有什么说服力，于是他挖空心思地想出了一个能提升自己政绩的办法，即修建一座新城池——广陵新城。

这是一项大宗工程，势必消耗巨大的人力物力，所以吴国群臣都不看好。但是，群臣都惧怕孙峻的权势，无人敢站出来劝阻，只有滕胤婉言劝谏了几句而已。不过，孙峻不听从滕胤的劝谏，依然不顾实际情况我行我素，并派遣卫尉冯朝作为监工负责修筑广陵新城。然而，此项工程最终并未能完成，并在投入巨大的资金后成了"烂尾工程"。

孙峻一边铲除政敌一边修筑城池，再加上救援淮南行动刚刚失败且吴国内部反战情绪强烈，所以他并没有答应蜀使的请求。

姜维在出兵攻打曹魏前，为了迷惑魏军做出错误部署，就早早地向外界放出消息扬言会兵分三路向祁山、石营、金城一同进发。

自从郭淮病逝后，陈泰被任命为征西将军，假节都督雍、凉诸军事，正式成为西线的最高统帅。陈泰升职之后，魏将王经接任了空出来的雍州刺史一职。王经刚履新，就听闻蜀军三路入侵，自然不敢怠慢，急忙向陈泰汇报相关情况，并建议分兵迎击来犯之敌。王经请求率领本部人马进军石营，同时派遣凉州兵团到枹罕（今甘肃临夏东北）侦察金城动向，讨蜀护军分兵奔向祁山，从不同地点阻击蜀军入侵。

陈泰经过仔细分析后认为这只不过是姜维的诡计，蜀国小国寡民，不可能聚集得了这么多兵力，且敌军的实力不足以兵分三路。陈泰认为，用兵之道向来以兵分几路为下等办法，况且凉州兵团也不应该越境去雍州。陈泰作为雍凉二州最高军事统帅，在不确定姜维此次出兵的目的地在哪里时，他是不敢轻易调动凉州的军队去援助雍州。要知道，如果调动凉州的兵力而出现了任何问题，陈泰是要负直接责任的。

于是，陈泰下密函回复王经，警告道："你要仔细辨别清楚敌军的确切消息，及时了解他们的行进方向，不要被对方误导了。你一定要固守待援，等到东西两面合军，再做决定出兵御敌。"陈泰要求王经坚守狄道城（今甘肃临洮），探明姜维的进军路线，避免主动迎敌，等待他亲率主力部队到达后，再一起钳击蜀军。

王经接到陈泰的指令不以为然，认为这是胆小鬼的做法。当时，王经是雍州兵团的指挥官，手中有数万精兵，因此他认为自己兵力并不比姜维少而不必畏蜀如虎。

当年，诸葛亮北伐时司马懿都不想与蜀军正面进行野战，他宁可忍受奇耻大辱也龟缩不出，因为他知道对手的厉害之处。后来，司马懿成功地运用"乌龟战术"拖死了诸葛亮，达到了他的终极目的。如今，王经产生了轻敌心理，他将会为此付出惨重的代价。

当时，姜维率领数万人马抵达枹罕后，立即马不停蹄地奔赴狄道。

王经得知蜀军向狄道方向进军，便主动出城迎战，率军强渡洮河来到了上游的故关（今甘肃临洮县北）。虽然此前陈泰已经做出了正确的军情判断让王经固守待援，但此时王经把陈泰的警告当作了耳边风。王经是一个没有丰富的军事经验的人，错误地认为蜀军长途奔袭已经人困马乏，想半路拦截蜀军以痛打来犯之敌。

《孙子兵法·谋攻篇》云："知己知彼，百战不殆。"但是，王经只知道自己的实力，却不了解对方的实力。

王经严重低估了蜀军的野外作战能力，认为自己有兵力优势，以多打少，完胜蜀军没有太大问题。其实，蜀军的野战能力是极强的，而此时姜维率领的正是当年诸葛亮亲手打造起来的北伐精锐大军。这些北伐军身经百战，作战经验极其丰富，都历经过战场腥风血雨的考验。

姜维见王经主动上门挑战，看出了歼敌的机会。姜维是一名有勇有谋的名将，他之前曾经追随诸葛亮北伐，深知魏军的作战特点。魏军的强悍之处在于拥有数量庞大的骑兵团，惯常利用战马的强大冲击力撕破对方的防线。

值得一提的是，诸葛亮生前曾发明了很多实用的新型武器来克制曹魏骑兵团，绊马钉、大木车、诸葛连弩等有技术含量的武器成了对方的噩梦。所以，在野外大兵团面对面作战时，蜀军是不惧怕魏军的。

此时，魏、蜀两军厮杀在一起，他们打得天昏地暗，杀喊声响遍四野。战争刚打响时，王经自信满满，认为长途跋涉之后的蜀军将会不堪一击，他的精锐兵团将会像猛虎进入羊群一样轻松吃掉对方。在双方拼杀了很久后，王经想象之中的那一幕不但没有出现，魏军反而逐渐抵抗不住蜀军的疯狂进攻了。

这么多年来，蜀国的北伐军硬碰硬没有怕过谁。此前一年，身患重病的张嶷曾经率领无当飞军以少打多，拼掉了对方两倍的兵力，打残了徐质部队。虽然最后无当飞军寡不敌众而全军覆灭，但没有人当逃兵，这就是血性！

此一战，姜维运用自己出色的军事才能，指挥蜀军将魏军包围起来瓮中捉鳖。在姜维的激励之下，蜀军英勇杀敌，充分发挥己方的优势，对魏军逐渐形成围歼之势。很显然，王经不是姜维的对手，而兵力多的魏军反而被兵力少的蜀军包围了。——如果由邓艾来指挥这场战役，绝对不会出现这种情况，而这就是名将与普通将领的区别。

一场混战下来，魏军越打越不利。王经心中暗暗叫苦，后悔自己鲁莽出战导致大军陷入困局。如果再不及时从战场撤退，魏军就会被蜀军逐渐蚕食，并全军覆灭于洮西。王经见情势极其不妙，急忙下令撤军，退保狄道城。魏军仓皇撤退，士兵四散奔逃，人人成为惊弓之鸟，有一些不甘被俘的魏军跳进洮水之中逃生……

魏军兵败如山倒，王经带着嫡系部队拼死才杀出包围圈。于是，蜀军在魏军后面穷追不舍，一直追赶到狄道城下。

据史料记载，洮西之战魏军损失惨重，死伤数万人，雍州兵团遭到重创。（《三国志·姜维传》："大破魏雍州刺史王经于洮西，经众死者数万人。"）

姜维打算乘胜围攻狄道，一鼓作气攻下狄道。随行的张翼认为功绩已成，不宜再攻打坚城，便劝谏道："我军应当见好就收，不应该继续进军围城。进军的话，有可能会毁掉已取得的大功，适得其反，画蛇添足。"

姜维闻此言，怒道："我就要画蛇添足！"

其实，自从张翼提出反对北伐的意见以来，姜维内心深处就对张翼很不满，如今张翼再一次"唱反调"，容不得不怒。作为一个主战派，姜维日夜都想北伐，好不容易才取得了这么一次大捷，岂肯轻易罢手？

姜维拒绝了张翼的建议后，下令部队猛烈围攻狄道城。

尽管王经大败而回，但毕竟雍州兵团人数众多，他还剩下一万多人马，保留了守城的实力。此后，吃了败仗的王经据城坚守，龟缩不出，死命抗住了蜀军的进攻。

话说陈泰下达指令给王经后就先派五营部队先行赶路，他自己则率领各路人马跟随在后面救援雍州。当陈泰亲率主力部队赶到陈仓城时，陈泰就听到了王经的败讯，怒气冲天，想不到王经违令擅自出战且惨败而归，导致了形势急剧恶化。要知道，狄道城是魏国西线防御蜀国攻伐的一座前沿坚城，担负着极大的防守任务。如果狄道城失守，姜维就会率领蜀军长驱直入，乘胜攻取陇西郡、南安郡等地，到时候整个雍州就有可能沦陷并成为蜀国的国土。

王经被围困，情况十分危急。陈泰马上将狄道城的情况如实汇报给司马昭，请求朝廷派兵支援。陈泰一边上表请求出兵速救狄道，一边率军昼夜兼程赶路。在陈泰率军赶到上邽后，马上在当地驻扎并分出部分人马把守要道做好各项布防工作，同时派出一部分人马驰援狄道。这样，即使姜维攻破狄道趁机挥师东进，也很难突破陈泰布下的道道防线。

当陈泰的军情报告传到洛阳后，魏国朝廷震惊，群臣议论纷纷，认为王经损失了数万兵力，狄道城很难固守。如果姜维断绝凉州的通道，兼并了周围四郡（陇西、南安、天水、广魏四郡）的羌胡人，占据关中、陇西地区的险要之处，就能消灭王经的雍州兵团，然后占据陇右地区。所以，当下之计是先聚集四方部队，再前去征讨攻打蜀军。

虽然洮西大败让司马昭始料不及，但此时的他异常冷静，对群臣们分析道：“过去，诸葛亮经常有这样的打算，但他也没有能力办得到。蜀军企图夺取陇右四郡这件事情太大了，需要深思远虑的谋划和强大兵力作为后盾，不是姜维能做到的。况且，狄道城不是仓促之间就能被攻克的，现在我所担忧的只是城中缺乏粮食，而像陈泰那样迅速率军援救才是解围的好办法。”

话虽如此，司马昭也不敢马虎，急忙下令邓艾率军火速救援雍州。不过，司马昭还不放心，又派遣叔父司马孚去西线督战，镇守关中统率诸军作为后援。

陈泰到达上邽不久，邓艾、胡奋、王祕等部也先后赶到上邽。陈泰当即做出进军部署，要求邓艾、王祕等部与他一起兵分三路救援狄道。

邓艾等人婉拒道：“王经的数万精锐部队在洮西被击溃，敌军士气旺盛，刚取胜的军队是不可抵挡的。如果将军带领乌合之众跟随在败军后面，将会让士兵丧失斗志，从而导致陇右地区局势动荡。我们应该从长远之处来看待问题，这样才能保全更大的利益。况且，姜维的部队锋芒毕露，狄道城难以固守。现在，我们倒不如暂缓救援狄道，保守现有的地盘，然后静观其变，等待敌军出现失误再进军援救，这才是可行之策。”

陈泰听了诸将的话摇了摇头，分析道：“姜维率领轻兵深入狄道，正想和我军进行野战，以求速战速决。王经本应该依靠高深壁垒，挫伤敌军的锐气，但他擅自出战以致被敌军击溃，导致姜维的诡计成功了。王经被围困在狄道城中，情势危急。如果姜维乘胜向东进军，倚仗栎阳城中充足的粮食储备收服降兵、招揽羌胡人，然后再往东争夺关中、陇右地区，并向周围四郡传发檄文，这绝对是我们不愿看到的结果。幸好，姜维率领胜利之师围攻狄道在坚城下受挫，使得本来士气旺盛的士兵筋疲力尽，甚至丧命城下。如今，进攻和防守的形势不同了，战场的主客也不同了。姜维孤军深入，粮草供应不上，正是我军迅速进攻击溃敌军的时机。从地形上来看，洮水环绕狄道外围，而蜀军身处洮水内部，所以我军应当以迅雷不及掩耳之势进军，抢占高地和险要地势，以卡住敌人的要害部位，到时候不用交战敌军也一定会闻风而逃。我们绝不能放纵敌寇，围困太久也会出问题，各位怎么能说出放弃救援狄道这样的话呢？"

陈泰准确判断到了蜀军面临的补给问题，姜维攻城受挫后必定不能持久作战。现在，蜀军锐气消减，双方攻守易势，主客不同，而魏军正是出兵进击的时候。其实，姜维率领轻装部队北伐，携带的攻城器械有限，攻打不下坚城实属正常。况且，王经退守狄道城时手中还有一万多兵力，所以能抵挡得了蜀军的进攻。

如此，既然魏军主将陈泰都这样说了，众将也没什么话可说的，邓艾等人只能服从安排。

于是，陈泰和邓艾等部兵分三路，驰援狄道。陈泰率军越过高城岭，暗中秘密行军来到了狄道城东南面的高山上。等到了晚上，陈泰命令士兵点燃很多烽火，吹响鼓角，作势要进攻蜀军的样子。当然，陈泰的虚张声势，果然收到了奇效。

狄道城中的守军看到魏军的大量援军到来，士气大振，欢呼雀跃。

猝然之间，姜维见漫山遍野到处都有烽火，错误地认为魏国已经有大批援军抵达，而且以为陈泰有奇谋。蜀军见此状，全军上下都恐惧，害怕受到城内外魏军的双面夹击。

此时，蜀军补给日益困难，粮草逐渐不支，又攻城不下，士气下跌更甚。所以，姜维也不敢再恋战，只得下令撤围而退。姜维向南退兵，驻扎钟提（今甘肃临洮南），伺机再次北伐。

狄道解围后，王经感叹道："目前城内粮食供应不足十天，我真后悔当时贸然出击敌军。因为我的失误，让全城人遭受被敌军屠杀的危险，还差点损失了雍州啊。"

陈泰进入狄道城慰劳将士完毕后，派遣一部分人马驻守险关要隘，并且加紧整修城垒，以防蜀军再次入侵。待安排妥当后，陈泰率军返回上邽驻守。

战后，王经作为洮西之战失败的责任人被调回朝廷担任闲职，雍州刺史之缺由诸葛绪填补。同时，陈泰作为西线最高军事统帅，也负有这次战败的连带责任。于是，司马昭征召陈泰回朝担任尚书右仆射，负责主管官员选举，加封其为侍中光禄大夫。其实，更深层次的原因是司马昭担忧陈泰长期坐镇西线，容易个人势力坐大，所以借机将陈泰调回朝廷任职。

却说司马孚的儿子司马望被魏帝曹髦宠待，心里经常感到不安，遂趁机请求出京去雍凉地区接替陈泰空缺出来的职位。司马望是一个精明人，见司马师、司马昭兄弟相继辅佐朝政，而魏室权力已归于司马氏，知道不能和曹髦走得太近，否则以后司马昭清算魏室旧账时会连累到自己。对于司马望外出任职的请求，司马昭同意了，毕竟让自己家族的堂兄弟出镇西线还是比较放心的。就这样，司马望被任命为征西将军，持节都督雍、凉二州诸军事。

邓艾因功正式被任命为安西将军，给予假节权力，兼任护东羌校尉。当时，很多人认为姜维围攻狄道已经用尽力气，短时间内不会再出兵了。不过，邓艾不同意这种看法，他从五个方面指出姜维必定会很快出兵的，魏军要时刻关注蜀军的动向，提防对方出其不意突袭。果然，不出邓艾所料，姜维很快将会再次北伐。

段谷之战

洮西之战是蜀国历次北伐战争中歼敌人数最多的一次战役，差点撼动了魏国在雍州的统治。在此战后，雍州地区人心惶惶，少数民族部落更是蠢蠢欲动,甚至陇右四郡和金城等地区的百姓也因害怕遭受侵扰而叛逃到蜀地。在这种情况下,魏国亟须稳定当地的统治秩序。于是,在几个月之内,魏帝曹髦被迫连下三道诏令来平复战后问题。

第一道诏令主要内容是派遣当地官员深入民间慰劳众将士家属,为牺牲将士家属发放抚恤金,重金奖励在战场上殊死奋战的将士,并免除雍州一年的赋税徭役。这道诏令极大地减轻了雍州百姓的负担,让他们安居乐业、休养生息。

第二道诏令主要内容是针对叛逃到蜀地的人,他们的亲属留在当地不会受到任何牵连。这道特赦令很好地安抚了人心,让雍州百姓从惊惶之中转变为对朝廷的感激和信任。

第三道诏令主要内容是收埋在洮西之战中牺牲将士的尸骸,祭奠英灵,安抚生者,重塑军队自信心。当时,王经一败涂地,数万魏军抛尸荒野,惨不忍睹。根据朝廷指示,邓艾等人亲自率领军队到洮西战场寻找收拾魏军将士的尸骸。

经过一系列的有效措施,魏国逐渐稳定了雍州局势,避免了雍州内部分裂。

洮西之战是姜维一生的荣耀之战,也是他军事生涯辉煌的顶点。姜维以少胜多击溃雍州兵团,一战取得歼敌数万人的傲人战绩,获得了蜀国北伐战争历史上前所未有的胜利。经此一战后,姜维在蜀国国内的声望达到顶峰。

延熙十九年(公元256年)春,后主刘禅下诏擢升姜维为大将军,统率蜀国军队。至此,姜维正式成为三军统帅,手握兵马大权。

洮西大捷给予蜀国全国上下极大鼓舞,尤其姜维更是自信心暴涨,并积极筹划着下一次北伐。姜维成为大将军后踌躇满志,而北伐的激情始终在他的血液里燃烧着。姜维继承诸葛亮遗志,矢志不渝北伐,他的一生将与北伐战争紧密地联系在一起。

当然,姜维是不会满足于一次大捷的,他想利用己方的优势扩大战果。当年七月,姜维兵出祁山,再次踏上北伐征途。当姜维率军来到祁山后,打听到邓艾已经提前做好了防备工作，便果断向西撤军，打算从董亭袭击南安郡。

邓艾是一位非常优秀的军事家，实战经验非常丰富，是魏国后期军界中的代表人物。前文述及，邓艾从小喜欢军事，对行军打仗有着浓厚的兴趣。早在邓艾做屯田客的时候，他就因外出时经常勘察地形规划军营处所而遭到同行的耻笑。得益于早年的努力，邓艾积累了丰富的地理知识，锻炼出了精准的军事判断能力，所以邓艾一见蜀军向西撤军就明白了姜维的意图。

于是，邓艾连夜率军抢占武城山凭险据守，阻断了姜维进攻南安郡的路线。武城山位于董亭的正北边，是蜀军从董亭直线进攻南安郡的必经之路。

虽然武城山被邓艾抢占了，但姜维也不是一个轻言放弃的人。于是，姜维迎难而上，率军攻打武城山，想打通进军道路。

邓艾和姜维都是当时的一流名将，分别是魏、蜀两国军界的"招牌"人物，而且二人的军事实战水平处于伯仲之间。如今，魏军居高临下占据了有利地形来阻挡蜀军，所以蜀军仰攻不利，姜维被迫撤退。

此时，姜维依然不甘心就这样撤军回去，于是派人联系镇西将军胡济并约定两军在上邽会合，兵分两路夹击上邽的魏军。

姜维在争夺武城山未果后，不得已改变了进攻路线。当夜，姜维借着夜幕的掩护率军偷渡渭水向东进发，沿着山路来到了上邽附近。谁想到，姜维此举早在邓艾的预料之中！

邓艾提前判断到姜维的意图，再次抢在蜀军前面伏兵于段谷。

段谷位于上邽县的东南山下，具体位置在今甘肃天水麦积区的罗家沟河。

魏军以逸待劳，迎战姜维的疲惫之师。按照约定，此时的胡济应该率军前来上邽会合姜维，但可惜的是胡济失约未按期而至，导致姜维孤军奋战。

经过一番激战后，魏军击溃了蜀军，歼敌数以千计，大获全胜。蜀军溃散，死伤甚众。

不过，邓艾能击败姜维，并不是偶然的。此战，邓艾料敌于先，处处抢得先机，自始至终牢牢地掌握着战争的主动权，充分利用了有利地形克敌制胜。当然，姜维失败也有多种因素：一方面是胡济失约导致姜维孤立无援；另一方面则是姜维轻兵深入导致粮饷不继以及来回折返行军导致士兵疲惫。

段谷之战的战报传到洛阳后，魏帝曹髦下诏嘉奖邓艾，其诏曰："逆贼姜维连年进犯，国民和胡人都趁机骚动，整个西部地区不得安宁。邓艾策划有方，忠勇顽强，一战斩杀敌军将佐十余名，歼灭敌兵数以千计。此举向巴蜀地区展示了我国天威，炫耀了大国武力，因此任命邓艾为镇西将军，都督陇右诸军事，晋封邓侯，其子邓忠封为亭侯。"

邓艾凭借此战取得了陇右军事指挥权，并将成为姜维最大的对手。邓艾在镇守魏国西部边境期间，积极加强军事防务，整治关塞，修建城堡，时刻提防着蜀国的攻伐。

魏国取得段谷之战的胜利后举国欢腾，此一战对恢复雍州百姓的信心起到了极大的作用。当然，司马昭作为魏国实际上的执政者，他的"功劳"是最大的。对于这一点，魏帝曹髦也不得不"违心"地承认，而这也是一个有名无权的皇帝的悲哀之处。

于是，魏帝曹髦特意下诏褒奖司马昭，晋封司马昭为大都督，给予"奏事不名"以及假黄钺的特权，另外增加封邑三县。

司马昭在前一年已经晋位为大将军，如今又拥有了相当于魏国兵马大元帅的头衔，实际上他可以任意随时调动魏国各地军队而不需要经过魏帝曹髦的同意。

魏帝曹髦奖励了司马昭，几天后又下诏任命司马孚为太傅。司马孚的职位由太尉晋升为太傅，虽然实际权力没变，但面子上好看得多了。因为，太傅位在"三公"之上，这是一个殊荣。接着，曹髦又下诏重新调整"三公"职位的人选，任命司徒高柔为太尉，司空郑冲为司徒，尚书左仆射卢毓为司空。——我认为，三国时代最牛的"三公"是高柔，他不仅把"三公"之位都任了一遍，而且历经六朝反而让其家族更加荣耀，真是"人生大赢家"啊！直到景元四年（公元263年），高柔寿终正寝，享年九十岁。

高柔是一个传奇人物，他从曹操时代开始就任，一直到魏国末代皇帝曹奂登基后去世。屈指一算，高柔从建安九年（公元204年）归降曹操，到他去世时在曹魏集团竟然长达六十年。可以说，高柔仕途经历几乎横跨了整个曹魏历史，他亲眼见证了曹魏政权的兴衰荣辱。尽管后期曹魏王室一代不如一代，但是高柔个人不仅没有受到影响，其职位反而步步高升，加官晋爵。由此，可以得出一条仕途之道，即在官场上跟对人很重要，而这对仕途晋升很有帮助。

再说一下段谷之战后姜维的情况。段谷战败后，姜维怀着复杂的心情带着残兵败将返回了成都。相比之下，一年之前，姜维取得洮西大捷，意气风发；一年之后，姜维惨遭段谷之败，失魂落魄。

姜维回到成都后，群臣和百姓都纷纷指责和埋怨他。其实，这很容易理解，用一个比喻来诠释就明白了：姜维就像一个赌徒，见家里穷不甘心坐以待毙，就义无反顾地去赌场拼搏一把。如果赢钱归来，全家人欢天喜地，添衣吃肉庆祝一番；如果输钱回来，全家人都得挨饿，因为家里本钱少输不起啊！

蜀国就是这种情况。姜维打了胜仗让国家获利，文臣武将们跟着升官发财，大家自然欢天喜地；如果打了败仗让国家受损，大家对他就有意见。段谷之败后，姜维成为众矢之的，差点被众人的口水淹没了。

魏国是一个大国，坐拥九州之地，国力雄厚，即使损失数万士兵也能很快恢复过来。但蜀国是一个小国，只有一州之地，国力薄弱，无论是从哪一方面来看都远不如魏国。

姜维本来是魏国人，却造化弄人、阴差阳错地归降了蜀国。作为一个降将，姜维在蜀国属于一个外来户。自从诸葛亮去世后，姜维在蜀国就没有什么有实力的靠山了。况且，段谷之败导致蜀汉再没有实力控制陇西地区，所以姜维面对众人的指责也只能默默地接受。

当年，诸葛亮在街亭之战失败后自贬三等，勇敢地承认过错。如今，姜维作为战败的第一责任人，自然是要主动站出来给蜀国百姓一个交代的。于是，姜维上表引咎自责，请求削职贬官。

当时，蜀汉军事人才匮乏，无人能代替姜维的作用，所以后主刘禅酌情将姜维降为后将军，但代行大将军的职权。

尽管姜维还是蜀汉军方实际的最高统帅，但他的威望经此一战后断崖式下降。

孙綝上台

魏、蜀两国打得不可开交，连续干了两仗，双方各取得一胜一负的战绩。姜维虽然在洮西之战取得歼敌数万的辉煌战绩，但这并不能从根本上改变魏、蜀双方的实力：魏国底子厚，很快从战败中恢复了元气，而姜维在段谷之战损失千人后，就遭受到了千夫所指的下场。

对于所发生的一切事情，吴国丞相孙峻都看在眼里、急在心上，他担心自己的位置坐不稳。孙峻执政以来无所作为，不仅军功政绩俱无，反而搞权臣统治，因此招致了很多人的反对。

作为一国的执政者，孙峻知道再不建功立业在功劳簿上添上浓重的一笔，他便很难通过统治手段来稳固他的权位，因为杀戮从来都不是治国安邦的好办法。因此，孙峻也不甘心当旁观者，遂有北伐之意。

值得一提的是，文钦自从投降吴国后，就一直游说吴国朝廷伐魏，尤其是经常极力劝说孙峻趁着魏、蜀两国交战的大好机会北伐。所以，孙峻顺水推舟同意文钦的北伐请求，其目的很简单——希望通过军功树立威信，堵住反对者的非议。尽管很多吴国文臣武将心中不愿意率军北伐，但吴国的重大决策是由孙峻一个人说了算，所以这次军事行动依然成行。

于是，孙峻设计了新的北伐路线，派遣镇北大将军文钦、骠骑将军吕据、车骑将军刘纂、镇南将军朱异以及前将军唐咨等人率军从江都出发，进军淮河、泗水一带，图谋攻占青、徐二州。

这一次北伐，吴军不走陆路攻打合肥，而是走水路进军且兵锋指向青州和徐州。可以说，孙峻是汲取了前任诸葛恪的失败教训。前一次，诸葛恪率领二十万大军攻打合肥新城失败后仓皇撤军，导致不少士兵在撤退途中被魏军俘获。这一次，吴国走水路北伐就是想扬长避短，即使北伐不能取胜，也能安全撤退。

当时，司马昭听闻孙峻派军北伐，马上任命陈泰为镇军将军，假节督领淮北地区的各支军队御敌，又诏令徐州监军以下的官员都受陈泰的调度，随时做好迎战吴军的准备。所以，吴军这次走水路北伐遇到了陈泰这样的军事高手，他们很难突破陈泰沿途布置下的重重防线进入青州和徐州，取胜的希望更是比较小。

孙峻为了表示隆重出征以及激励众将士，亲率滕胤等到石头城为出征大军设宴饯行。随后，孙峻带领一百多名随从进入吕据的军营视察。

当然，孙峻率众前来检阅部队，众将不敢马虎应付。吕据一向治军严谨，所以这次出征前他更是要求众将士严格遵守军纪军规。当孙峻走进吕据的军营后，见吕据所部军容整齐、号令严明，心中有一种莫名的畏惧感，便借口心口疼痛愤然离去了。尽管此前孙峻为吕据升职加薪，但吕据似乎并不买他的账，也不支持他的统治。孙峻之所以忌惮吕据，是因为吕据手握兵权。如今，吕据部队兵强马壮，孙峻更加害怕吕据对他不利。

是夜，心事重重的孙峻躺在床上，回想起了这些年来许多人想发动政变除掉他的情形。当年，孙峻靠着设宴诛杀诸葛恪而成功上位。虽然孙峻已经成功躲避掉多次暗杀事件，但他保证不了"躲得过初一，就一定躲得过十五"，说不定许多同僚都有可能是隐藏在暗处的敌人。这一夜，孙峻的脑海中回想起了之前的许多事情来，包括诸葛恪血洒宴会的情景。就这样，孙峻想了大半夜，好不容易才迷迷糊糊地进入了梦乡。在睡梦中，孙峻做了一个噩梦——诸葛恪的冤魂拔剑追杀他。（《三国志·孙峻传》："遂梦为诸葛恪所击，恐惧发病死。"）

孙峻惊醒后极度恐惧，害怕诸葛恪的冤魂向他索命。从此，孙峻日夜生活在惊惧之中，吃不好，睡不着。不久之后，孙峻就因担惊受怕而病入膏肓。

当然，孙峻也知道自己大限将至，急忙召来自己的堂弟孙綝交代后事。

孙峻临终之前将后事托付给孙綝，然后就撒手人寰了。孙峻发病而死，卒年三十八岁。

此时，孙綝年仅二十六岁，担任偏将军，在吴国政坛上是一个完全排不上号的小人物。如今，仅凭借孙峻的一句嘱咐，孙綝一夜之间就成了吴国的"首辅"——用"一步登天"这个成语都不能形容孙綝仕途的晋升之快了。

孙峻死后，孙綝掌管吴国朝廷内外各项权力（包括军权），并接替孙峻的职权主持朝政。刚掌权的孙綝担心大军在外不容易控制，于是急忙下令召回了正在北伐途中的吕据等人。

当时，吴国的北伐大军刚出发不久还没有到达淮河，就传来了国内这些重要消息：听闻孙峻已死，孙綝接替其堂兄职权掌控了吴国最高权力。

吕据得知此消息后又惊又怒，遂与文钦、唐咨等将领联名共同上表举荐滕胤担任丞相，想以此分割孙綝的权力。滕胤是当年孙权指定的托孤大臣之一，德高望重，资历极老，由他接任丞相之位是众望所归的事情。

当然，吕据也知道孙綝会从中阻挠，所以他一边上表吸引孙綝的注意力，一边从北伐前线引军退还，打算带兵入京用武力强行废除孙綝的权位。

孙綝毫无资历、威望以及功绩，却凌驾于群臣之上，换作谁都很难接受。当然，像吕据这样功勋卓著的托孤重臣，自然是不甘心位居孙綝之下的。更重要的是，吕据害怕孙綝步其堂兄后尘，专擅朝政，铲除异己。这样的话，吕据势必成为孙綝第一个"杀鸡儆猴"的对象。要知道，连孙峻都忌惮吕据，何况更加没有威望的孙綝呢？

因此，吕据无论是从国家利益层面来考虑，还是从自己个人安全方面来考虑，他都有必要把孙綝赶下台。

当吕据等人的联名表章送到建业后，孙綝意识到了吕据的意图。恰巧，当时镇守武昌的大司马吕岱寿终正寝，享年九十六岁。于是，孙綝以此为借口拒绝了吕据等人的请求，巧妙地改任滕胤为大司马替代吕岱驻守武昌，毕竟武昌是吴国在荆州地区的一个军事重镇，也需要一位朝廷重臣来镇守。

其实，大家都非常清楚，这摆明是将滕胤赶出京都建业，让他远离权力中心。

滕胤是一名有资历的老臣，他当然明白孙綝的意图，所以他接到孙綝的任命书后并没有离开建业，而是留在京都继续观察政局变化。这时，吕据也派人送信报知滕胤，叫他里应外合一起举兵武力废黜孙綝。

很不幸的是，吕据的情报被孙綝获取了。于是，孙綝一边派遣堂兄孙宪以及丁奉、施宽等人率领水军赶赴江都阻击吕据带兵回京都，一边派遣宫中特使手持小皇帝孙亮的诏书去命令文钦、刘纂、唐咨等联合部队进击吕据，并让他们就地擒获吕据。与此同时，孙綝派遣左将军华融、中书丞丁晏告诉滕胤，说吕据在外拥兵叛乱，朝廷已经下诏各路军队擒拿吕据，劝喻滕胤赶快去武昌赴任，不要插手这件事情。

滕胤见状，认为孙綝不过是想借故赶他出京，然后等到处置了吕据后再找他算账。于是，滕胤扣留华融、丁晏，部署府中的兵卒以自卫，召来典军杨崇、将军孙咨，向他们告知孙綝谋反作乱，并迫使华融等人写信向大众公布孙綝的罪行。

孙綝见华融和丁晏迟迟不归，就知道滕胤扣留了他们，急忙向小皇帝孙亮上表诬蔑滕胤谋反。同时，孙綝向将军刘丞许诺，只要他领兵前去擒获滕胤，事成之后必定加官晋爵。"重赏之下，必有勇夫"，刘丞二话不说就立即率领兵马急速前去，将滕胤围困在府中。

滕胤见情势不妙，胁迫华融等人假造"发兵诏书"，征调他们的部队前来解围。华融等人死命不从，不肯按照滕胤的要求矫诏发兵。滕胤急了，一怒之下将他们全部杀死。

此时，滕胤还很乐观，认为自己只要挡住刘丞的围攻就可以，等到吕据带兵回京一切都好办了。为了稳固府中兵卒的信心，滕胤神色不变、谈笑如常，让兵卒们死命抵挡外面的围攻。不过，毕竟滕胤府中看家护院的兵卒有限，逐渐抵抗不住刘丞部队的围攻。

这时，有人劝说滕胤弃府突围，领兵前往苍龙门去召集朝中的军队协助他，如此驻守皇宫的禁军将士们看到滕胤出来一定都会离开孙綝前来归附。

当时，这个主意是唯一能够挽救滕胤的机会。如果滕胤听从部下建议突围去苍龙门振臂高呼，凭借他在朝中的崇高威望和多年积攒下来的人气，应该会有不少士兵会选择站在他这一边并听从他的调遣。

但让人遗憾的是，滕胤倚仗先前与吕据有约，错误地认为吕据的援军会按时开进建业与他会合。况且，当时已是三更半夜，滕胤又难以发动禁军进入皇宫内让小皇帝孙亮下诏诛杀孙綝。所以，滕胤没有采纳该建议，只是下令约束部下拼死作战以守住府邸，并继续坚守待援。

为了激励士气，滕胤大声地说道："吕侯的部队已在京城附近的路上了，他很快就会到来的。"

殊不知，此时吕据已经被截断了回京的路线，他永远回不到建业了。文钦、唐咨等人接到朝廷特使送过去的诏令，权衡利弊得失之后选择站在孙綝这一边，并联手率兵围攻吕据。其实，文钦等人的选择很容易理解，因为他们奉诏擒拿"反贼"吕据只需要下令部队围攻即可立下大功，而回去后自然加官晋爵不在话下。——在巨大的利益面前，同僚之谊简直不值得一提。

面对众将的围攻，吕据势单力薄，寡不敌众。吕据的随从见形势危急，极力劝说其突围投降魏国。身陷重围之中的吕据，坚决地拒绝了部下的建议，大义凛然地答道："我耻为叛臣！"

于是，吕据在众将士面前自杀身亡，用生命表明了自己的态度——"生是吴国人，死是吴国鬼"，绝不会为了苟活而背叛吴国当叛徒。

再接着说滕胤在府中苦苦等待吕据的援军，但等到天快亮了也不见援军的影子，方才意识到吕据在前线可能出事了。不过，此时说什么都迟了，滕胤已经没有可以自救的机会了。

在拂晓时分，在前线剿灭吕据所部的联合部队也陆续"得胜归来"。于是，孙綝下令汇集各路部队一起围攻滕胤。

滕胤在府中已经坚守了一天一夜，他身边只剩下几十个兵卒。面对孙綝的大举进攻，滕胤终于抵抗不住了。一场短暂激战过后，滕胤的府邸被攻破，府内的战斗人员全部被孙綝的部队屠杀。

吕据和滕胤死后，孙綝并没有打算放下手中的屠刀，下令诛灭了他们三族。

其实，孙綝虽然性情残暴，但他与滕胤素无恩怨，并不想杀掉德高望重的滕胤。如果滕胤顺从孙綝的安排去武昌赴任，或许就能避免这场祸害了。

孙綝成功灭掉吕据和滕胤等人后，扫清了专政路上的最大障碍，正式开始他的权臣生涯。事已至此，小皇帝孙亮只得下诏任命孙綝为大将军，给予假节权力，赐爵永宁侯。就这样，孙綝年仅二十六岁就登上了权力之巅，完全是天不怕、地不怕，什么坏事都敢做。孙綝仗恃着他的权位有恃无恐，傲慢无礼，违法乱纪，根本不把皇帝放在眼里。

孙綝擅权专政，意气用事，把朝政搞得乌烟瘴气。令人讽刺的是，首先对孙綝不满的人是孙宪。当初，孙宪曾经参与堂兄孙峻诛杀诸葛恪的阴谋。事成之后，孙峻非常厚待孙宪。于是，孙宪靠着孙峻的提拔仕途晋升速度犹如火箭升天，官至右将军、无难督，授予符节车盖，总管九官事务。在孙峻掌权时代，孙宪备受荣宠，风光无限。如今，孙宪又协助孙綝灭掉了吕据。按理来说，孙綝应该要更加厚待孙宪，但其为人凶暴，日益骄横无礼，给予孙宪的待遇远远薄于孙峻当权之时。所以，孙宪心生不满，非常恼火，遂与将军王惇合谋，企图发动政变谋杀孙綝。其实，这就是一个狗咬狗的"剧情"，只不过如今双方因利益关系瞬间翻脸六亲不认而已。

不过，此事很快就泄露了消息。于是，孙綝派人擒杀王惇，孙宪被逼服毒自尽。

经过这一系列内乱后，吴国政局更加动荡不安，暗流汹涌。吴国在经过多年的内斗后其国力本已不如往昔，再加上连续产生了几位权臣，大臣之间互相残杀，朝堂血肉横飞，衰败的结局已经不可逆转了！

第六章　淮南三叛

在三国后期，魏、吴两国发生的政变和叛乱数不胜数，而出现这种现象的一个重要原因是魏、吴两国频繁出现权臣，导致一些忠于皇室的人对专擅朝政的权臣极度不满。这些忠于皇室的人往往都有一定实力，出于各种各样的原因，他们或主动或被动地"揭竿而起"。

吴国这边厢刚刚自相残杀完毕，魏国那边厢也在酝酿着一场"政治风波"，并即将掀起一场大规模的叛乱。

危机意识

自从淮南二叛结束后，征东大将军诸葛诞就感到恐惧不安，经常食不甘味、睡不安寝。

这是为什么呢？

原来，诸葛诞与夏侯玄、邓飏等人的关系非常好，又见王凌、毌丘俭等人先后惨遭灭族，心中对专擅朝政的司马氏非常不满，遂在恐惧不安之中心生反意。

此时，诸葛诞坐镇寿春，他是魏国东线手握重兵的统帅，是当时魏国最有实力反抗司马氏专政的地方将领。

诸葛诞早年是"浮华党"的重要成员，曾经一度与司马师走得很近。由于魏明帝曹叡厌恶"浮华党"沽名钓誉，因此"浮华案"发生后诸葛诞被免官。魏明帝曹叡驾崩后，曹爽辅政专权，从而使诸葛诞得以重用，直接"空降"为扬州刺史。从此，诸葛诞开启了他的仕途辉煌之路，成为镇守一方的地方实力派将领。

司马懿为了对抗曹爽很注意拉拢地方将领，而诸葛诞为了自己的利益着想也很乐意与这样的托孤重臣交往，一来二去后他们关系日益亲密，后来诸葛诞的长女嫁给了司马懿的第五子司马伷。诸葛诞与司马懿结为儿女亲家后，也颇得司马懿的看重。淮南一叛发生后，司马懿任命诸葛诞为镇东将军，假节都督扬州诸军事。不过，在司马懿去世后，司马师和司马昭兄弟先后上台掌权，变本加厉威逼曹魏王室，加大力度铲除异己，而在这样的情形之下姻亲关系已然不能成为护身符了。所以，诸葛诞产生了狐兔之悲，不得不为他的后路做打算了。

忧虑不安的诸葛诞经常大肆封赏部下，即使有人犯了死罪，他也利用自己的职权干涉司法，往往无罪释放这些死刑犯。

另外，诸葛诞还在淮南地区普施财物以收买人心，厚养心腹亲信以及扬州侠义之士几千人。其实，这样的事儿以前司马师在其父司马懿的支持下曾经做过，他暗中豢养了三千名死士隐藏在洛阳市井之中，后来这些死士在高平陵之变中起到了巨大的作用。

如今，诸葛诞也这样做，这自然是触犯了司马氏的底线。当然，诸葛诞在淮南地区的所作所为，自然是逃脱不了司马氏的法眼。

司马昭秉持朝政后，害怕四方边镇将领对他有异议，遂心生忧虑之心。贾充见司马昭面有愁容便马上猜出了他的忧虑，建议派遣自己以慰劳将士为由前往各大防区，暗中观察边将们对司马氏秉政的态度。对于这样好的建议，司马昭当然立即应许了。

于是，贾充奉命来到寿春实地观察诸葛诞的态度。当然，对于特使贾充的到来，诸葛诞自然是设宴隆重接待。在宴会上，贾充与诸葛诞谈话时故意把话题引到秉政方面，趁势对诸葛诞说道："洛阳的士大夫、贤人们都希望皇帝禅让帝位给大将军，这样的消息您是知道的。您以为怎么样呢？"

当然，这是贾充试探诸葛诞的"引言"，想以此引出诸葛诞对司马昭专政的看法。

诸葛诞听了贾充的话后，厉声指责道："你不是贾豫州（贾逵）的儿子吗？你家世代蒙受魏廷的恩宠，你怎么能说出这种把皇位禅让给他人的话语呢？如果洛阳城内发生变故，我会为朝廷拼死一搏。"

贾充是原豫州刺史贾逵之子，生于建安二十二年（公元217年）。太和二年（公元228年），贾逵病逝后，年幼的贾充承袭其父阳里亭侯爵位。贾充成年后官拜尚书郎，正式入仕曹魏。贾逵生前是曹魏的忠臣名将，可惜的是其子贾充却是司马家族的爪牙。这些年来，贾充经常为司马氏出谋划策，充当司马氏恶政的马前卒。

贾充听了诸葛诞的指责沉默无语，宴会散席后就离开寿春返回了洛阳。就这样，贾充摸清了诸葛诞的"政治立场"。

所以，贾充一回到洛阳后马上向司马昭汇报了诸葛诞的情况，分析道："诸葛诞两度驻守扬州，威望、声名一向显著，能得到别人为他拼死效力。我暗中观察他的言行举止以及他对淮南地区的军事部署，就知道他一定要反叛的。假如现在征召他回朝，会促使他加速反叛的步伐，但现在反叛祸患小；如果不征召他回朝，他的反叛准备会更加充分，但等到他反叛后再派兵围剿，到时候祸患就大了。"

司马昭听了贾充的分析后，联想到诸葛诞在寿春的所作所为，决定"两害相权取其轻"。于是，司马昭决定采纳贾充的建议逼反诸葛诞。

恰巧，此时司空卢毓病逝，而这为司马昭征召诸葛诞提供了极好的契机。于是，司马昭以此为由让魏帝曹髦下诏征召诸葛诞回朝廷担任司空。

当时，钟会在家守丧，他听闻这个任命消息后大吃一惊，急忙驰马报告司马昭，认为诸葛诞一定不会听从任命，肯定会起兵造反的。司马昭微微一笑，眼中闪过一丝狡诈的眼神，答道："事已至此，不能再追改任命状了。"

按理说，这是朝廷的一个正常的人事任命，诸葛诞是无法拒绝的，除非不应诏起兵造反。司空虽然是"三公"之位，但其时已经属于虚职——有职无权。当然，诸葛诞也明白司马昭是想通过明升暗降的手段解除他的兵权。如果诸葛诞应诏入朝，他势必会失去所有的权力，而到了那种境地后假使他能整日闭门不出饮酒作乐，宣告自己不再过问朝中事务，或许能有个寿终正寝的结局，否则他若再表现出对司马氏一点不满就只能原地等着被宰割了。

诸葛诞接到征召诏令后，就明白他不得不反了。其实，对于这一天的到来，诸葛诞是有思想准备的。在此之前，诸葛诞已经聚集了淮南、淮北各郡县的十几万官兵，再加上扬州新归附的四五万人，手中的兵力已超过了十五万人。最重要的是，诸葛诞提前筹备了一年的粮食储备。

诸葛诞是宁愿反叛也不愿回朝当一个"摆设"，所以他接诏后立即召集诸将前来议事，宣布举兵讨伐权臣司马昭。

不过，平寇将军庞会和骑督偏将军路蕃听闻诸葛诞要举兵反叛朝廷却并没有前来，而是各自带领部下、随从夺门而出寿春投奔司马昭去了。

当时，扬州刺史是曹魏名将乐进之子乐綝，而诸葛诞一向与乐綝不和，所以诸葛诞认为是乐綝向朝廷打小报告才导致他被征召回朝。于是，诸葛诞率兵出其不意攻杀乐綝，收编其部队。

这一天，是甘露二年（公元257年）五月初五乙亥日。

就这样，一场声势浩大的淮南三叛正式开始了。

当然，诸葛诞也非常清楚司马昭的实力，自己以一州之地和十几万人马以及一年粮食储备自然是很难胜过拥有魏国全部资源的司马昭的。所以，诸葛诞有必要请求外援，而蜀国鞭长莫及，只能求救于吴国。

为了表示诚意，诸葛诞先派遣部将朱成带着他的称臣表章去吴国，紧接着又派遣长史吴纲携带他的小儿子诸葛靓到吴国做人质，请求出兵援助。不过，估计诸葛诞自己也想不到，此举保留了他的后代血脉。

吴国得到诸葛诞的称臣表章及人质后喜出望外，这么多年来魏、吴两国战斗不休，而吴国从来没有受降过这么多人数。于是，孙綝派遣全怿、全端、全静、唐咨、王祚等人率领三万人马作为支援先锋部队，秘密与文钦一起去寿春接应诸葛诞。

为了表彰诸葛诞"弃暗投明"，吴国任命诸葛诞为左都护、大司徒、骠骑将军、青州牧，晋封寿春侯，给予假节权力。

当然，此时这些官职对诸葛诞来说是虚幻的，吴国的援军才是他真正迫切需要的。

"挟天子以令不臣"

猝然之间，淮南再次掀起大规模的叛乱。当这个消息传到洛阳后，魏国文武百官震惊。对此，群臣议论纷纷，但大家的意见是一致的：立即出兵讨伐淮南叛军。

诸葛诞突然举兵，实在是在司马昭的意料之中。所以，司马昭接到淮南叛乱的军情后并没有表现出一点惊讶，反正这一天迟早都要来则不如早点来，这样还能最大限度减轻损失。

对于群臣的建议，司马昭胸有成竹地说道："诸葛诞认为毌丘俭举事轻率急速而导致迅速失败，如今他必然吸取淮南二叛的教训，派人勾结吴寇以作持久之计。这样一来，叛变的规模变大而行动迟缓。所以，我应当与四方将领联合起来，制定全胜之策来制服他。"

于是，司马昭向魏帝曹髦上表，奏道："过去黥布起兵叛乱，汉高祖御驾亲征；隗嚣乖张违命，光武帝率军西伐；之前当国家出现战事时，我朝烈祖明皇帝（曹叡）也多次御驾亲征，这都是为了振奋士气。如今，国家出现叛乱，陛下应当暂时亲临军旅激励士气，使将士得以借助天子的威名来克敌制胜。现在，我已经下令召集各路军队，可以得到五十万兵力讨贼，以众击寡，将会攻无不克战无不胜。"

司马昭这封奏表表面上看处处是为魏国着想，但其实他的每一句话、每一个建议都是从维护司马家族的利益出发的。近段时间以来，魏帝曹髦经常去太学与大儒们辩论，时常流露出中兴曹魏政权的想法，所以司马昭万分防备这个傀儡皇帝，担忧他找准机会突然发难。虽然曹髦手无寸权，但天子的名号还是有很大的号召力的。此前，司马懿父子曾经充分利用天子、皇太后的名义，名正言顺地消除掉了很多实力派政敌。司马家族是靠政变夺权而登上权力之巅的，所以司马昭也怕别人依葫芦画瓢——有样学样。于是，司马昭挟持天子、皇太后随他一起出征，这样他能得到很多好处：一则皇帝御驾亲征势必能激励士气，司马昭可以名正言顺地出师讨逆；二则挟持两宫随军出征，杜绝有异心者在后方利用天子、皇太后的名义兴风作浪，解决了后顾之忧。

魏帝曹髦是一个高智商的少年天子，他当然知道司马昭此举的用意。所以，曹髦虽然心中有一万个不愿意，但迫于形势也不得不违心下诏同意御驾亲征，谁让他是一个有名无权的傀儡皇帝呢！

比起淮南一叛和淮南二叛，淮南三叛的规模前所未有，这是魏国立国以来规模最大的叛乱。对于这次叛乱，司马昭不敢有丝毫大意，命令青、徐、豫、荆四州紧急征兵并率军前来参与平叛。尽管司马昭已经动用了魏国大多数兵力，但他依然担心兵力不够，又征集了一部分关中兵力赶赴淮北作为游军，随时支援各处。

与此同时，司马昭命令镇南将军王基以豫州刺史身份行使镇东将军的职权，都督扬、豫两州诸军事；命令骠骑将军王昶率领荆州军队占据夹石进逼江陵，牵制吴国朱绩（后于吴国五凤年间改回其父朱然的本姓，名施绩）、全熙的兵力，让他们不能往东进军支援诸葛诞；命令兖州刺史州泰奉命率部驰援淮南战场；命令奋武将军石苞奉命统领青州诸军，督率州泰和徐州刺史胡质等部作为游军在寿春外围阻击吴国援军，切断吴军对寿春的援助。

当姜维听闻司马昭调动一部分关中军队东下平叛，觉得魏国关中兵力空虚了，遂乘机再次北伐。于是，姜维率兵进袭秦川（渭水流域），然后率领数万人马出骆谷（今陕西周至县西南），径直扑向沈岭（今陕西周至县南），进逼关中地区。

蜀军抵达沈岭，直接威胁到魏国在关中地区的防御要塞——长城（今陕西周至县南）。此时，长城积囤的粮食很多而守兵甚少，防守力量比较薄弱，所以长城守军探听到姜维率军将至都十分恐慌，担忧抵挡不住蜀军的进攻。

就在这危急时刻，魏国征西将军司马望及时率军从长安增援长城，带兵防御姜维。当时，司马望已经接替陈泰成为魏国西线的最高统帅，所以主将的到来让长城守军士气大振。

姜维见司马望增援长城，知道再不速战速决己方就会粮尽退军，无功而返。于是，姜维每天率军前来挑战，叫喊司马望出来应战。

司马望深得其伯父司马懿防御蜀军的战术——"乌龟战术"，任凭蜀军喊破喉咙，却始终在城堡里坚守不出。——这种情形简直就是当年司马懿对阵诸葛亮的情景，只不过这场历史戏的角色扮演者不同了——姜维对应诸葛亮，司马望对应司马懿。要知道，当年司马懿就是用"乌龟战术"拖死了诸葛亮。如今，长城的仓库里有的是粮草，而司马望可以慢慢地消耗蜀军。

不久之后，安西将军邓艾听闻姜维征伐关中，也率军从陇右出兵前来相救，驻军长城附近抵御蜀军。

姜维知道邓艾是一个厉害的角色，曾在段谷之战中着了邓艾的道儿，所以他不敢小觑邓艾，便率军前进驻守芒水，依山傍水地安营扎寨与魏军对峙，希冀淮南战场起变化出现对蜀军有利的形势。

司马望和邓艾也依傍渭水结寨扎营，很乐意与蜀军对峙，反正蜀国钱粮少熬不过魏国。

姜维曾经几次率兵下山向魏军挑战，辱骂司马望和邓艾，但对方装聋作哑置之不理，始终坚守营寨不出。姜维无计可施，只能与魏军硬耗着……

话说司马昭安排好各项军事部署后，便亲率十几万中央军从洛阳出发，"挟持"着魏帝曹髦与郭太后一起东征。同时，司马昭的心腹亲信钟会、贾充等人也悉数随军出征，以便出谋划策，充当军事参谋。

这一次，司马昭投入平叛的兵力总计二十六万人，但对外号称五十万人。算上诸葛诞的兵力和吴国援军，三方参战总兵力超过四十万人，其兵力规模远超三国时代任何一次大规模的战役。——即使著名的赤壁之战的参战总兵力规模，也远远少于淮南三叛。

一时之间，几十万大军云集淮南地区。这是一次规模空前的战争，寿春之战即将打响。

寿春大会战

司马昭举倾国之力挟两宫征讨，亲率十几万中央军一路浩浩荡荡向东进军，准备高调镇压淮南叛乱。当大军东进到豫州项城（今河南沈丘）时，司马昭决定将魏帝曹髦和郭太后停留于此地，因为车驾再往前走的话就快要踏进淮南地界了——前线太危险了。对司马昭来说，曹髦和郭太后就是一对无价之宝，绝对不能有任何闪失，况且项城已经远离洛阳了，司马氏的反对派们再不能借助天子和郭太后的名义在后方掀起任何风浪了。司马昭在项城安顿好曹髦和郭太后后，马上派遣廷尉何桢手持符节出使淮南劝慰叛军将士，宣传朝廷的诛逆赏顺的政策，只要淮南军弃暗投明前来归顺政府，一律既往不咎。

接着，司马昭率军驻扎丘头（今河南沈丘东南），这样既能就近监视魏帝曹髦，又能方便在前线督战指挥各路军队围剿诸葛诞。此时，恰好文钦、唐咨、全怿等人率领吴国三万援军赶来支援诸葛诞。

司马昭见状急忙派遣众将率军迎战，半路拦截，企图阻击吴军进入寿春城。

此时，吴国援军士气极其旺盛。司马昭仓促之间派出的魏军未能成功拦截吴军，反而被吴军击败。魏将李广是一个胆小鬼，见友军败退，吓得不敢下令所部前进，而泰山太守常时却称病不肯为司马昭效力。司马昭听闻后火冒三丈，立即下令收捕李广和常时，将他们两人斩首示众，以儆效尤。

司马昭也是一个有自知之明的人，知道打仗非他所长。实际上，司马昭是一个权谋家而非军事家，他继承了父亲司马懿的权谋手段，却没有继承到其父的军事才能。所以，司马昭非常清楚自己绝对不能当战场上的指挥员去平叛，只需统筹大局即可，至于军事指挥方面则放手授权给王基全面负责。

王基在跟随司马师镇压淮南二叛时有着极其出色的表现，成功抢占了军略要地南顿，逼迫毌丘俭弃城逃跑，最后一举结束淮南二叛。对于王基这些军事杰作，司马昭都看在眼里。这些年来，虽然司马昭的军事才能上没有多少进步，但他任用人才的手段上还是更上了一层楼。更难能可贵的是，司马昭深得曹操真传——"用人不疑"，这一点非常重要。

王基得到司马昭的授权后，马上指挥二十多万人马对寿春进行围城。就在王基率领诸军到达寿春还没形成包围之势时，文钦、唐咨、全怿等人已经率军赶到寿春城下。由于当时还未合围，文钦等人率军从寿春城东北凭借险要山势冲进城中与诸葛诞会合。

吴国援军的到来给予了诸葛诞极大的鼓励，于是诸葛诞坚定了守城的意志，制定下固守退敌之计。

贾充向司马昭献计道："淮南军是轻装部队，他们兵锋锐利，现在我军不能与他们进行野战决胜负。如果挖深沟、筑高垒来逼近叛贼城池，再用围困之计，则可以不战而胜。"

此时，淮南军粮食充足，士气旺盛。虽然司马昭手握二十六万大军，有兵力优势，但正面硬拼诸葛诞、文钦等人的联合部队，确实是没有必胜的把握，所以司马昭采纳了贾充的建议。

司马昭见诸葛诞兵强马壮、淮南军士气高涨，遂勒令王基加固壁垒，不得与叛军正面交战。王基接到司马昭的命令后很不乐意，多次上书请求攻城，想尽快消灭诸葛诞。

司马昭认为，寿春作为一个军事重镇，经过数十年的修整后城高壕深，城防极其坚固，易守难攻，所以此时还远远不到攻城的时候，否则攻城不下反而会挫伤士气，故不宜大举攻城。因此，司马昭下令给王基，不要轻易去向淮南军搦战，让他和安东将军陈骞等部一起修建工事围困寿春。

于是，几十万魏军只好暂时放下武器修筑工事。在王基的带领下，将士们在寿春城弩箭射程之外的地方热火朝天地开挖堑壕、修筑堡垒，将寿春城四面合围，并且包围了两重。同时，王基不追求工程速度，只讲究工程质量。

正是基于王基这种思想，魏军最后才能成功地用壕沟和堡垒将手握十几万兵力的诸葛诞困死在寿春，并在后来面对淮南军、吴军的多次突围冲击才没有发生任何工程质量事故。

此时，诸葛诞站在城头，见司马昭不派兵攻城而是大修工事，笑着说道："用不了多久，司马昭大军必定不战自败！"

诸葛诞之所以看见司马昭围城不忧反喜，是因为寿春一带每年夏秋之际都会天降暴雨。淮南地区属于亚热带地区，受到东南季风带来的太平洋暖湿气流的影响，在每年夏秋之际经常会出现连绵多雨的梅雨季。等到出现持续暴雨的季节，淮河的水位就会大幅度上涨，淮河之水就会一直淹到寿春城下。到时候，大水就会淹没毁掉寿春城外的堑壕和堡垒，司马昭大军就会成为落汤鸡而不战自败。在诸葛诞的预设计划之中，他无疑是想复制当年关羽"水淹七军"的军事奇迹。

可惜的是，"人算不如天算"。这一年，寿春一带气候反常，梅雨季节并没有如期到来。与此同时，淮南地区反而出现了少有的大旱，就连一场毛毛雨都没下，这为诸葛诞的覆灭埋下了一道伏笔。

却说吴国执政者孙綝以极其残忍的手段杀掉了一批反对者后，并没有放缓屠杀的步伐。孙綝嗜好杀戮，凡是能对他产生一点威胁的人都难逃他的屠刀。吕据和滕胤是镇军将军孙壹的妹夫，负责驻守前沿城池夏口。所以，孙綝忌惮孙壹对他不利，暗中派遣镇南将军朱异从虎林率军袭击孙壹。

这些天以来，朝中不断传出孙綝诛灭政敌的消息，所以孙壹保持着高度警惕，时刻关注着朝廷方面的动态。当朱异进军到武昌时，孙壹就知道对方是奉孙綝之命来攻击自己的。当然，孙壹也明白自己没有实力打得过已起杀心的孙綝。

"三十六计，走为上计！"于是，孙壹当机立断率领一千多名亲兵，带着回家探亲的妹妹（滕胤之妻）以及其他亲属一起渡江投奔魏国。

夏口距离魏国的土地很近，一脚跑出城门坐船不到半天的路程就到了魏国的江夏郡，所以孙壹等人非常顺利地安全抵达了魏国。

值得一提的是，孙壹的祖父是孙静，而孙綝的曾祖是孙静。换言之，孙壹是孙綝的堂叔伯。

此时，魏国正处于平叛的关键时刻，孙壹这样重量级别的东吴宗室携带人口、兵力前来归降，魏国朝廷意识到这是一个非常好且非常难得的"政治宣传"事件。

于是，司马昭让魏帝曹髦下诏任命孙壹为车骑将军，假节（给予"三公"之尊），赐爵吴侯。司马昭重赏孙壹的目的其实很简单，就是想以此作为"宣传广告"吸引更多的人前来归降。因为，在巨大的利益面前，大多数人是不能保持一颗忠诚之心的。

虽然孙壹携家带眷叛逃敌国，但并没有影响到孙綝接下来对淮南的救援行动。

话说朱异率军抵达夏口后，才发现孙壹早已经投奔魏国了。孙綝得到朱异的报告后，命令朱异不必回朝，直接率领所部参与到淮南救援中。于是，朱异奉命调头去增援诸葛诞，率领三万人马直接向淮南地区挺进，驻扎在安丰城（位于寿春西南），以作为掎角之势。

司马昭见第二拨吴国援军前来救援诸葛诞，急忙下令给王基，要求他率领各军转移到北山扼险据守，以阻挡吴军救援寿春。

王基接到诏令后对麾下将领们说道："现在城垒已经越来越坚固了，兵马都聚集在此，应当随时防备城内敌军突围逃逸。如果再转移大军据守险要之地，会使兵马处于涣散状态，到时候即使是有智谋的人，也不能收拾这个局面了。"

于是，王基上书分析道："现在，我军和敌军对峙应该岿然不动，以不变应万变。如果转移大军倚仗险要之地，会导致军心动摇，破坏既成的局势。如今，各军应当共同据守坚固的壁垒，军心才能安定。行军作战不能随便乱动，这是统兵的要点。"

司马昭接到王基的报告后想想觉得也有道理，如果仓促之间转移大军离开原来的驻地去抢占险要之地，稍不注意就容易引起将士们的不满，还可能让寿春城内的敌军趁机突围，不如让机动部队去迎战吴国援军。所以，司马昭接受了王基的建议不移动围城大军，而是下令州泰率部去迎战。于是，州泰率领精骑秘密出击，在阳渊遇上了朱异部队。双方经过一番混战后，朱异不敌败退，而州泰乘胜追杀，导致吴军死伤两千人。

败讯传回吴国朝廷后，孙綝坐不住了。于是，孙綝亲率主力部队出屯镬里（今安徽巢湖市境内），作势救援寿春。其实，这只不过是孙綝的一场作秀而已。孙綝坐着巨大的军舰，但只停留在巢湖上而不上岸督战，而这说明他压根儿不会上前线与司马昭决战。

朱异败退后，孙綝给朱异增兵至五万人，让他再次率军救援寿春。迫于形势，朱异率领将军丁奉、黎斐等部共计五万人再次出兵。为了加快行军速度，朱异把辎重留在都陆（今安徽寿县南），率领轻装部队到达黎浆（都陆北）。

接着，朱异派遣部将任度和张震等人率领六千名劲卒组建敢死队，在驻地西面六里处搭架浮桥夜渡淮河。先锋吴军偷渡成功后，赶紧筑起偃月形营垒，准备接应大军。

石苞和州泰及时发现了吴军的动态，并在吴军阵脚未稳之际下令诸军一起猛攻对方。吴军先锋部队人数少，不是以逸待劳的魏军的对手。就这样，吴军作战计划失败，被迫撤退到高地。

朱异不甘心就这样失败，又连夜赶制攻城武器——车箱围进逼五木城。然而，石苞和州泰在镇压淮南三叛的军事行动中扮演着"救火队员"的角色，他们一见吴军制作攻城武器，就明白对方的意图了。

在石苞和州泰的联手攻击下，朱异再次失败而归。

与此同时，魏国泰山太守胡烈率领五千精锐抄小路奇袭都陆，一把火将吴军屯放在此地的军资粮草付之一炬。

胡烈焚毁了朱异部队的全部军备粮草，导致朱异陷入了极大的困难之中。此时，既然已经到了这种境地，朱异就是想重整军队再战也不可能了，唯有撤军这一条路了。

朱异率领残部一路狼狈不堪地撤退，靠着吃葛叶充饥，历尽千辛万苦后好不容易才返回吴军总指挥部镬里。

孙綝见朱异大败而归，有点不甘心就此失败，又给朱异增兵三万人，让他率军与魏军死战到底。此时，吴军连续打了几次败仗，士气极其低落，而朱异所部更是疲惫不堪，在这种情况下继续再战无疑就是去送死，所以朱异坚决拒绝孙綝的军令。

孙綝听闻朱异拒绝服从命令后怒气冲天，认为朱异是故意不肯凭实力出战。于是，孙綝心生杀意，派人去邀请朱异来中军大营相见，想就地处决对方。

奋威将军陆抗知道孙綝性情残暴、嗜好杀戮，而朱异在战败后去孙綝大营必定凶多吉少，急忙制止他去见孙綝。

朱异不听劝阻，坚持前往中军大营。朱异到了孙綝的大营，刚坐下后孙綝就命令大力士将朱异从座位上抓起来捆绑在地。

直到这时，朱异才意识到孙綝动了杀心，急忙大叫道："我是吴国的忠臣，我有什么罪过？"

孙綝大手一挥，不由分说将朱异斩首示众。当然，孙綝并没有反省自己的过错，反而认为这些失败全部是朱异的责任。其实，吴军战败的最大责任人应该是孙綝。

孙綝作为吴军的三军统帅畏敌如虎，不敢亲临战场第一线，却率领主力部队躲在后面颐指气使，并且他统筹兼顾能力极差，不能及时派军增援配合朱异作战。一旦失败，孙綝又迁怒于人，杀人立威，把自己的责任推卸得一干二净。孙綝既不能成功救援诸葛诞，又丧失了大量兵卒，并且擅杀名将，所以吴军群情沸腾，无人不怨恨孙綝。

此时，孙綝也知道这次淮南救援行动已经彻底失败了。不过，孙綝是一个会作秀的人，他处决朱异后改派自己的弟弟孙恩率领一支部队站在远处作势救援寿春，而他则率领主力部队退回建业。

对于孙綝的一举一动，司马昭都一一看在眼里。当然，司马昭知道孙綝已经放弃救援诸葛诞，而孙恩这支部队在远处只不过是虚张声势，那只是孙綝想做一个样子给别人看看而已。

此时，司马昭知道自己已经胜券在握，分析道："朱异不能率军突破重重防线到达寿春不是他的罪过，但孙綝借故诛杀朱异只不过是把他当作替罪羊来向寿春方面谢罪，从而坚定诸葛诞守城的信念并仍然指望吴国的救兵来救他。如果不这样，诸葛诞将会铤而走险地拼死突围，或者他们认为我军不能持久围困寿春，就会节省粮食坚持下去以等待其他变故发生。我预料敌军的局势，不会超出以上这三种情况。所以，现在我们应当采取多种行动多方面迷惑他们，扰乱他们的视听，引诱他们做出错误的判断。我们要多加防备他们逃跑，这是取胜之计。"

于是，司马昭命令大军合拢包围圈，完成对寿春的围困。然后，司马昭下令分批派遣老弱病残士兵暂时离开军队去淮北各郡县就地取食，同时开仓发给前线士兵每人三升大豆。为了迷惑叛军，司马昭更让围城士兵装作饥饿瘦弱的样子给对方看。与此同时，司马昭派出很多间谍潜伏在淮南各处到处散布谣言，扬言吴国救兵快要到了，以此引诱诸葛诞、文钦等人甘心坐以待毙。

当然，司马昭这些行之有效的策略，既能制造假象蒙骗对方，又能最大限度节省己方军粮，可谓一举两得。

果然，不出司马昭所料，诸葛诞、文钦等人听到这些消息非常高兴，认为司马昭大军快要坚持不住了。于是，诸葛诞等人宽心了，放任部队尽情吃喝，不再对粮食加以限制。其实，本来诸葛诞已经有十几万淮南军，再加上三万吴军，以至寿春守军将近二十万人。如今，诸葛诞让士兵们放开吃喝，粮食消耗自然很快，所以没过多久寿春城中就开始缺粮了。

石苞和王基见寿春城中开始闹饥荒，一同进入中军大营请求司马昭下令攻城。

司马昭分析道："诸葛诞蓄谋反叛并非一朝一夕之事，他聚集大量粮食并完善城池守备，对外勾结吴贼作为外援，自以为足以占据淮南。文钦既然是同恶相助，必定不会轻易逃走。现在，如果紧急调动全军攻城，必然会使用我军机动部队。如此一来，如果吴贼突然派军援助寿春，我军就会面临内外受敌的险境，这是很危险的做法。如今，他们集聚在同一座孤城中坚守，上天或许会让他们同时灭亡。我们应当从长计议，用长远的策略制服敌人，只需坚守阵地并三面包围城池。如果叛贼的救兵从陆路上来，军粮一定很少，那我们用轻装精骑部队迅速断绝他们的运输中转站，可以不交战而打败外来敌人。如果外敌被击败了，诸葛诞、文钦等人孤立无援，必定成为我的俘虏。"

司马昭此计非常高明，虽然寿春城内缺粮了，但此时守军还有很强的战斗力，十几万人马拼命也不可小觑。到时候，魏军即使能成功攻克寿春，也必然付出极大的伤亡代价。如今，只三面包围寿春，故意虚留一个缺口，这就是所谓"围师必阙"。

当然，司马昭对这个虚留缺口并非放任不管，而早已经在敌人逃跑的必经之路预设埋伏，即使诸葛诞等人成功突围，也必然在仓促逃跑过程中陷入埋伏圈。

顺便提一下，唐咨原本是魏国的将领，后来叛逃到吴国。唐咨在吴国官至左将军，是东吴的高级将领。所以，司马昭见诸葛诞、文钦、唐咨这三个叛将都齐聚寿春，自然很想将他们一网打尽。此时，司马昭已经布下了天罗地网，只等待时机一到就下令收网。因此，司马昭故意给予诸葛诞等人希望，让他们在希望中不知不觉地走向绝望，在绝望中无可奈何地走向死亡。

随着时间过去，寿春城内的粮食越发紧缺，但守军依然没看见吴国援军的影子。其实，自从孙綝率领主力部队退回建业后，吴国已经不会再派一兵一卒前来援救寿春了。

诸葛诞、文钦等人困守在城内，几乎断绝了与外界的联系。对于这个情况，他们并不了解，还以为孙綝会派兵前来援助。此时，他们是死是活全凭天意，活下来就是他们的幸运，死了只能自认倒霉。反正，孙綝不会管他们了，任凭他们自生自灭。

诸葛诞的心腹部将蒋班和焦彝，已经看出了孙綝已完全放弃救援寿春，于是他们对诸葛诞分析道："朱异等人率军救援寿春而不能突破敌军防线进城，孙綝怒杀朱异而率领主力部队回建业。从表面上来看，孙綝是以发救兵为名回建业，实际上是要坐观成败之势。如今，我们应趁众人之心还能稳定，士卒们尚有斗志愿意效力之时，集中全部力量拼死猛攻一面突围，尽管不能大获全胜，仍有可能冲出去保存部队实力。如果继续空坐城内死守，那是没有出路的。"

文钦接话反驳道："江东将士称雄多年，从来没有惧怕过魏国大军。如今，诸葛公率领十余万士卒来归附于吴国，而我文钦和全端等人都与大家同生共死，一起处于绝地之中。我们的父兄子弟都在江南，即使孙綝不想派兵救援，而皇上及其他宗室又怎么肯听从他的话呢？况且，魏国自立国以来没有一年是没事的，如今他们围守我们将近一年后军民都很疲惫，而魏国内变即将发生，为什么我们要舍弃固守城池而想冒险侥幸一战突围呢？"

文钦不同意放弃城池突围，一口咬定吴国救兵必至，力劝诸葛诞固守待援即可解围。

蒋班和焦彝据理力争，认为不宜困守寿春坐以待毙，否则到时候后悔就来不及了。

文钦见蒋班和焦彝敢当众顶嘴，十分恼怒。要知道，文钦本来就是一个骁勇粗猛的武夫，胸无谋略，所以他并没有意识到危险已经悄然而至了。诸葛诞为了坚定将士守城意志和示好文钦，打算杀掉蒋班和焦彝。就这样，诸葛诞等人错失了最后的突围机会，最后等待他们的只有一种结局——死亡。

蒋班和焦彝听闻风声心生恐惧，知道诸葛诞必败无疑，再跟着这样的人只有死路一条了。于是，他们舍弃诸葛诞，连夜偷越城墙前来归降司马昭。

然而，此次叛逃事件犹如开启了潘多拉之盒。

恰好此时，全怿兄长的儿子全辉、全仪因为家族矛盾惹上了官司，他们一怒之下携带老母亲及家丁数十人从京师建业渡江归附司马昭。对于吴国频繁发生的政治事件，钟会意识到这是一个极好的策反机会。

于是，钟会向司马昭献出了一条妙计——以全辉、全仪的名义给坚守寿春的全怿、全静等全氏将领写欺诈"劝降信"。

值得一提的是，钟会不仅是一名军事谋略家，还是一名书法家。所以，钟会模仿他人的笔迹对他来说就是小菜一碟。

一天之后，全辉、全仪的亲信奉命拿着钟会"撰写"的书信来到寿春，并将信件递交给了全怿等人。全怿拆开侄子的"亲笔信"，信中写道："国人对全怿等不能成功救援寿春并将诸葛诞的部队从包围圈中解救出来这件事情感到很愤怒，他们要将各位将领留在吴国的家属全部杀死。所以，我们迫于形势才携家带口渡江投奔司马昭，特将此事禀告。"

全怿等人看完信后吓出一身冷汗，极度恐惧，联想到前不久朱异因不能成功援救寿春而被孙綝治罪斩首示众，自觉他们现在的处境与朱异没什么两样。

当时，全仪的兄长全静也在坚守寿春，全静对弟弟的来信字迹也没有看出破绽来。所以，全怿等人没有丝毫怀疑，信以为真。

全怿与侄子全静、全端等人商量后，觉得只有归降司马昭才有活路了。于是，全怿等人将其所管辖的东城门打开，率领麾下数千人出城投降司马昭。

全怿等人主动投诚，司马昭自然是喜出望外，立即设宴隆重接待，并重赏了他们。全怿被任命为平东将军，晋封临湘侯，而全端等人也拜官封职，他们都备受礼遇恩宠。

全怿等人率军出降后，寿春城中士兵无不震惊、恐惧，不知所措。从这一刻开始，城中守军开始背离诸葛诞。

尽管战况对淮南军很不利，但文钦还是很有信心，对诸葛诞说道："蒋班、焦彝认为我们不能出战而叛逃，全端、全怿又率众投降司马昭，而现在正是敌人没有防备的时候，我们可以出其不意攻其不备，率众突围了。"

诸葛诞和唐咨等人都认为文钦说得很有道理，一致同意。

可惜的是，此时突围已经太晚了！

突围

甘露三年（公元258年）正月，坚守寿春大半年的诸葛诞才正式下令部队突围。

诸葛诞、文钦、唐咨等人紧急赶制出许多进攻型武器，带着云梯率军强行从寿春城南面突围。

由于这几个月来司马昭二十几万大军不停地大修军事工程，外面的围堑已经很深，堡垒已经很高了，所以诸葛诞等人不得不带着云梯突围。其实，这种突围方式已相当于攻城，这估计也算是战争史上的一种"奇观"了。

王基督领二十六支部队指挥各部反击诸葛诞等人的突围，凭借坚固的堡垒将淮南军和吴军的联合部队击退城内。

诸葛诞等人急了，连续五六天不分昼夜率军往外冲击，希冀打开突破口逃生。王基指挥诸军从高处用发石车发射石块，用火箭烧毁攻城器具。一时之间，箭石如雨，联合部队鬼哭狼嚎，"尸首堆满地，血流满堑壕"。王基打退了联合部队一次又一次冲击，让他们除了留下一具具尸体却踏不出寿春半步。

诸葛诞见部队死伤惨重，无奈之下只得下令部队退回城中再做打算。

此时，寿春城中的粮食即将吃尽，就是喝米汤都不能再供应得了十几万张嘴的需求了。于是，诸葛诞部队内部开始分裂，几万人悄悄打开城门投降了司马昭。

到了这种地步，诸葛诞败局已定。这时，文钦又向诸葛诞献策，希望把北方人全都驱赶出城，这样能节省粮食再多坚持些日子以固守待援，并与东吴一起坚守寿春。

诸葛诞坚决拒绝了这个建议，如果把淮南军都遣送出城，他岂不是成了"光杆司令"！

因此，诸葛诞与文钦产生隔阂，双方互相防备对方搞小动作。文钦与诸葛诞一向不睦，他们两人本来就有矛盾。淮南二叛时，诸葛诞曾经率军端了文钦的大本营，文钦在走投无路的情况下归降了吴国。这次，诸葛诞、文钦二人联手对抗司马昭，只不过是因时势而暂时联合在一起罢了。如今，事情越是紧急，他们就越不相信对方，更是相互猜疑。换言之，他们只不过是互相利用对方，绝对不是相互合作共赢的关系。

此时，诸葛诞知道吴国不会再派援军了。诸葛诞越想越气愤，之前因为听从文钦的意见导致错失了最后的突围机会，现在只能困死在寿春城内了。于是，诸葛诞动了杀心，当众杀死文钦泄愤。

当时，文钦的儿子文鸯和文虎驻守在寿春小城中，他们听闻父亲被杀的讯息后想率众与诸葛诞拼命，但由于他们率领的部队不听从命令，所以他们只好骑马出逃到城外归降了司马昭。

司马昭军中的执法官要求将文鸯和文虎兄弟二人就地处斩以儆效尤，震慑所有背叛者。

司马昭闻此言摇了摇头，下令道："虽然文钦罪不容诛，他的儿子也应当依法处死，但文鸯、文虎是在走投无路的情况下前来归降的，而目前我们城池还未攻下，所以要从实际情况出发。如果杀掉他们二人，这无异于告诉对方投降必死，这样会更加坚定城中守军死守的决心。"

于是，司马昭赦免了文鸯和文虎的罪过，上表任命他们为将军，赐爵关内侯。

当然，司马昭又让文鸯和文虎率领几百名骑兵围绕着寿春城向城内守军高声喊话道："文钦的儿子归降都没有被杀，其他人还怕什么呢？"

司马昭此举向寿春守军传递了一个非常明确的信号——"只要你们肯弃暗投明，不仅既往不咎，还会受到奖赏"。

就这样，淮南军守城意志彻底崩溃，大家都不想继续跟着诸葛诞在城内等死。同时，因为寿春城内粮食日益短缺，城内守军这段时间以来一直忍饥挨饿，人人面有菜色，有气无力。

到了这种绝境，守军的"求生"本能自动地迸发出来。于是，守军在得到"无罪"许诺后不再愿意为诸葛诞效命，纷纷出城归降司马昭。

司马昭的攻心战术收到了极好的效果，知道总进攻的时刻到来了，寿春只差最后一击即可攻破。于是，司马昭亲自督阵，下令二十几万大军从四面出击，同时全面进攻寿春。

在王基的指挥之下，二十几万大军以逸待劳地架着云梯攀登城墙，击鼓登城，他们一路汹涌而上，没有遇到任何像样的抵抗，并如洪水一般涌进了寿春城内。

此时，诸葛诞已经到了穷途末路的时刻，就是神仙来了都救不了他。不过，诸葛诞不甘心引颈受戮，他率领嫡系骑兵部队从小城门突围。

司马昭的亲信部将胡奋率兵迎击，将仓皇突围中的诸葛诞杀死，并割下诸葛诞的头颅当作战利品邀功。

诸葛诞死后被诛三族，其麾下数百名亲兵全部被擒。

据史料记载，这数百名战俘拱手为列排成一纵，负责审讯的监斩官临刑前向他们一一询问是否愿意投降，每斩一人都想招降下一人，但始终无人愿意投降，并在临刑前高声呼喊："为诸葛公而死，死而无憾！"他们是死士，誓死不降，用生命捍卫了忠义。这样的人，我们也可以称之为"义士"。

这数百名"义士"所表现出来的勇烈和不屈，堪比"田横五百士"。他们知恩图报、英勇作战、为知己者而死的精神，在史册中留下了震撼人心的一笔。

值得一提的是，吴将于诠在突围中被围攻，但他坚决不降，正气凛然地说道："大丈夫受命于君主，带兵来救人，既不能取胜，又要被敌人抓获当俘虏，我决不如此！"

为了方便作战，于诠毅然决然地脱下盔甲突入敌阵中杀敌，最后力战而死，用生命表明了自己的态度——"宁愿战死沙场，绝对不当俘虏"。

其实，不管岁月如何流逝，不管王朝如何更迭，不管时代如何不同，人们的感情都是相通的。如今，一千多年过去了，我们读到这样的历史故事也依然为之动容。

司马昭的手段

寿春沦陷后，在二十几万名魏军开进城内后的当天就下了一场罕见的大暴雨，把城外魏军的围堑堡垒都冲毁了。（《晋纪》："城既陷，是日大雨，围垒皆毁。"）

这一天，是甘露三年（公元258年）二月二十日，乙酉日。就这样，历时将近十个月的淮南三叛，在倾盆大雨的到来后正式结束了。

当然，诸葛诞永远看不到这场日思夜想的大暴雨了。

在诸葛诞败亡后，唐咨、王祚以及诸将将自己反绑起来向司马昭投降了。寿春之战，司马昭大获全胜，俘虏了一万多名吴军，缴获的军械和其他物品堆积如山。

司马昭大军中有很多人认为淮南地区是叛逆之地，东吴士兵的家属们居住在江南地区，他们必定不会为魏国效力，不能放纵他们归国而应当将其全部坑杀掉，以杜绝后患。

司马昭拒绝了此提议，认为古来用兵之道以保全百姓为上策，只需杀死罪魁祸首以作为警示就够了。于是，司马昭下令：凡是俘获的东吴士兵都可以随时回家，三军将士不得私自为难阻拦他们。

所以，魏军没有杀死一个战俘，所有归降者都受到优待。此外，司马昭又规划出一块安置地，把靠近三河的郡县腾出来安顿他们。

司马昭此举无疑向天下人展示了他的胸怀和大度。如此，司马昭成功收获了人心，士大夫们纷纷拥护司马氏。

虽然司马昭无罪释放战俘有作秀的成分，但他此举让大量吴军免遭屠戮，让成千上万个家庭避免丧夫失子的痛苦，这确实是一个莫大的善举。

为了尽快招降淮南地区的将士吏民和安定该地区的社会秩序，司马昭颁布了一系列有效的举措。司马昭在攻克寿春后立即签发了特赦令，赦免所有被诸葛诞胁迫"造反"的人，并且派遣人员前去救济饥饿伤病之人，还特意任命唐咨为安远将军，其他归降的诸将也被封官赐爵，所有归降者无不心悦诚服。除此之外，司马昭还为文鸯、文虎兄弟提供了牛车，让他们收殓其父文钦的遗体归葬祖坟。

那么，连罪大恶极的唐咨都被任用了，其他造反者还有什么可忧虑的呢？

于是，淮南地区所有的人全部放下了武器，兴高采烈地去归顺朝廷了。

当这些消息传到吴国后，吴国感念魏国的做法，也下令赦免战败将士及其家属，没有诛戮他们留在吴国的亲属。由此可见，一项好政策是可以跨越国界，让成千上万百姓从中受益的。

司马昭在大军攻破寿春城后写了一封亲笔信给王基，由衷地赞道："当初商议军务的人众说纷纭，要求转移部队的人也很多，而当时我没有亲临战场第一线，所以也听信了他们的议论。其时，将军深谋远虑，意志坚定，奋力顶住众人的压力，以至上违诏命。如今，我们终于战胜强大的敌人取得全面胜利，即使是古人所叙述的战事所获的战果也没有超过这次战役的。"

作为平叛的前线总指挥，王基居功至伟，立下的功劳可以说在众将之中排名第一。同时，王基在这次战役中所表现出来的军事才能，彻底折服了司马昭。

司马昭获得了执政以来前所未有的战绩，自信十足，便想乘机发动灭吴战争。在司马昭的计划之中，派遣众将率领轻装部队深入江南地区，用优待政策招揽唐咨等人留在吴国的子弟，趁此机会造成颠覆吴国的局势。然后，魏国趁吴国动荡之际，动用大军一举灭掉吴国。

这是一盘大战局，司马昭将他的谋划告诉给王基，想听听他的看法如何。

王基听了司马昭的谋划后，知道大将军司马昭在大胜之下头脑发热了，觉得有必要泼一盆冷水给他降温，以让他冷静下来从长远之处思考问题。于是，王基劝谏道："过去，诸葛恪挟东兴之战胜利的余威，竭尽江南地区的兵力前来围攻新城，但最后不仅没能攻克新城，反而导致将士们死伤了一大半。姜维凭借洮西之战的胜利之势轻兵深入，粮食供应不了前线的需求，导致大军在上邽覆没。大胜之后，全军上下都会产生轻敌心理，而轻视敌军就必然导致思虑问题不周到。现在，吴国在外刚刚吃了败仗，并且内部的祸患又还没有解决，所以他们必定戒备森严，严加防备外敌入侵，修整装备以随时迎战。况且，我们大军出征已经超过一年，将士们都有归家之念。现在，我们俘虏了十万名敌军，发动叛乱的罪魁祸首已经得到惩罚，而纵观历代的平叛之战还没有过哪一次像今天这样大获全胜。当年，武皇帝（曹操）在官渡之战击败袁绍，自认为所获得的战果已经很多，就不再深入河北追击敌军，就是担心万一失败而有损威势。"

王基用正反事例深入细致地论证了成败之理，告诫司马昭不要不顾实际情况贸然发动对外战争，避免前功尽弃。王基所列举的这些失败事例都是前不久刚发生的事情：诸葛恪和姜维在取得大胜后轻率出兵，都导致了严重的后果；反观曹操的做法就非常高明，他并没有乘胜深入敌境，而是根据实际情况等待时机成熟后再出兵，最后成功灭掉了袁氏政权，建立了霸王之业。

前人走过的弯路歧途，后人应该吸取教训；前人取得的成功途径，后人应该借鉴经验。

所以，司马昭听了王基这番言论后幡然醒悟，打消了出兵江南的计划。

因为淮南地区刚刚平定，许多事务需要善后处理，所以司马昭调任王基为征东将军，都督扬州诸军事，晋封他为东武侯。面对朝廷的重赏，王基上书坚决推辞，认为功劳都属于谋臣和将士，正是有这些人的帮助他才能成功平叛。于是，司马昭又另行奖赏了王基的下属，因此王基麾下的长史、司马等七人都因功封侯。

按照惯例，大胜之后必定论功行赏。王昶因为成功牵制吴国在江陵的兵力，因功增加一千户食邑，累计之前的食邑一共四千七百户，同时升任为司空，依然坐镇荆州，像之前一样都督荆州诸军事。石苞因功升任镇东将军，晋封东光侯，给予假节权力。陈骞以安东将军身份都督淮北诸军事，晋封广陵侯。此外，司马昭任命钟毓为青州刺史兼任后将军，继之擢升为徐州都督，给予假节权力。其他有功之臣，都一一得到封赏。

当姜维听到诸葛诞城破兵败的消息后，马上从关中撤军返回成都。虽然姜维这次北伐无功而返，但此时蜀国军事人才实在太匮乏了，所以后主刘禅下诏重新任命姜维为大将军。与此同时，邓艾因为在长城抵御姜维有功，被司马昭擢升为征西将军，长驻雍凉地区抵御蜀军入侵。

司马昭安排好各项事务后，率领大军胜利班师洛阳，留下心腹亲信贾充处理南方事务。贾充因为有贡献谋略的功绩，因功晋封为宜阳乡侯，增加一千户食邑。

司马昭回京师后，许多文臣武将纷纷上书向皇帝建议下诏褒扬大将军。于是，魏帝曹髦只得下诏褒扬司马昭，其诏曰："以前军队打了胜仗，都要收取敌军的尸首堆成高冢来炫耀胜利，目的就是惩罚叛逆之人，同时也能彰显武功。西汉武帝元鼎年间，改桐乡为闻喜县，新乡为获嘉县，这是为了彰显攻克南越的胜利。如今，我朝大将军亲率大军讨逆，驻扎在丘头，他对内平定反贼作乱，对外抵御外族侵扰，功劳福泽万民，声威震荡四海。所以，攻克敌军的地方也应该有一个值得纪念的名称，特下诏令将丘头改称为武丘，表明用武力平定叛乱之事，值得让后代之人缅怀铭记！这个历史意义，跟堆筑京观或给两地改名的用意是一样的。"

当然，魏帝曹髦下诏令将"丘头"改名为"武丘"来表彰司马昭的武功，实在是有着莫大的苦衷。从这封诏令中可以看出，即使曹髦多么心有不甘，他也不得不对司马昭歌功颂德。

紧接着，魏帝曹髦迫于形势又再次下诏任命司马昭为相国，加封晋公，食邑八个郡，加九锡之礼，允许"立晋国，置百官"。

对于这种封赏，尽管司马昭心里很想要，但他知道此时还不能接受，因为他还没有完成最后取代曹魏政权的部署，因此他九次上表推辞。

成功篡夺一个政权，只能一步步去蚕食其核心权力，不能心急一步到位，否则反而容易弄巧成拙，得不偿失。对于这个道理，司马昭是再明白不过了。同时，经过多年权力斗争的磨炼，司马昭的权谋手段几乎达到了炉火纯青的境界了。

所以，司马昭坚决推辞相国任命，依然担任大将军之职。司马昭虽然没有升职，但增加了一万户食邑，三个县的赋税都归于他。

淮南三叛后，支持曹魏皇室的军事力量基本被消灭殆尽，此后再没有忠于魏室的实力派将领起兵反抗司马氏了。于是，魏国满朝文武基本上是司马氏的死党，而魏帝曹髦已然成为真正的傀儡皇帝，他只不过是一件司马氏玩弄于股掌之间的摆设罢了。实际上，此时整个魏国已经成为司马氏的天下了，而司马氏取代曹魏已然成为不可逆转的历史趋势了。

但是，魏帝曹髦是一个有志气的青年，他并不甘心当一个让人任意摆弄的傀儡皇帝。不久之后，曹髦将会愤然而起，以自己微弱的力量希冀推翻权臣的统治，即使牺牲个人的性命也在所不惜！

第七章　废帝弑君

淮南三叛后，魏、蜀、吴三国的社会形势发生了很大的变化。自司马昭成功镇压淮南三叛后，他的威望就更上一层楼了，士族地主纷纷前来归附司马氏，而曹魏政权被司马氏取代已成为不可改变的趋势。蜀国小国寡民，姜维连年北伐国疲民敝，再加上奸宦黄皓开始专秉朝政，蜀汉灭亡也是迟早的事儿。吴国的情况也好不到哪里去，国内面临重大危机，尤其是吴主孙亮与权臣孙綝的矛盾已到了不可调和的地步。

废帝

孙綝诛杀朱异后率领主力部队回到建业，但他发现国内事情有些不对劲了。原来，小皇帝孙亮自从前一年（公元257年）开始亲自处理政务以来，就有意识地限制孙綝的权力。孙綝所奏之事，经常受到孙亮的责问和诘难，而且一些不合理的奏章都会被驳回。

当然，孙亮也知道他虽然身为皇帝，但朝政大权还是掌控在孙綝的手中。所以，孙亮明白如果想从孙綝手中夺回权力，必须拥有一支听命于自己的私人武装。于是，孙亮特意征召十八岁以下十五岁以上的兵家子弟入宫侍奉，借此组建了一支三千余人的亲卫军。另外，孙亮选拔江东将领中年轻有勇力的子弟作为这支部队的将帅，命令他们率领亲卫军的士卒们天天在皇苑里操习。

孙亮是一个聪慧的少年，他在孙綝离开建业这段时间抓住机会加紧操练兵马，甚至不惜下定了武力夺回权力的决心。当然，孙亮的所作所为，自然引起了孙綝的猜疑与恐惧。所以，孙綝救援诸葛诞失败回到建业后就对外称病，请了一个长病假不上朝谒见孙亮。为了避免与孙亮见面，孙綝便在朱雀桥南面修筑宫室居住。当然，孙綝也很清楚，孙亮早已经对他非常不满。如今，孙亮又大张旗鼓地训练了一支亲卫军，至于是用来干什么的，自然不言而喻。

于是，孙綝指使自己的弟弟威远将军孙据率兵进驻苍龙门，负责宿卫宫禁，就近监视孙亮的一举一动；孙綝的其他诸弟武卫将军孙恩、偏将军孙幹、长水校尉孙闿，分别奉孙綝之命驻守各个军营，控制京师建业。孙綝这么做目的其实很简单，打算以此专揽朝政稳固自己的地位。

孙綝以诸弟分屯诸营，迅速控制了京都局势。如此，一旦孙亮有异常举动，孙綝能第一时间得到消息并及时做出应对。

当然，对于孙綝的独断专行，孙亮内心更加厌恶，遂有意废其爪牙。

孙亮十岁时登基为帝，一晃已经过去了六年的时间。在短短的几年时间里，吴国的权臣已经换了几批，从诸葛恪到孙峻，从孙峻到孙綝。近年来，吴国政坛波谲云诡，权臣干政乱象频出，大批文臣武将死于非命。

此时，孙亮已经十六岁了，而逐渐懂事的他厌恶权臣专政乱国，决心整顿朝纲，诛杀权臣，希望夺回属于自己的权力以重振皇室。

于是，孙亮借口追究三姐朱公主孙鲁育被杀事件的原委，想以此案作为突破口追究相关责任人，以对孙綝发起反攻。

当年，朱公主孙鲁育遭人诬陷无罪被杀，这是一件公开的冤假错案。孙亮知道朱公主孙鲁育被全公主孙鲁班所陷害，遂召见孙鲁班追问孙鲁育的死因。孙鲁班见孙亮调查当年的案件，心中非常害怕，急忙使出了她的拿手本领——栽赃嫁祸，诬陷他人。对此，孙鲁班辩解道："此事我实在不知，都是朱据的两个儿子朱熊、朱损举报的。"

孙亮听了这话，降诏怒责虎林督朱熊与外部督朱损当年不能匡正孙峻诛杀朱公主孙鲁育的错误。朱损的妻子是孙峻的妹妹，所以孙綝急忙上表入谏求情。孙亮不予采纳，派遣左将军丁奉率兵捕杀朱熊与朱损。

如此一来，孙綝更加记恨孙亮。于是，孙綝产生了废黜孙亮的念头，只是缺少一个借口罢了。

此时，孙亮与孙綝的关系已到了水火不相容的地步，他们之间的矛盾已经公开化。孙亮决定先发制人，先动手武力解决孙綝。

于是，孙亮与全公主孙鲁班、太常全尚、将军刘承秘密商议，谋划准备诛杀孙綝。这是一场决定吴国未来的密谋，成败关系到吴国的国运。所以，孙亮又特意秘密召见了全尚之子全纪，对他说道："孙綝专擅朝政，他轻看于我，从来不把我放在眼里。此前我下诏命令他迅速登陆救援唐咨等人，他却率领大军停留巢湖而没有上岸一步，反而把战败的责任推卸给朱异。孙綝随意滥杀功臣名将，从来没有上表告知我一声，现在他又在朱雀桥南面修建豪华宅邸却不来面圣。孙綝这般目中无人，我不能再容忍他继续胡作乱为了。现在，我计划要收捕处死孙綝，而你的父亲全尚是中军都督，让他严整兵马整装待命。到时候，我会亲自率领宿卫虎骑等亲卫军出朱雀桥，联手你的父亲一起围困孙綝的宅邸。然后，我下诏赦免孙綝的部属，让他束手就擒。你回去后务必告诉你的父亲，千万不要让你的母亲知晓这个密谋！你的母亲是孙綝的堂姐，如果她知道此事恐怕会向孙綝泄露军情而耽误了国家大事，切记！"

对于孙亮的嘱托，全纪满口答应。全纪领命回家后，将少帝的话原原本本向其父全尚复述了一遍。然而，全尚没有深思远虑的谋略，他没有意识到诛杀孙綝这件事情是拯救国家的密谋，于是在一次家庭闲聊中说漏了嘴，将密谋之事原原本本告诉了妻子。

全尚的妻子是一个头发长见识短的女人，她马上派人将此事秘密地告发给了孙綝。按理说，全妻不应该将此事告诉给堂弟孙綝，因为全尚是孙亮的岳父，全妻是孙亮的岳母。从亲疏方面讲，全尚是她的丈夫，孙亮是她的女婿，远比孙綝更亲。况且，全尚参与了这次密谋，一旦失败必定会死无葬身之地，而全家也必定跟着遭殃。

孙綝得到堂姐的密报后，连夜率领军队抓捕了全尚，并派遣孙恩袭杀刘承，趁机率军进围皇宫企图废掉少帝孙亮。

这个时候，天刚刚蒙蒙亮。孙綝能在一夜之间就指挥军队收捕了全尚和袭杀刘承，效率不可谓不高。

孙亮得到孙綝包围皇宫的消息后勃然大怒，立即骑上骏马带鞬执弓欲出宫门，并对身边人说道："朕是先帝的嫡子，继承皇位已有六年，谁人胆敢不服从皇帝的命令？"说完，孙亮就要往外冲，想利用皇帝的身份来喝退宫外的兵马。

众人苦苦哀劝，侍中近臣及孙亮乳母等人见状更是急忙一起拉住孙亮，不让他冲出去。如果孙亮单枪匹马冲出去的话，恐怕高贵乡公曹髦的类似悲剧就会提前发生。因为，此时的孙綝已经不把孙亮当皇帝来对待了。

孙亮被人拉住不得出，唉声叹气二日不进食，并怒骂全皇后："你的父亲如此昏庸，办事如此糊涂，以至于败坏国家大事！"

全纪是黄门侍郎——皇帝的侍从，此时他也在皇宫里。

所以，孙亮骂完全皇后，又召来全纪责问该事泄密的原委。

全纪满脸惭愧，低着头内疚地说道："我父亲奉诏不谨慎，从而导致事情失败。我辜负了陛下的嘱托，我没有脸面再见陛下了。"于是，全纪自杀身亡，以死谢罪。

孙綝率兵重重包围皇宫后，派遣光禄勋孟宗祭告宗庙，向吴国的列祖列宗汇报欲废黜"昏君"孙亮。随即，孙綝召集群臣前来皇宫门口议事，并用不容置辩的口气说道："少帝荒淫昏庸，精神错乱，他不能够再继承皇位奉祀宗庙了。现在，我已祭告先帝，正式宣布将他废黜。各位如有不同意见，可以当众提出异议。"

孙綝公然废黜皇帝，群臣十分震惊恐惧，自然不敢提出异议。尽管群臣都知道孙綝废帝是为了一己之私，但也不敢违抗孙綝的命令，只好应道："我们都听大将军的命令。"

于是，孙綝派遣中书郎李崇进宫，强行夺走少帝孙亮的印玺和绶带，以诏书的形式向吴国各地公布孙亮的"累累罪状"。

为了掩人耳目，孙綝胁迫群臣在诏书上一一具名。虽然群臣都知道事情的真相，但为了自己的身家性命着想，他们也只能违心从命。唯有尚书桓彝死活不肯具名，坚决地拒绝孙綝的无礼要求。桓彝秉性坚毅，节操忠贞，宁死也不屈从孙綝的淫威。

孙綝见桓彝抗命不从，大怒之下将他当众杀死。

就这样，少帝孙亮被废为会稽王。随即，孙綝将孙亮赶出建业，并派人将其遣送回其封地。

当然，孙綝是不会放过这次密谋事件的参与者的。孙亮被废了，全尚和孙鲁班也跟着倒霉了。

孙綝虽然看在堂姐的面子上没有将全尚斩首示众，但并不意味着就放过全尚了。于是，孙綝下令将全尚流放到荆州零陵郡，却暗中派遣杀手在途中将全尚杀死。随后，孙綝将孙鲁班迁至豫章郡。这个翻手为云覆手为雨的女人，就这样结束了她的政治生命。此后，孙鲁班彻底退出了历史舞台，孤苦伶仃地过完了余生。

至此，盛极一时的全氏家族彻底衰败，犹如流星划过天空般迅速坠落了。

孙休继位

孙綝强行废黜少帝孙亮后，吴国的皇帝之位空缺了出来。

俗话说，"天不可一日无日，国不可一日无君"。所以，此时吴国亟须解决的事情是立谁来当皇帝。

典军施正极力劝说孙綝，拥立琅邪王孙休为帝继承皇位。孙綝想了一下，同意了这一建议，因为确实没有更加合适的储君人选了。在孙权诸子之中，孙登、孙虑、孙和、孙霸等人早已经去世了，除去被废黜的少帝孙亮外，只有第五子孙奋和第六子孙休还在人世。

当年诸葛恪"削藩"时，孙奋的反应颇为激烈，曾经拒不从命。最后，诸葛恪写了亲笔"恐吓信"送给孙奋，孙奋这才不得已而接受了朝廷的诏令，满怀怨恨之心离开驻地搬家到新的封地。但是，孙休的反应则是完全服从朝廷的安排，他二话不说就卷起包袱去新封地丹杨郡就藩。

相较于孙奋来说，孙休是一个安分守己的王爷。孙休在新封地居住期间不仅不惹事，而且总是被丹杨太守李衡欺负。孙休不堪侵扰，不得已只得上奏书请求搬家迁往他郡。当时，朝廷考虑到孙休艰难的生活处境，同意让他迁至会稽。孙休在会稽郡居住数年，博施济众，好善慕名，与会稽太守濮阳兴和左右将督张布交情深厚。

在孙綝看来，孙休不仅听话、好欺负，而且性格软弱，就更加容易控制了。当然，这只不过是孙綝个人的想法而已。

于是，孙綝派遣宗正孙楷与中书郎董朝一起去会稽，进奉他的亲笔书信给孙休，恭请孙休回京都登基为帝。孙休接到孙綝的亲笔书信后，简直不敢相信自己的眼睛，他一个赋闲多年的王爷突然之间就被拥立为皇帝了。

孙休将信将疑，不知道朝中发生了什么变故，只能向朝廷来使孙楷与董朝打听消息，询问京都情况。孙楷和董朝一起向孙休详细地陈述了建业近段时间所发生的一切事情，并告诉孙休拥立他为帝是孙綝的意思，千万不要拒绝。

直到这时，孙休才敢相信天上掉下了馅饼——他被拥立为皇帝并不是梦。孙休盛情款待朝廷使者，留孙楷、董朝等人在王府居住一天两夜后再一起进京。

当孙休一行人抵达曲阿时，有一位老翁拦住了孙休的马车，跪拜叩头道："事情拖久了就会发生变化，天下人都殷殷期望着您中兴江山社稷，希望陛下迅速前行，立即进京登基即位。"

孙休听了老翁的话，认为他说得非常有道理，不敢在路途中停留，下令车马全速前进，当天就赶到了布塞亭。

武卫将军孙恩奉其兄孙綝之命，率领文武百官带着皇帝的御车前来迎立孙休为帝。接下来，所有的事情就顺理成章了，一切按照程序进行。文武百官向孙休俯首称臣，孙綝献上代表皇权的玉玺，共同拥戴孙休登基即位。

按照新任皇帝登基的惯例，孙休三次表示自己德不配位，推辞不登帝位。当然，群臣按惯例是"坚决不同意"，再三跪拜叩头"哀求"孙休一定要遵循民意。（"休三让，群臣三请。"）

就这样，孙休登基为帝，成为吴国第三任皇帝。就这样，孙休一夜之间从冷落多年的王爷变成了君临江南的皇帝。

孙休作为一个新任皇帝，按照惯例自然是更改年号和大赏"功臣"。在登上帝位的当天，孙休就下诏大赦全国，改元"永安"。

接下来，孙休下诏任命大将军孙綝为丞相、荆州牧，增加食邑五个县；武卫将军孙恩提拔为御史大夫、卫将军、中军督，威远将军孙据提拔为右将军，二人皆封县侯；偏将军孙幹为杂号将军，拜长水校尉孙闿为将军，二人皆封亭侯。孙綝一家五侯，诸兄弟都掌管禁卫军，权力远远超过皇帝，自吴立国以来朝中大臣未曾有过此事。其实，孙休大力赏赐孙綝兄弟，只不过是权宜之计而已。

当然，孙休除了封赏孙綝诸兄弟外，也不忘记趁机提拔自己的亲信和封赏宗室成员。于是，孙休征召会稽太守濮阳兴入朝担任太常、卫将军，负责军国事务，赐爵外黄侯；任命张布为辅义将军，赐爵永康侯；孙休敕封其兄孙和之子孙皓为乌程侯，孙皓之弟孙德为钱塘侯，孙谦为永安侯。

由于丹杨太守李衡曾在孙休做琅邪王时多次欺负这个手无寸权的王爷，所以李衡听闻孙休即位后便吓得魂不附体。李衡因担心孙休报复而打算逃亡魏国以求活命，但其妻习氏阻止了丈夫的想法。习氏认为新皇帝孙休一向施德行善，十分注重自己的名誉，他绝对不会刚登基就因私怨杀死对方。接着，习氏给丈夫出主意，只要自拘请罪，诚恳地向皇帝赔罪认错，一定会得到皇帝的宽恕——孙休会以此事作为宣传，向天下人显示他宽广的心胸。

李衡听了妻子习氏的话后觉得非常有道理，遂将自己绑缚到司法部门自首，同时向新皇帝孙休上表，对自己之前的所作所为表示万分后悔，并真心赔罪认错。果然不出习氏所料，孙休不仅没有处罚李衡，而且提拔他为威远将军。

孙休以德报怨，在全国上下博取了好名声。

孙綝倒台

孙休即位后，吴国的军政大权依然掌控在孙綝手里。对于孙綝提出的任何要求，孙休只得恭敬地答允，不敢丝毫有违孙綝的意思。于是，孙綝更加骄横放肆，完全不把孙休放在眼里。孙綝原本就是想把孙休当作傀儡皇帝来使唤的，所以经常提出各种无礼要求。即使这样，孙休也是敢怒不敢言，还多次赏赐孙綝。

孙綝大权在握，志得意满，随意拆毁佛教寺庙和斩杀道士，侮辱贬损百姓敬奉的神灵，破坏民间信仰。孙綝残忍无道，肆意妄为，以致人神共愤，而吴国百姓恨不得将之处死。

对于孙綝无法无天的行为，孙休也只能假装看不见，任其胡作非为。当然，孙休这么做是有原因的——他一个没有实权的皇帝又岂敢约束孙綝呢！

孙綝干了许多坏事，估计也害怕孙休对他有意见，于是决定带着礼物去觐见孙休以搞好与新皇帝的关系。

有一天，孙綝带着牛肉和名酒想入宫进献给孙休，希望君臣能开怀痛饮一场，以增进双方的感情。谁知道，孙休没有接受孙綝的好意，不肯见他。

吃了闭门羹的孙綝恼羞成怒，要知道这几年来谁敢和他说一个"不"字呢。

心情郁闷的孙綝，又不好意思带着原封不动的礼物回府，便调转马车去张布府上做客。当然，对于孙綝这个吴国最有权势的人来访，张布是不能拒绝的。

张布满脸笑容地热情接待了孙綝，陪着孙綝喝酒谈天。喝到尽兴时，孙綝大发牢骚，口出怨言，愤然说道："当初废黜少帝时，很多人劝我自立为帝。我认为当今陛下贤明，故此迎立他为帝。如果陛下没有我拥立，他就不可能即位。如今，我好心上献礼物给他，却被无情拒绝了。这样看来，他对待我与一般臣子没什么两样啊！我悔不当初，看来应当重新改变安排了。"

对于强行废黜皇帝这件事情，孙綝是有成功经验的。如今，孙綝动了更换皇帝的念头，对他来说再重复一遍也未尝不可以。孙綝是一个说得到做得出的人，尤其是在干坏事这方面。

不过，孙綝的酒后吐真言对他而言却绝对是犯了一个致命错误，因为张布是孙休的亲信。所以，张布在酒宴结束后马上秘密进宫，将孙綝的话原原本本复述给了孙休。

孙休闻此言，心中非常痛恨孙綝，遂产生了除掉孙綝的想法。不过，孙休也知道，这件事情没有十足的把握不能轻易动手，如果打草惊蛇则会被毒蛇反咬一口，毕竟少帝孙亮的例子还历历在眼前。

孙休担心孙綝作乱，多次对他加以赏赐，结其欢心。为了表示对孙綝的信任，孙休又再次加授孙恩为侍中，让他与其兄孙綝一起共同批阅朝廷文书。

这时，有人向孙休密告孙綝怀恨在心，当众欺侮皇上并企图谋反。孙休听了告密者的话后更加痛恨孙綝，但此时孙休仍然不能公开与孙綝翻脸，因为他还没有实力。为了取信于孙綝，孙休将告密者抓起来交给孙綝处置，而孙綝自然将此人斩首示众。不过，经过这件事情之后，孙綝心里有些恐惧，害怕留在京师会不断有人打他的小报告。

心生疑虑的孙綝，派遣孟宗进宫觐见孙休，请求允许他出京外任，驻守武昌。孙休二话不说就满口答应了孙綝的请求，并且同意孙綝督率中营一万多精兵随行赴任武昌。孙綝又要求取出武库中的兵器，以加强这一万多人马的装备。孙綝提出这种无理要求的目的很明确：一则搬空京师的武器装备，增强自己的军事力量；二则试探孙休的态度，以此判断他对自己的看法。

然而，孙休又是二话不说就同意了孙綝的请求，让他把建业武库中的兵器全部带走。

想不到，孙綝竟然再次得寸进尺，要求带走中书省的官员，并美其名曰"典知荆州诸军事"。孙綝的这个举动，相当于在武昌另建一个朝廷，并在荆州处理全国的军政事务。所以，中书省的主管官员极力不同意，认为中书省的属官只能在京都建业处理政务，不应该外出去别的地方处理政务。

对于孙綝这种无耻做法，孙休也没有任何异议，全部听凭丞相孙綝的吩咐办理。孙休一一照准了孙綝的所有要求，从未当众表示出一丝不满和迟疑。

不过，孙休虽然只有二十四岁，但就此时他的表现来看，他无疑是一个成熟的政治家。孙休沉得住气，不冲动，并为了稳住孙綝而默默地忍辱负重，从来没有流露出内心的真实想法给政敌知道。

就这样，孙綝顺利地搬空了建业的武库，并且带走了中书省的官员去武昌处理政务。

孙綝远离京师，身边又有重兵保护，自以为所有的反对派都奈何不了他了。于是，孙綝在武昌处理全国军政事务，并认为自己已经架空建业朝廷，这一辈子都不用回建业了。如果是这样的话，孙綝当然可以平安富贵地过完一辈子。不过，孙綝的如意算盘很快就落空了，因为孙休有办法让他再次入京——"赴死"。

将军魏邈劝说孙休想办法拿下孙綝，分析道："孙綝率兵屯居京都之外，他在外地拥兵自重，必定会叛变。"魏邈建议孙休严密提防孙綝叛变并不是没有道理的，后来魏国的钟会入蜀后就这么做了。

随后，武卫士施朔进宫密奏，对孙休说道："据相关情报显示，孙綝企图谋反的迹象已经显露。"

孙休听了魏邈、施朔的报告后，意识到了问题的严重性。于是，孙休秘密召见张布，询问对策。张布答道："丁奉虽然不识字，但他胸有计谋、胆略超人，一定能帮助陛下决断大事。"

话说丁奉虽然没有文化，但他见惯了大风大浪，见识了不少你死我活的政治斗争，所以老将丁奉是此时吴国有兵权又有能力帮助孙休诛杀孙綝的最佳人选。

于是，孙休召见丁奉，如实告知道："孙綝把持朝政，独揽国柄，将要做出不轨行径，所以朕想与将军一起杀掉他。请问将军有什么妙计吗？"

丁奉沉思一会儿后，知道诛杀孙綝不可动用武力而只能智取，便向孙休分析道："丞相诸兄弟不仅死党众多，而且耳目遍布朝野，恐怕人心不能统一，我们难以一下子将他制服。以我之见，陛下可以借腊祭之机，盛情邀请他前来参会，然后陛下在祭会上下令卫兵将他杀死。"

孙休采纳丁奉的计谋，决定借一年一度盛大的腊祭之会邀请孙綝前来聚会，然后趁机除掉这个无法无天的权臣。

计谋制定好了，只需等待实施日子的到来，而孙綝的生命也进入了倒计时。

腊祭（又称为"蜡祭"）是中国的传统祭祀文化，年终祭百神，节期在每年冬至后的第三个戌日（汉代时明确），即农历十二月（腊月）初八。据史料记载，腊祭的前一天，即农历十二月初七，这一天建业城内谣传四起，说明天腊祭聚会将有事故发生。当然，这样的谣传自然也传到了孙綝的耳中。孙綝听说这个谣传后，心中隐约觉得有一丝不安，但他也说不出所以然来，只是心情郁闷地度过了他人生之中最后一个夜晚。是夜，飞沙走石，大风拔树，孙綝见状更加恐惧不知所措。

根据以往的事件来推测，这是一个不祥之兆，有可能意味着大事发生。

一夜时间很快就过去了，转眼间天就亮了。

永安元年（公元258年）十二月初八，腊祭聚会的日子。按照吴国惯例，这一天皇帝邀请文武百官进宫聚会，欢聚一堂以增进君臣的感情。

由于孙綝此前听到一些不利于他的风声，遂对外宣称自己有病在身，拒绝出席腊祭之会。当然，孙休是不会放过这唯一能成功除掉孙綝的机会。于是，孙休不断派出使者去催促孙綝前来赴会，竟然派出了多达十几批的使者。使者们络绎不绝，前一批使者脚跟刚离开丞相府，后一批使者又到来了。使者们带着皇帝的命令盛情邀请孙綝无论如何都要前来赴宴，满朝公卿都在等着丞相大人到来。

孙綝作为吴国丞相，是百官之首，而对于皇帝亲自主持的聚会无论如何都应该参加。退一万步来说，孙綝即使身体不适，哪怕躺在床上由别人抬着出席也得参加才是，这样做才符合礼仪制度。孙綝实在无法再推托了，只得准备进宫赴宴。不过，孙綝手下的人并不容易被诓骗，他们极力劝阻孙綝不要冒险进宫，毕竟吴国近年来的政变手段大家都清楚，谁知道这是不是一场鸿门宴呢！

想当年，诸葛恪就是被孙峻盛情邀请进宫赴宴，从而掉进陷阱里被人除掉的，而如今这一幕又何其相似！

孙綝听了部属的话后，为难地说道："皇上多次派人前来邀请我进宫赴宴，我不能再推辞了。为了以防万一，你们可以预先整顿好部队，做好应急准备。我一进宫，你们就在相府中点起一把火，然后我以此为借口出宫，这样我就能很快回来。"

可以说，孙綝并不是没有意识到这次宴会的危险性。当然，孙綝自以为做了这些防范措施就能万无一失，其实他想错了。要知道，在皇宫重地，孙綝并不是能随便进来就一定能随便出去的，因为在皇宫里只有皇帝说的话才算数。

于是，孙綝抱着侥幸心理进宫。孙綝刚踏进皇宫不久，其部下就按照嘱咐在相府中点起一把火。孙綝见相府方向冒出浓烟，就以此为借口请求出宫回家救火。

孙休阻拦道："外面兵士很多，没必要麻烦丞相亲自去救火。"

孙綝听了这话，暗知情况不妙，皇宫里一刻都不能再停留了。于是，孙綝赶紧起身离席，打算强行出宫。

当然，孙綝就是有三头六臂也不可能闯得出皇宫了。只见丁奉、张布用眼神示意旁边的卫兵，然后卫兵们在得到指示后一齐拥上来动手将孙綝推倒在地，像绑猪一样将他捆绑起来。

事已至此，所有的一切再也清楚不过了。孙綝向孙休叩头哀求道："微臣知罪，愿意被流放到交州。"

孙休诘问道："当初你为什么不流放滕胤、吕据呢？"

孙綝听了这话汗如雨下，只求一条活命，又哀求道："我愿意放弃一切荣华富贵，心甘情愿被罚为官家奴仆。"

孙休又诘问道："当初你为什么不让滕胤、吕据罚为官奴呢？"

这下子，孙綝确实无话可说，他对自己以往的所作所为最清楚不过了。当年，孙綝残忍杀害滕胤、吕据等人，又何曾想到他也有今天呢！

当然，这种事情没有丝毫讨价还价的余地，孙休立刻就下令将孙綝斩首示众。

就这样，孙綝以生命为代价结束了他的权臣生涯，卒年二十八岁。孙綝身无一技之长，欺软怕硬，毫无志气，贪生怕死，而其水平更不如孙峻，唯一擅长的事情就是嗜好杀戮，简直就是权臣中的败类。反观魏国的权臣，司马懿父子虽然都掌控魏国的国柄，但是他们同时都是很有水平的执政者。

接着，孙休派人提着孙綝的首级出宫，对他的部属们说道："皇帝有诏令：只要放下武器投降，所有与孙綝同谋的人都可无罪赦免。"

孙綝提前部署在宫外严阵以待的五千人部队见此情此景，大家都识时务地放下兵器投降了。

孙闿听闻其兄被诛的消息后，知道孙休可以赦免其他人，但一定不能赦免孙綝诸兄弟。于是，孙闿立即乘船出逃，企图北降魏国。当然，孙休是不会让孙闿从眼皮底下溜走的。所以，孙闿也跑不掉，还没有出吴国境就被追兵捕杀了。

按照政变的惯例来看，一般来说失败者是要被胜利者夷三族的。因此，当孙綝一死，孙休就下令夷灭孙綝三族，以儆效尤。

几年前死去的孙峻不仅是政变夺权的始作俑者，而且他临终之前安排的继任者孙綝更是搅得吴国政坛刮起一阵阵腥风血雨。况且孙峻曾经枉杀孙休岳母朱公主孙鲁育，孙休妻子因此受到牵连而进京请罪，并害得孙休提心吊胆，一段时间连夜做噩梦。因此，孙休是不能原谅孙峻的，即使他是一个死人。

于是，孙休派人挖开孙峻的墓地，打开棺材取出其陪葬的印绶，并砍毁棺材再将其尸体埋葬，以此追究他当年杀害朱公主孙鲁育等人的罪行。（《三国志》："发孙峻棺，取其印绶，斫其木而埋之，以杀鲁育等故也。"）

与此同时，孙休认为与孙峻、孙綝这样的败类同族是一种耻辱，特地下诏从宗族名册中将他们的名字删除，改称他们为"故峻""故綝"，以示鄙视之意。

励精图治

孙休将孙峻、孙綝从族谱上除名后，又马上下了一道诏令："诸葛恪、滕胤、吕据都是无罪而被故峻（孙峻）、故綝（孙綝）兄弟所残害，朕为此感到痛心不已！朕下令立即给他们改葬，分别为他们祭奠。凡是受到诸葛恪等人连累而被流放远方的人，一律召回京都。"

朝臣见孙休积极平反冤假错案，便有人建议为诸葛恪树碑立传，大力弘扬诸葛恪的功绩。但是，博士盛冲认为这个建议不合理，诸葛恪没有资格享受这种殊荣。事实上，诸葛恪之于吴国，有大功也有大过，其功过得失差不多相抵。

孙休赞同盛冲的看法，解释道："诸葛恪盛夏出兵伐魏，导致大批士卒死伤却无寸尺之功，这不可谓能干。他接受先帝的托孤重任而死于宵小之辈的手里，这不可谓明智。盛冲的看法是正确的。"

当年，诸葛恪作为孙权的主要托孤大臣，他取得东兴大捷后自大轻敌，不顾群臣反对举倾国之力北伐，亲率二十万大军攻打合肥新城，最后导致大军死伤过半，惨败而归。诸葛恪归国后死不承认错误，为了巩固权位而实施权臣统治，导致国内民怨沸腾，臣民极度失望。孙峻抓住此机会发动宫廷政变，最后诸葛恪落得个身死族灭的悲惨下场。所以，孙休不同意为诸葛恪树碑立传是没问题的。

孙休能够成功发动政变诛杀孙綝夺回国家大权，自然少不了出谋划策之人的帮助，所以孙休对有功之臣大加封赏。于是，**孙休下诏嘉奖功臣，感谢**他们为国家除奸。在这次铲除奸臣的行动中，丁奉居功至伟，因此他被擢升为大将军，加授左右都护。另外，孙休加授张布为中军督，而张布的弟弟张惇、张恂也跟着沾光：张惇被封为都亭侯，张恂被任命为校尉。

自从孙权死后，吴国连续诞生了几位权臣，国内发生了数不胜数的谋杀与政变，统治阶层忙着争权夺利，所以吴国许多事情被耽搁了。吴国因为连年内乱和对外作战失利，国力大幅度下降，所以孙休接手的差不多是一个烂摊子。如今，孙休掌握了国家大权，而吴国也百废待兴，许多事情亟须振兴。孙休也明白自己肩负重任，而富国强民无疑是当今的第一要务。

当然，振兴一个国家并不是一件容易的事情。

孙休除了拨乱反正、奖赏功臣，还偃武修文、锐意改革。孙休向全国下了一道诏令，全面阐述他的治国安民政令的内涵，其诏曰："古人创建国家，教育学习放在首要地位，以此导引民俗风情陶冶人们的品性，为时代培养人才。自建兴年间以来，时事多变，官吏百姓多着重于眼前利益的事情，他们抛弃本业专心追逐利益，不遵循古人的道义，而社会所崇尚的思想不敦厚则会伤风败俗。所以，如今必须根据古制来设置学官，设立五经博士，考核录用应选的人才，给予他们优厚待遇和高额俸禄。招收现有官吏之中以及军队将领的子弟中有志向学之人，让他们学习知识，各就学业。一年之后进行考试，根据成绩优劣分出品第高下，封赐相应的禄位。这样，可以让其他见到这些情况的人乐于趋向这种荣耀，听到这些情况的人们会羡慕那些取得这种声名的人。同时，国家大力推行教育会敦促王道教化，有利于发扬淳朴风俗。"

于是，孙休下令兴办学校，由学识渊博的博士们给莘莘学子授课，以经史典籍作为教材，教育年轻人要好好学习。孙休想通过实施教育为国家培养优秀人才，以此振兴国家。

近年来，由于吴国风气不正，律法不严，以至于百弊丛生。所以，**孙休需要着手处理的积弊非常多，重视教育只是施政方针的其中一项。为了处理**

这些问题，孙休推行了多种政治措施，对症下药。

此前，吴国由于权臣把持朝政，上梁不正下梁歪，导致律法松弛、特权横行。州郡的官吏和军队中的将领们利用手中的权力，经常干一些违法乱纪的事情中饱私囊。这些有特权的统治阶层走私货物赚外快，他们驾船穿梭于长江之上，上下来往做中间商赚差价。要知道，走私活动利润大且不纳税，虽然按理说风险也大，但当时吴国并没人去管。所以，在金钱的诱惑之下，军民也纷纷跟风上行下效，许多人离弃农桑本业改行当走私商人。

当时，吴国重商轻农现象很严重，导致的弊端是显而易见的。一方面良田逐渐荒芜，所收粮食日益减少，不能满足军民的需求；另一方面国家收入锐减，导致财政赤字日益严重，自然也没钱发展其他产业以及升级军队的装备了。——这也是古代统治者重农抑商的重要原因。

在古代，农业是立国之本，而历朝历代有作为的统治者都很重视农业生产。

孙休大力纠正吴国之前遗留下来的积弊，推行仁政之道，下诏减轻百姓徭役赋税，如根据劳力强弱来征收田地课税。孙休十分关注农业问题，大力鼓励农桑耕作，让农民劳作所获的收入及粮食能供养全家老小。为了广泛发展农业，孙休下令地方的官员们要严抓农业生产，整顿社会风气，打击走私活动。孙休动用国家权力巩固了农业在经济中的首要地位，并多次劝说军民们不要触犯国家法令。

通过这一系列的有效措施，吴国各项事业逐渐走上正轨，迎来了久违的繁荣和安定。不过，这种繁荣和安定只是暂时的，因为孙休几年后就英年早逝了，而吴国又将陷入混乱与无序之中。

弑君

就在吴国的政局趋向稳定之时，魏国的政局却更加波谲云诡了，而原因很简单——司马昭更加专权跋扈了。自从淮南三叛后，司马昭的权势和声望如日中天，权倾朝野。

甘露四年（公元259年）六月，司马昭重新对魏国防区进行划分并任命了地方统帅。司马昭将魏国在荆州的地盘划分为两个防区，设置两个都督负责管理荆州事务，王基负责镇守新野，州泰负责镇守襄阳。与此同时，司马昭命令石苞都督扬州，陈骞都督豫州，钟毓都督徐州，宋钧监督青州诸军事。

此时，纵观魏国各大主要防区的统帅，都是司马家族的死忠分子。当然，曹魏皇权更加衰微了，离被取代只剩下最后一步了。司马昭加快了窃取曹魏政权的步伐，只需等待一个好时机。

对于这种现状，魏帝曹髦虽然无能为力，但又不甘心当一个亡国之君。曹髦是一个聪慧的年轻人，他知道司马昭下一步必定会代魏称帝，自己就是想当傀儡皇帝也不可能当得长久了。因此，曹髦极其忧虑，郁闷之下写了一首《潜龙诗》以诗言志。曹髦写诗自讽，把自己比喻成受困于井底之下的潜龙，而鳅鳝却在潜龙面前肆无忌惮地乱舞。曹髦希冀受伤的潜龙有朝一日能挣脱桎梏，自由遨游。当然，司马昭也知道曹髦"潜龙之诗"的隐藏意思，所以他看了曹髦这首《潜龙诗》后心中非常厌恶。

曹髦不甘心被命运摆布，而司马昭夺权窃魏势在必行，所以他们之间的矛盾已经到了不可调和的地步。

对于曹髦来说，与其等司马昭干掉自己，不如铤而走险用突袭的办法除掉司马昭。

曹髦见魏室即将覆灭，皇权威势日薄西山，不胜愤恨。于是，曹髦暗中命令冗从仆射李昭、黄门从官焦伯等人在陵云台部署甲士，准备发兵讨伐司马昭。然后，曹髦秘密召见侍中王沈、尚书王经、散骑常侍王业，对他们愤然说道："司马昭的狼子野心，连路上的行人都知道了！我不能眼睁睁地坐等被废黜，这种奇耻大辱我不能接受！今日我将亲自出战，与你们一起出宫讨伐他。"

曹髦这番话说的是实情，如果他不采取行动，日后必定会被废受辱。司马昭通过不断打击政敌和铲除异己，使得忠于魏室的实力派已荡然无存。所以，司马昭常怀篡逆之心，野心膨胀，总想取代曹髦而自立为帝。后来，人们常用"司马昭之心，路人皆知"来形容阴谋家的野心非常明显，达到了人人所共知的地步。

当年，曹芳被司马师废黜的情景，至今群臣们都历历在目。如今，曹髦想出兵讨伐司马昭，等于是飞蛾扑火，说白了就是主动去送死。曹髦这样做不仅无济于事，而且必将有去无回。所以，王经急忙劝阻道："古时候，鲁昭公因为不能忍受季氏的专权，讨伐权臣失败而被迫出逃。鲁昭公因此丢掉了国家，被天下人所耻笑。如今，国家权柄掌握在司马昭之手已经很久了，朝廷内外之臣都愿意为他效命而不顾逆顺之理。这种情形的出现，人们都习以为常了。况且，宫中宿卫空缺，兵力十分弱小，那陛下凭借什么出去讨伐他呢？您一旦这样做，不是想要除去疾病却反而使疾病变得更加厉害了吗？如果陛下执意要去，祸患恐怕难以预测，应该重新加以详细研究，再三斟酌其中的利害关系。"

王经说的完全是实话，而魏国政归司马氏已久，满朝文武都是司马家族的人，没有几个人愿意为曹魏皇室效力了。况且，当年司马师拥立曹髦上位时，已经做好防备曹髦突然发动政变的措施，如借故大量削减皇宫里的精壮卫士，只用老弱残兵当宿卫值宿宫禁。换言之，曹髦手中能指挥得了的士兵只有少量快要退休的侍卫，他们能有多少战斗力是可想而知的。所以，王经知道曹髦出宫讨伐司马昭是一次莽撞行动，没有一丝成功的概率。以司马昭的性格来看，曹髦这样做将必死无疑。

但是，曹髦全然不管这些现实条件，只见他从怀中拿出提前写好的诏书愤怒地扔在地上，坚决地说道："是可忍孰不可忍，我的心意已决！纵使我出宫讨伐逆贼而不幸身亡，又有什么可怕的，何况不一定就会死呢！"

曹髦所说的这番话并不是发牢骚，他已经准备即使是以付出生命为代价，也不愿当一个处处被人欺负的傀儡皇帝。曹髦长期被司马昭压迫，心情极其郁闷，知道司马昭一定不会放过他，而与其坐以待毙倒不如拼死一搏。

于是，曹髦走进内宫禀告郭太后，向她说明了相关情况。王沈、王业见势头不妙，赶紧抽身跑出去将相关情况告诉给司马昭。在临走时，王沈、王业叫王经与他们一起，但王经坚决不从。

司马昭得到王沈、王业的告发，做好了应付曹髦发难的准备。与此同时，曹髦知道事情已经泄露，干脆一不做二不休，拔剑登辇亲率数百名殿中宿卫和奴仆们敲鼓呼喊着出宫讨贼，唯恐司马昭不知道。前文说过，曹髦是一个聪慧的年轻人，如此"大张旗鼓"讨伐司马昭，他应该明白是不会成功的。那么，曹髦为什么明知不可为而为之呢？我认为，一则曹髦低估了司马昭心狠手辣的程度，认为没人敢当众弑君；二则曹髦为了维护自己可怜的自尊心，不愿再忍气吞声当一个缩头乌龟；三则曹髦可能心存侥幸，自认为忠于魏室的将士看见皇帝出面讨贼，会追随他一起去讨伐司马昭。

不管是"游行示威"也好，还是出一口恶气也罢，曹髦率领数百名士兵的"讨贼部队"冲出云龙门，就这样义无反顾地踏上了不归之路。

当曹髦的车驾行驶到止车门时，遇到了屯骑校尉司马伷的部队。司马伷是司马昭同父异母弟，他想拦截皇帝的车驾前进。曹髦见司马昭之弟敢率军挡道，气不打一处来，大声斥责司马伷及其部众，谁敢妄动便诛杀全族。

司马伷部队众将士听了皇帝的斥责，他们不敢挡道，害怕之下一哄而散了。当然，这并不是司马伷部队打不过曹髦这些老弱残兵，只因为曹髦是大魏国的皇帝而已。

曹髦驱散了司马伷部队，继续指挥他的"讨贼部队"向司马昭的府邸方向前进……

司马昭的心腹亲信贾充担任中护军，控制宫廷禁军。于是，贾充在司马昭的命令下，赶紧率领宫廷禁军和相府精锐过来抵挡曹髦的"进攻"。

贾充奉司马昭的命令，率领精锐在南阙迎战曹髦。曹髦亲自出战，拔剑砍杀贾充部队。众人不敢还手，很多人想脚底抹油溜走。要知道，在礼教森严的社会里，弑君是最严重的罪行，没有之一。

贾充是一个人精，他自然明白其中的利害关系。如果贾充亲自动手杀死皇帝，司马昭有可能会"舍车保帅"，不一定会保得住他的性命；但是，如果是让手下的其他人杀死曹髦，司马昭就会想方设法保住他的。所以，贾充是不会亲自应战杀死曹髦的。

当然，司马昭交代的任务必须完成，所以贾充务必将曹髦挡在相府之外，不能让曹髦冲进相府里找司马昭拼命。正巧这时，跟随贾充出战的太子舍人成济问道："现在情势危急，此事该怎么办呢？"

当时，贾充的部队虽然都是精兵，但由于对方是皇帝并亲自出战，所以他们挨打不敢还手。贾充见众将士面带难色，便知道处理不好的话将会重蹈司马伷部队的覆辙，不战而败。所以，贾充听了成济的问话灵机一动，大声答道："司马公厚养着你们这些人，就是为了今天。现在，事情危急到这种程度了，还有什么可疑虑的。"贾充言外之意很清楚，尽管去杀死皇帝曹髦，司马昭会出面替你们摆平这事儿。

成济是一个头脑简单、四肢发达的人，他没有丝毫政治头脑和权谋手段。在贾充的忽悠之下，成济以为立大功的机会就在眼前，便不假思索地抽出利戈用尽全力刺杀皇帝，并穿透了曹髦的后背。

就这样，曹髦当场毙命，死在车下，生命永远定格在了二十岁。

曹髦可以算是中国历史上很有血性的傀儡皇帝，"宁为玉碎，不为瓦全"。在政治凌辱和死亡威胁之下，曹髦没有退让，没有屈服，没有放弃，敢于奋起抗争，在穷尽所有努力之后甚至不惜以生命为代价冒死一搏。曹髦用壮烈的死亡方式赢得了一个帝王应有的尊严，维护了曹魏皇室最后的一丝颜面。然而，曹髦行事肆意轻狂，不顾后果以致殒命。曹髦勇气可嘉，但奈何实力不足，可悲可叹！

司马昭听闻曹髦的死讯后故作惊讶，跪倒在地上哀叹道："天下人会怎样议论我啊！"

曹髦被杀的消息传出后，满朝文武百官慑于司马昭的权势不敢到现场。唯有一人例外，他就是太傅司马孚。

司马孚虽然已经八十岁了，但这个老头听闻此讯后大惊失色，赶紧颤巍巍地一路小跑过去抱着曹髦的死尸干号，表面看起来伤心欲绝的样子。司马孚大声哭喊道："陛下被杀，这全是我的罪过啊！"

司马孚是司马懿的亲弟弟、司马昭的叔父，他把弑君罪过全部包揽在自己的身上，试图挽回司马昭的形象。其实，大家都知道，弑君的真正幕后黑手是谁！

曹髦虽然已死，但依然被剥夺了皇帝身份及谥号资格，被追贬为庶人。所以，后世依然以"高贵乡公"来称呼曹髦。

司马昭弑君事件，又称"甘露之变"。当然，这件轰动天下的政治事件并未完结，司马昭的下一步行动必然是寻找替罪羊和另立新君。

替罪羊

曹髦被当众刺杀后，司马昭闻讯后立即召集文武百官商讨这次变故，看该怎样妥当处理善后之事。不过，尚书右仆射陈泰对司马昭指使其爪牙弑君一事极为愤慨，死活不肯前来参会。

司马昭见陈泰故意不来，便派遣陈泰的舅舅荀颛亲自去叫其外甥。当然，对于司马昭交代下来的任务，荀颛自然不敢违背。于是，荀颛坐车去陈泰的府上召唤自己的外甥。陈泰的家人也害怕陈泰不参会会惹怒司马昭，大家一起劝谏陈泰。在家人的"逼迫"下，陈泰不得不从命，极其不情愿地坐上了舅舅荀颛的马车。

就这样，荀颛把陈泰带到了司马昭面前。司马昭见陈泰过来，满脸笑容地把陈泰引入密室，对陈泰问道："玄伯（陈泰的字），现在发生了这种不幸之事，天下人将会怎么样看待我呢？"

陈泰生气地说道："只有腰斩贾充，才可以稍微向天下谢罪。"

贾充悖逆指使成济当众弑君，其实也相当于司马昭弑君。陈泰这样说，其实已经给司马昭留了面子。不过，贾充是司马昭的心腹干将，他什么坏事都敢出面替司马昭去办理，所以司马昭是不会杀掉贾充的。如果司马昭不保全贾充的性命，以后还有谁肯卖力替司马氏办事呢？此时，司马昭觉得已快到改朝换代的时候了，他最需要"舍得一身剐，敢把皇帝拉下马"的人在前面为他"冲锋陷阵"。

司马昭听了陈泰的话后面露难色，用商量的语气问道："你再考虑一下，看看有没有其他的解决方法。"

陈泰斩钉截铁地说道："我陈泰只有想到比这更进一步的对策，没有退一步的办法。"其言外之意很明显，妥善处理此事应该实施比这个更严厉的处罚，斩杀贾充只不过是最起码的处罚。

司马昭听了这话，不再和陈泰"讨价还价"了。司马昭明白了陈泰的隐含意思后沉默不语，暗中思索找谁来当替罪代替贾充受罚。

不过，如果司马昭听从陈泰的话将贾充斩首示众以谢天下，那么贾充的女儿贾南风必定成不了晋惠帝司马衷的皇后，八王之乱这场空前的灾难或许就能避免了。这是后话。

司马昭明白弑君这种事情是瞒不住了，必须要找人来问责，这样才能给天下人一个交代。司马昭思前想后，最后决定把所有弑君的罪责都推到成济的身上。

于是，司马昭给郭太后上表，指出皇帝曹髦率领手下兵马击鼓攻打他的相府，他自己不敢动武交战，并且担心发生混战会伤害到皇帝，下令凡是敢伤害皇帝者一律按军法处置。同时，司马昭对发生这样的不幸之事表示遗憾，强烈谴责成济悖逆残暴、大逆不道、扰乱法纪，而当众弑君更是罪不容诛，依照律法夷其三族。

司马昭把黑锅甩给了成济，让他作为替罪羊来承担弑君的罪名。

至于谁才是真正的弑君罪人，大家虽然都很清楚，但没人敢说。当然，郭太后也不敢说一个"不"字，当场同意了司马昭的提议。

于是，司马昭马上派人去收捕成济及其三族男女老少，杀掉这些"罪人"以谢天下。

成济杀死皇帝曹髦，还傻乎乎地认为自己立下了"盖世奇功"后一生荣华富贵不愁，想来司马昭必定会重重封赏他。这些天来，成济一直在家里等待封赏的好消息，谁知道并没有等来高官厚禄，而是等来了一张抓捕令。成济傻眼了，直到这时才意识到被人忽悠干了傻事，不但做了弑君的替罪羊，而且要赔上三族的性命。

当然，成济与其兄成倅不伏罪，认为他们是无辜的。成济兄弟急了，光着身子跑出屋外"辩解"。他们都是武将出身，身手矫健，两三下就攀跳到了屋顶，并破口大骂司马昭——反正难逃一死，至少死前能当众证明自己是"清白"的，真正弑君的历史罪人是司马昭。当成济兄弟的情况被汇报给司马昭时，司马昭恼羞成怒，气得脸都白了，立即调派了一批弓弩手赶赴成宅。就这样，弓弩手站在屋下万箭齐发，把成济兄弟射成了刺猬。（《魏氏春秋》曰："成济兄弟不即伏罪，袒而升屋，丑言悖慢，自下射之，乃殪。"）

司马昭诛灭成济三族后平息众怒，成功转移了百姓的视线及社会舆论的风向，于是人们纷纷谴责成济。就这样，成济充当了司马昭弑君的执行者和替罪羊，永远背负了不可抹掉的罪名，成为被天下人唾骂的对象。

司马昭在诛灭成济的同时，公开指责尚书王经也参与到这次谋乱之中，并依照律法将王经及其家属一起收押交付廷尉审理查办。

当廷尉奉命带人前去王经家里时，王经向其母谢罪。王经之母脸色不变，从容镇定地笑答道："人终有一死，只恐怕死得不得其所。为此事而得以与我儿同死，我还有什么遗恨！"

由此可见，王母是一个明辨是非、不畏生死、深明大义的女性。

在王经临刑那一天，其故吏向雄为之痛哭，不胜悲痛，感动了整个街市的围观群众。（"及就诛，故吏向雄哭，哀动一市。"）

就这样，王经与其母一同被杀于洛阳东市刑场。其实，大家都很清楚，王经是因为没向司马昭告密而获罪被诛。

值得一提的是，后来司马昭的长子司马炎篡魏建晋后，有感于王经义不卖主是一个忠臣，遂下诏为王经平反，其诏曰："已故尚书王经，虽然身陷刑法，但是他依然能坚守自己的志向，这是值得嘉奖的事情。如今，王家门户湮没，朕经常为此感到怜悯，特赐王经之孙入朝担任郎中。"不过，司马炎下诏嘉奖王经，恢复其名誉，并厚待王经的后人，这是何等的讽刺！那么，司马炎这一举动是告慰曹魏忠臣的在天之灵，抑或替父辈赎罪，还是收买人心？

反观王沈和王业，他们当了无耻的告密者，出卖忠诚去依靠司马氏而获得重用，从此飞黄腾达。王沈"因功"被封为安平侯，食邑两千户，不久后又被任命为奋武将军、豫州刺史，出镇地方，成为封疆大吏。尽管王沈表面风光无限，但这样的卖主求荣之徒始终逃脱不了历史的审判，因此他在史书中留下了不光彩的记录——"沈既不忠于主，甚为众论所非"（《晋书》）。同时，王业在晋朝建立后先后担任中护军、尚书左仆射。

司马昭消除了曹髦之死的舆论影响后，拥立燕王曹宇之子常道乡公曹璜为帝，奉魏明帝曹叡之祀。为了逢迎司马昭，郭太后下诏让曹璜改名为曹奂。

曹奂登基即位后，大赦天下，更改年号为"景元"。这一天，是公元260年农历六月初二甲寅日。

接着，曹奂按照惯例大肆封赏。于是，曹奂擢升大将军司马昭为相国，晋封晋公，食邑高达十个郡，加赐"九锡之礼"。司马昭嫡长子司马炎此前到东武阳迎接曹奂进京即位，因"此功"而被升迁为中抚军，晋封为新昌乡侯。贾充因帮助司马昭除掉曹髦，晋封为安阳乡侯，增加一千二百户食邑，统领洛阳城外诸军，加任散骑常侍。

顺便提一下，陈泰虽然对司马昭这样处理"弑君事件"极其不满，但不能当众表达自己内心的不满之情。不久之后，陈泰气急吐血，忧愤而亡。陈泰死后，被追赠为司空，谥号"穆侯"。

尽管司马昭采取各种手段不断洗白，但是事实证明他失败了，最终并不能如愿掩盖事情的真相，而是在历史上留下了"弑君"的罪名。后世，大家都一致认定弑君的主谋是司马昭，贾充等人不过是帮凶而已，而成济不过是这次轰动一时的政治事件的替罪羊罢了。

司马昭弑君撕下了司马氏夺权篡魏的最后一块遮羞布，于是魏晋禅代也就势在必行了。不过，司马昭碍于弑君的恶劣影响，为了不在史书上留下千古骂名而不敢自己代魏称帝，便将其留给他的儿子来完成了。

曹髦之死迫使司马昭暂停了篡权窃国的计划，而司马氏也被迫暂缓了魏晋禅代的步伐。从这个角度看，曹髦用自己的生命换取了魏国多存在几年的国祚。

第八章　魏晋风度

司马氏经过几代人的奋斗和权力斗争，最终窃取了魏国的权柄。一般来说，一个朝代到了更迭之际，人们的生活习惯和精神风貌都会有所不同。在魏晋更迭之际，曹魏皇室与司马集团都知道未来的局势走向，此时魏国的权力与皇位处于过渡时期，只需等待恰当的时机即可效仿当年汉献帝"禅让"的故事。

当然，这一时期是一段极其敏感的时期。司马氏为了巩固权位，采取了多种政治措施来保护他们已取得的胜利果实。司马氏实施恐怖统治，打击异己，残害政敌。在这种政治高压之下，魏晋时期名士们的生存处境极为险恶，其生活方式与以往相比发生了很大的变化。

当时，很多文人（读书人）不论时事只谈风月，隐居山林。饮酒、炼丹、长啸、清谈、佯狂，成了名士们的生活常态。其实，这是名士们极度压抑下的放荡不羁与狂欢纵欲。魏晋名士任性放诞、不拘礼节，反抗礼法名教，鄙弃荣华富贵。他们率真旷达，风流潇洒，崇尚自然，追求隐逸生活，纵情山水而流连忘返，忘我于天地之间。他们的人格思想与行事风格，与其他朝代的名士们迥然不同。这看似超脱于世俗之外，但其实不然，实际上他们这些超乎寻常的举动的背后隐藏了许多鲜为人知且难以言说的故事。对于魏晋时期名士们的这种"奇特"的生活方式，后世称之为"魏晋风度"（又称"魏晋风流"）。

下面以"竹林七贤"为代表，来窥探一下魏晋名士的生活风貌及精神世界。

竹林七贤

"竹林七贤"，是魏晋时期七位名士的合称。他们各有所长，皆是个性独特、饱有才学之辈，分别是嵇康、阮籍、山涛、向秀、刘伶、阮咸、王戎七人。

关于"竹林七贤"之名的由来，据《晋书·嵇康传》记载："所与神交者唯陈留阮籍、河内山涛，豫其流者河内向秀、沛国刘伶、籍兄子咸、琅邪王戎，遂为竹林之游，世所谓'竹林七贤'也。"东晋史学家孙盛在《魏氏春秋》里也记载此七人"游于竹林，号为七贤"，所以"竹林七贤"的人选是明确的。

阮籍，生于公元210年，字嗣宗，陈留尉氏（今河南开封尉氏县）人。其父阮瑀（"建安七子"之一），是享誉一时的文学家。当年，阮瑀志不在仕途，后来被曹操逼迫才勉强进入官场。阮籍或许受到其父的遗传，他长大后洒脱放荡、傲然独立，任性不受羁绊，立身处世没有什么欲望，将庄周作为人生榜样。阮籍是一个书迷，博览群书，好学不倦，尤其喜好《老子》《庄子》，热衷于老庄之学。阮籍有时候闭门读书，数月不踏出家门一步，自得其乐。阮籍兴趣广泛，除了读书之外，他还学习击剑，弹琴长啸。阮籍天赋异禀，再加上勤奋努力，所以他少年成才，年纪轻轻就身怀绝学。阮籍族兄阮文业经常当众赞扬他，认为阮籍才能远超于自己。因此，大家一致称赞阮籍有奇异的才能。

太尉蒋济听闻阮籍是一位青年才俊，准备征辟他做自己的掾属。阮籍听闻此消息后，撰写一封《奏记》，表示自己才疏学浅难堪重任，并婉言谢绝。后来，阮籍在亲朋好友的劝谕之下勉强就任，但很快就告病辞归。由于阮籍名声在外，他又被官府征辟，后重新进入官场做了尚书郎。不久之后，阮籍又借口生病辞官。不过，树大招风，曹爽辅政后征召阮籍做参军。阮籍可能已经看出曹爽不成大器，所以他这次不想再出仕了，便故伎重施地再次对外宣称自己病重，并回归乡野养病。阮籍装病逃脱曹爽征辟，后来曹爽被诛，时人皆赞扬和佩服阮籍有远见卓识。

司马懿上台执政后，为了统治需要大力征辟有才能的人出来做官。作为一个社会名流，阮籍自然在司马懿的征辟名单之中。这一次，阮籍不敢找借口推辞了，应召做了一名从事中郎。司马懿死后，阮籍又做了司马师的从事中郎。等到高贵乡公曹髦即位后，司马师为了笼络人心而大肆封官晋爵，阮籍凭着名声和才能被赐爵关内侯、徙官散骑常侍。司马师死后，司马昭上台执政，阮籍自然又做了司马昭的属官。这时，天下局势已经很明朗了，司马氏取代曹魏已成定局。此时，正当魏晋更迭之际，天下多有变故，名士很少有能保全自己的。因此，阮籍不想再参与政治事务，经常饮酒至醉在家酣睡，以此作为一种避祸手段。司马昭想为其子司马炎向阮籍求亲，欲迎娶阮籍的女儿做儿媳妇。

阮籍在政治上倾向于曹魏皇室，故不想与司马昭联姻。要知道，司马昭想与阮籍结为秦晋之好，而阮籍自然是无法强硬拒绝的。那么，怎么办呢？只能是不给司马昭开口的机会。

于是，阮籍得到司马昭想与他联姻的消息后，天天在家拼命地喝酒，将自己灌醉后睡大觉。尽管司马昭两个月来天天派遣媒人上门提亲，但阮籍整日醉酒酣睡，媒人根本没有得到与他说话的机会。对此，司马昭只得无奈作罢，取消了两家联姻的打算。阮籍大醉了六十天，也酣睡了六十天，如此做既没有得罪掌权的司马昭，也没有违背他的内心。

钟会见阮籍故意装糊涂，多次向阮籍问一些时政问题，想趁此机会找出一些差池来治他的罪。当然，阮籍也明白钟会的用意，因此口不臧否人物，话不谈论时政，一律都用酣醉的办法避免。阮籍知道世事已不可为，因此三缄其口，不谈政治，整日饮酒，难得糊涂。

阮籍听闻步兵营的厨师擅长酿酒且步兵衙署贮藏了三百斛美酒佳酿，于是便向司马昭请求去做步兵校尉。步兵校尉一职属于中层武职，但又不执兵权，所以司马昭爽快地答应了阮籍的请求。阮籍在他心仪的岗位上，每日利用职务之便痛饮美酒，自得其乐。

事实上，阮籍此举主要是为了避祸。当时，政治派系斗争严重，但阮籍既不愿被人当作司马氏的幕僚，又不想公开反对司马氏而引火上身，所以主动去做步兵校尉并总是以醉酒为幌子，这无疑对外表明了他自己的政治态度——我眼中只有美酒，其他一切事情我都不关心。阮籍饮酒放纵的背后，实在是有难言之隐。由于阮籍担任步兵校尉一职的时间最长，后世通常称其为"阮步兵"。

阮籍在政治上本有济世之志，他曾经登上广武城观看当年楚汉战争的遗址，联想到西楚霸王项羽与汉高祖刘邦交战争霸的情景，并心有所感地慨叹道："时无英雄，使竖子成名！"由此可见，阮籍是一个有政治抱负的人，只是时势让他不敢涉足政治，而他的出仕也只不过是向当局的一种妥协保身罢了。

在郁闷的时候，阮籍时常独自驾着马车任由马匹拉着车子驶向荒无人烟的地方，放声大哭一场，然后神色自若地回家，好像什么事情都没有发生过。阮籍是一个长啸的高手，其长啸清韵响亮，堪称一绝。有时候，阮籍也会在山林里长啸，宣泄自己压抑的情感。

阮籍三岁丧父，由其母把他抚养长大。阮籍天性孝顺，对其母有着特别深厚的感情。阮母去世时，阮籍正在外面与别人下围棋。当别人把该消息告诉给阮籍时，阮籍的反应却出乎众人的意料：只见阮籍不仅没有露出丝毫痛苦的表情，反而专心一意地继续下棋。对弈者看不下去，请求中止对弈。但是阮籍不同意，极力挽留对方一定要下完这一盘棋局，丝毫不在意别人的眼光。

众人用鄙视的眼光看着阮籍，心里嘀咕着：作为一个孝子，死了老母不赶紧回家奔丧，而是让别人陪着继续下棋，这像什么话？

对弈者无奈，只能陪着阮籍下完了这一盘棋局。然后，阮籍才恋恋不舍地回家，好像没有什么事情发生一样。

阮籍回家后，他并没有跪在母亲灵柩前痛哭，而是痛饮了二斗美酒。阮籍这样的举动，顿时惊呆众人。就在众人惊愕之时，阮籍痛哭一声，紧接着吐出了不少鲜血。等到阮母下葬时，阮籍在众人面前大吃大喝，一口气吃了一只蒸猪，又痛饮了二斗美酒，然后与灵柩诀别。阮籍与宾客说完话后，又是一声痛哭，紧随着又是吐血不止。

不久之后，阮籍骨瘦如柴，一副病殃殃的样子，一阵风都能把他吹倒。裴楷听闻阮籍死了母亲，前往阮家凭吊，却见阮籍披头散发箕踞而坐，醉眼直视来客。裴楷吊唁完毕，叹息良久后大哭离去。

有人问裴楷："凡是去吊丧者，主人都要先哭泣答谢来客，然后来客才垂泪还礼。如今，阮籍不起身哭谢来客，你为什么要大哭呢？"

裴楷答道："阮籍是方外之士，因此他不必遵循礼教制度。我只不过是一个世俗之人，所以要遵循世俗的礼法规矩。"

司马氏不忠于魏室，因此大力提倡"以孝治天下"。阮籍在居丧时期照常喝酒吃肉，故意做出种种"不孝"之举，以"不孝之子"示人，而实则他是至孝之人。阮籍表面上看似是破坏礼教，实际上他是深爱礼教，而如此反其道而行之实则是发泄内心的苦闷及对司马氏政权的一种无声抗议。作为一个生活在高压之下的魏晋名士，阮籍只能曲折地表达自己的内心，暗讽司马氏的虚伪与狡诈，尽管这是一种什么也改变不了的抗议。

阮籍不遵循礼教之举不胜枚举，现列举几个事例以探究他的为人。

有一次，阮籍的嫂子要回娘家小住。阮籍听闻消息后，竟然屁颠屁颠地跑过来殷殷嘱托，恋恋不舍地道别，完全是一副舍不得嫂子回娘家的样子。这副样子宛如热恋情侣之间的告别，但当时"男女授受不亲"。在礼教森严的社会里，阮籍这样的举动显然已经超出了礼教的范畴。

于是，有人借此事抨击和讥讽阮籍，认为他处事荒唐，不遵守礼教。面对他人的攻击，阮籍回应道："礼法难道是为我这样的人规定的吗？"

阮籍家旁边有一家小酒馆，老板娘颇有姿色，丰韵诱人。美人当垆卖酒，小酒馆生意很是不错。作为一个爱喝酒的邻居，阮籍经常光顾这家小酒馆。阮籍去买酒喝没问题，问题出在他每一次去酒馆喝酒必醉，并且喝醉了就毫无顾忌地直接睡倒在老板娘的身边，根本不避嫌。一个大男人，酣睡在老板娘身边，成何体统？

当"名士""美人""美酒""睡觉"这些元素交织在这家小酒馆中，自然引起了人们的好奇心。于是，一时之间流言蜚语四起，不少人认为阮籍有意醉酒耍流氓。

酒店老板听了这些风言风语，认为阮籍故意借酒醉图谋不轨，也怀疑自己的娇妻有婚外情。于是，心生疑虑的酒店老板暗中偷偷地观察阮籍的一举一动，但发现阮籍的确只是在自己娇妻身边酣睡而已，从来没有借机做出越轨之事。酒店老板观察一段时间后便释然了，知道阮籍确实是一个正人君子，就任凭他在酒店里酣睡而不去打扰他的美梦了。

阮籍还做过一件"不可思议"的事情——吊唁素不相识的花季少女。事情经过是这样的：一军户有一位天生丽质的女儿，才色俱佳，堪称一代佳人。可惜，少女红颜薄命，还没有出嫁就早夭了。阮籍听闻这件事情后，虽然与这户人家素不相识，但他径直前去吊丧，并在灵堂上放声痛哭且哀痛欲绝。阮籍哭够了，也不和主人家打一声招呼，便擦着泪水直接回家了，搞得众人莫名其妙。

景元四年（公元263年）十月，魏帝曹奂下诏晋封司马昭为晋公，晋位为相国，加"九锡之礼"。当然，司马昭又是三番两次"推辞"，表示自己德薄能鲜，不肯接受诏命。在公卿大臣的建议之下，阮籍受命在沉醉之中提笔撰写了一篇《劝进表》，以此塞责。虽然这篇文章是阮籍在半醉半醒时撰写的，但仍然是一篇高水准的文章，颇得司马昭赞赏。阮籍本无意于仕途，不想逢迎权贵，但为了身家性命着想又不得不向现实妥协，屈身于司马氏手下为官，并替司马昭撰写《劝进表》。阮籍采取不涉是非、明哲保身的态度，所以他得到了司马昭的包容，最后得以善终。阮籍死于写完《劝进表》后的当年冬季，享年五十四岁。

阮籍的代表作是五言组诗——《咏怀八十二首》，这八十二首五言诗开创了"咏怀诗"的先河，在中国诗歌史上具有开创意义，受到了后世文人的重视。阮籍另著有《大人先生传》，这篇散文对当时虚伪的礼法制度进行了激烈的斥责和辛辣的嘲讽。

山涛，生于公元205年，字巨源，河内郡怀县（今河南武陟）人，他是"竹林七贤"中年纪最大的一位。山涛的父亲名叫山曜，官至宛句县令。山家本是一个富裕家庭，不过好景不长，随着山曜英年早逝后一切都改变了。山家失去了家庭的顶梁柱，也等于失去了经济来源，因此其家的生活陷入了困顿之中。

山涛早年丧父，家境贫困，但艰难的生活并没有让他丧失理想。山涛年少时就很有器量，卓尔不群，尤其喜爱老庄学说。《庄子》《老子》这两部经典书籍是山涛的枕边书，他经常看得不亦乐乎。山涛淡泊仕途，不喜欢出仕做官，所以他隐居乡里，刻意掩盖自己的才能，闲暇时邀请两三好友来家做客。嵇康与吕安是山涛的好友，他们交情匪浅。后来，山涛又邂逅了名士阮籍，他们志同道合，遂成为莫逆之交，经常与嵇康等人在竹林中宴游，其乐融融。由于他们有着相同的志趣与爱好，彼此之间不必开口就能领会到对方的心意。就这样，山涛与一帮名士朋友在竹林之间结下了深厚的友谊。

直到四十岁时，山涛才进入仕途，初任河内郡主簿、功曹及上计掾，协助郡守处理文书、人事及考核等事务。不久之后，山涛被举为孝廉，又被州里征辟为河南从事。此时，魏国政坛波谲云诡，曹爽与司马懿的矛盾已经显露出来，尤其曹爽伐蜀失败回洛阳后更是对禁军进行体制改革并撤销了中垒营和中坚营，相当于剥夺了司马懿长子司马师的军权。所以，司马懿已经暗中下定决心铲除曹爽集团，甚至不惜主动装病迷惑曹爽。虽然曹爽在这场权力斗争中暂时占据上风，但德薄才疏的曹爽又岂是老谋深算的司马懿的对手。作为一个旁观者，山涛清醒地知道这一点，并认识到不久之后曹爽必定会被司马懿除掉。

有一次，山涛与好友石鉴同屋共宿。在夜里，山涛由于想着时局的变化而睡不着觉。于是，山涛起来推醒石鉴，对他说道："现在都是什么时候了，你还能这样酣睡？你知道太傅称病卧床是什么用意吗？"石鉴突然被推醒，睡眼蒙眬，茫然地答道："宰相三次不上朝，朝廷就下诏书让他回家，你何必操心呢！"山涛见石鉴不明白司马懿称病是一种以退为进之计，便喟然长叹道："唉！石先生真是不明世事，一个人身处在战乱中会没有危险吗？"

这时，山涛已经深刻意识到如果再继续在曹爽集团任职的话，到时候司马懿除掉曹爽之后自己有可能受到连累，毕竟政治清算可不是闹着玩的。所以，山涛决定提前跳出官场，抽身而退。于是，山涛丢弃官符印绶而去。当然，山涛主动辞官实际就是为了政治避祸。果然不出所料，山涛辞官不到两年之后，猝然之间就发生了高平陵政变，以致曹爽集团被一网打尽，许多人也因此死于非命。经此政变后，山涛目睹了权力斗争的残酷，遂远离政治，隐身于乡野竹林之中。

由于山涛的从祖姑山氏是司马懿妻子张春华的母亲，所以山涛迫于形势不得不再次出山见掌权的司马师。司马师见山涛主动前来投奔，揶揄道："当世的吕望是想当官吧！"尽管司马师话中有讽刺意味，但山涛并不介意。

不过，司马师很看重这个有才能的远房亲戚，遂命令司隶校尉推荐山涛为茂才，授任郎中一职。此后，山涛仕途一路畅通，历任从事中郎、赵国国相、尚书吏部郎等职。

司马昭上台后，山涛备受重视。景元五年（公元264年）正月，钟会在蜀地作乱，司马昭准备亲征钟会，拨给山涛五百名亲兵，让他镇守邺城负责监视曹魏宗室的举动。

司马炎受禅称帝建立西晋后，由于此前山涛劝说司马昭立司马炎为世子有功，所以司马炎对山涛很是感激，并亲自拜谢他。司马炎即位后，马上让山涛代理大鸿胪（"九卿"之一），护送曹奂返回邺城。此后，山涛官位一路攀升，出任冀州刺史，入朝为侍中，转任太子少傅，加授为尚书仆射。西晋灭吴后，司马炎擢升山涛为司徒，让其位列"三公"。山涛一生中担任过很多重要职位——"三公九卿"都做过，是西晋初年的重要官员之一。

西晋太康四年（公元283年），山涛寿终正寝，享年七十九岁。

向秀，字子期，河内郡怀县（今河南武陟）人。向秀聪慧好学，喜谈老庄之学，对《庄子》研究颇深。向秀年少时为山涛所知，便将他引入竹林中与其他名士宴游，结识嵇康、阮籍等人，成为"竹林七贤"之一。

在向秀的朋友中，最要好的莫过于嵇康。向秀与嵇康的年龄相仿，他们之间有许多共同话题与兴趣爱好。他们两人都不热衷于功名，对司马氏专权也都表示不满。

庄周著有《庄子》一书，流传下内外篇几十篇。历代有才之士虽多有阅读《庄子》，却没人评论这部书的旨趣与奥妙。《庄子》是战国时期一部道家学派经典著作，内容丰富，构思巧妙，博大精深，富有哲学性，涉及宇宙、人生、政治、社会、哲学、艺术等诸多方面，包罗万象。不过，这部今天看来可以流传千秋万载的经典巨著，在当时却没人去为它注释和分析。鉴于此，向秀决心对《庄子》加以注释，让其他读书人能无障碍地阅读和理解这部巨著所包含的深意。

向秀把自己要为《庄子》作注的想法告诉给嵇康，想听听好友有什么好建议。嵇康答道："这部书哪用再注释呢？莫要妨碍人们作乐了。"其实，嵇康这样说是怕向秀不能胜任，最后适得其反。

不过，向秀认为自己对《庄子》有很深的研究，便依然坚持己见。于是，向秀系统地研究《庄子》，作注解释其义蕴，阐发书中隐含的奇异旨趣，以振作玄学风气。

等到注释完成后，向秀拿给嵇康看，高兴地问道："您看看，是否更胜过没有注解呢？"

嵇康很高兴好友向秀完成了这项艰巨的任务，遂折服于其才华。向秀还与嵇康讨论养生之道，二人志趣契合，乐在其中。

向秀开创用玄学注释《庄子》的新思路，其注精彩无比，"妙析奇致，大畅玄风"（《世说新语·文学》）。吕安（魏晋名士，与嵇康是至交，也与向秀为友）见此注后，赞叹道："庄周不死矣。"

由于嵇康喜欢打铁，向秀便做他的助手，于是二人经常在嵇康家门前的柳树下旁若无人地打铁自娱。嵇康掌锤打铁，向秀负责鼓风，彼此配合默契，并高兴地享受着打铁的乐趣：一则可以锻炼身体陶冶性情；二则可以卖钱补贴家用。

名士打铁，这是发生在魏晋时期的真实历史故事，可见魏晋风度真的非同凡响。

等到闲暇时候，向秀又去做一个菜农，帮助好友吕安浇灌菜园。向秀与嵇康、吕安情投意合，通过自己的勤奋劳作自给自足，过着粗茶淡饭的平淡日子。在他们看来，功名利禄，皆为身外之物，唯有真性情永留人间。

后来，嵇康和吕安被司马昭杀害。向秀目睹了好友死于非命的惨剧后，终日生活在惆怅和悲痛之中。在好友遇难后，向秀不得不向强权妥协，于是接受了本郡长官的举荐进入洛阳出仕。

司马昭问向秀："听说你有隐居箕山的志向，今天为何在这里呢？"

向秀只能违心地答道："我认为巢父和许由是偏狭之人，不通晓帝尧求贤若渴的良苦用心，哪值得羡慕效仿呢？"

向秀口中所说的巢父和许由是传说中的隐士高人，这两人都是品行高洁的世外之人。传说，帝尧以天下相让给巢父，巢父不肯接受；随后，帝尧又欲禅让帝位给许由，许由亦不肯接受，并认为这话玷污了自己的耳朵而跑到颍水边捧水洗耳。巢父更以许由洗耳的水为秽浊之物，不愿让自己的牛在颍水下游饮水。所以，后世常用"箕山之志"来称誉不愿在乱世做官的隐士高人。司马昭当面说向秀有"箕山之志"，实际是饱含讽刺之意。不过，向秀的回答确实精彩，表示不愿做孤僻高傲的隐士过隐居生活而愿意为朝廷效劳，以此避免带来祸患。

司马昭听了向秀的话很高兴，便让他供职于洛阳。后来，向秀经过旧日居所，在日暮时分突然听到邻人吹响嘹亮悲催的笛声。见此情景，向秀感今怀昔，追思起昔日与嵇康等人一起游宴竹林的快乐时光。如今，物是人非事事休，嵇康、吕安的墓头早已荒草丛生，一股悲怆之情涌进向秀的心头。于是，向秀悲从中来，有感于怀，写下了一篇感人至深的传世名作——《思旧赋》。

向秀做了散骑侍郎，后来转任黄门侍郎、散骑常侍，都是一些闲职。不过，向秀做官不做事，在朝不尽职，消极无为应付了事，他的出仕只不过是姑且存身保命而已。

泰始八年（公元272年），向秀在任职期间去世。

刘伶，字伯伦，沛国（今安徽濉溪）人。刘伶家境贫寒，身材矮小，容貌丑陋。作为一位名士，刘伶的个人形象确实不忍见诸笔墨。

刘伶嗜酒如命，放浪不羁，追求逍遥自在的神仙日子。他沉默寡言，喜好老庄之学，不随便与人交往，算是一个异端。尽管刘伶的朋友很少，但他的朋友非同一般，如当世名士阮籍、嵇康等人都是他的好友。刘伶每当与阮籍、嵇康等人相遇，都会兴高采烈地带着美酒携手进入竹林痛饮。"酒逢知己千杯少，与友饮酒时日短"，他们把酒言欢，完全忘我于大自然中。在这些人中，刘伶的酒量是最大的，他喝酒如喝水一般，不醉不欢。

刘伶是中国历史上大名鼎鼎的"酒鬼"，以饮酒而闻名天下。关于刘伶醉酒的故事有很多，现列举几例以探究刘伶的生活及精神世界。

刘伶出门经常乘坐鹿车且带着一壶美酒边走边喝，并让仆人扛着铁锹在后面跟着，交代道："我在哪里醉死了，顺便就把我就地埋了。"

当然，刘伶这样不要命地嗜酒，对此他的妻子很是有意见。刘妻担心丈夫喝酒不节制有损健康减少寿命，便想方设法限制刘伶喝酒。

有一次，刘伶在家酒瘾发作得厉害，便哀求妻子让他喝酒。刘妻见丈夫因饮酒过度已经生病，大怒之下连酒带壶一齐毁掉，并流着眼泪规劝道："你喝酒太过量了，这不是养生之道，从今开始一定要把它戒掉！"

刘伶眼珠一转，想出了一个应对之策，连连点头道："你的话很好！但是，我不能自己禁止喝酒，只有当着鬼神发誓戒酒才能生效。你可以去准备祭祝用的酒肉了，我要向鬼神祷告戒掉酒瘾。"

刘妻听了丈夫的话信以为真，高兴地去买酒买肉。殊不知，酒鬼的话，十有八九是不可信的。

刘伶把妻子买回来的酒肉摆放在神像面前，跪着祈祷道："天生我刘伶，以嗜酒出名。一饮就是一斛，喝五斗酒才能除去我的病症。妇人说的话，千万不能听。"刘伶祷念完毕，马上喝酒吃肉，直喝到酩酊大醉才罢休，堪称极品酒鬼。

刘伶虽然经常醉酒，酒后狂傲不羁，看似是糊涂放荡的样子，其实他的随机应变能力并不差。有一天，刘伶喝多了，竟然脱掉衣服赤身裸体在屋中奔跑，画面极其不雅。有人看到这一幕后讥笑他，刘伶回应道："我把天地当作房子，把房屋当作裤子，那诸位为什么跑到我裤子里来呢？"

刘伶做出这样狂放的举动，其实背后是有原因的。当时，司马氏专擅朝政，人人趋炎附势，很多达官贵人为人很是虚伪。在这样的社会环境之下，刘伶不肯同流合污，于是故意做出一些荒唐的行为，以挑战社会风化的"底线"，释放自己的真实情感。

在不留意之间，刘伶写了一篇传世名作——《酒德颂》。这篇骈文虚构了两组对立的人物形象——一组是不受羁绊喜欢喝酒的大人先生，一组是拘泥礼教为人虚伪的公子绅士。其文语言诙谐幽默，笔意汪洋恣肆，富有讽刺意味，有力地鞭挞了以礼教自居的虚伪之徒，并对封建礼法和士大夫们做了辛辣的嘲讽。刘伶一生只为酒痴狂，以此表达自己超脱世俗、坦荡清白、蔑视礼法的鲜明态度，并遵循自己内心的想法自由自在地生活，不为一切世俗礼教所束缚。

刘伶曾在建威将军王戎幕府下担任参军一职，终因无所作为而被罢官。晋朝建立后，刘伶参与朝廷对策，大力提倡无为而治。

后来，由于刘伶名声在外，朝廷又想征召刘伶出来做官，但一心不愿为官的刘伶竟然想出了一个颇有创意的办法来拒绝朝廷的征召。刘伶听说朝廷特使快要到来，便赶紧将自己灌得酩酊大醉，然后脱光衣服装疯卖傻地朝村口狂奔而去。

朝廷特使见到如此荒诞的一幕后，认为刘伶不过是一个酒疯子罢了，便没有宣布诏书而直接返回京都向皇帝汇报去了。就这样，朝廷就此打消了再任用刘伶的想法，从此以后也不再征召刘伶出山为官了。

最后，刘伶老死家中，终其天年。

阮咸，字仲容，陈留尉氏（今河南开封尉氏县）人。其父阮熙是武都太守，其叔父阮籍是当世名士。阮咸可能受到叔父阮籍的影响，他从小就放任旷达，不拘礼节。阮籍经常与名士朋友在竹林中聚会畅饮，而阮咸也跟随着叔父遨游于山林之中，二人并称为"大小阮"。对于他们这种行为举动，讲究礼教的人都冷嘲热讽，看不起他们的所作所为。不过，阮籍和阮咸叔侄俩都不在意，做自己喜欢做的事，不介意别人怎么说。

当时，阮籍和阮咸居住在路南，其他阮姓族人居住在路北。不过，北边的阮姓富裕，而南边的阮姓贫穷。

每年农历七月初七是传统的七夕节，又称"乞巧节"。在古代，七夕节有许多民间习俗，其中有一项是晒书晒衣。据说这一天是龙王爷"晒鳞日"，天门洞开，阳光强烈，所以在此日暴晒衣服、书籍之类可以避免虫蛀。（东汉崔寔《四民月令》云："七月七日，曝经书及衣裳，不蠹。"）

每到七夕节，北边阮姓搬出各种名贵衣服在路边暴晒，锦绣绸缎灿烂夺目，让人目不暇接。阮咸见此状，十分看不起北边阮姓的借机炫耀富贵，便故意用竹竿挂出粗布短裤在庭院中暴晒，以表达对爱慕虚荣之辈的鄙视。如此，光彩夺目的锦绣绸缎与破烂陈旧的粗布短裤形成了鲜明的对比。

有人对阮咸的做法感到奇怪，便问他为何如此做。

阮咸答道："我不能免除世俗的习惯，姑且如此而已。"

关于阮咸的逸闻轶事有很多，现在再列举两例以探究他的名士做派。

阮咸一向不遵循礼教制度，放纵越礼，时常做出一些超出常理的事情。阮咸母亲去世后，其姑母前来奔丧，随身带来一位漂亮的鲜卑婢女。谁想到，阮咸竟然胆大包天地在守丧期间与姑母的婢女私通。姑母见阮咸非常喜欢这位婢女，便同意阮咸的请求留下此女。不久之后，姑母要离开回家了，又要把自己的婢女一起带回去（不知道是故意的，还是忘记了当初的诺言）。阮咸听闻自己的情人要跟着姑母走了，当场就借来客的马匹去急追姑母。当时，阮咸来不及另换衣服，就穿着一身孝服去追赶姑母索要婢女。在阮咸追上姑母后，他成功地索要到了那位漂亮的婢女，抱得美人归。在回来的路上，阮咸与婢女共骑一匹马有说有笑。对此，人们议论纷纷，批评责备阮咸，认为他有伤风化。

阮咸回应道："传宗接代的人不能丢失啊！"

这位鲜卑婢女，就是阮咸之子阮孚的母亲。顺便提一下，阮孚也继承了父亲阮咸放纵不羁的性格，旷达傲世，酷爱饮酒，并在囊中羞涩的时候曾用金饰貂皮大衣去换美酒。

有一天，阮咸的同族人一起聚餐。对于家族的这项活动，阮咸自然是要参加的。当阮姓族人见阮咸到来，便不再用平常的小酒杯装酒，而是用大盆来盛酒，想与他比试一下酒量。对于这种颇有创意的饮酒之法，喜好饮酒的阮咸自然没有意见。在宴会上，大家围坐一圈轮流敬酒，开怀畅饮，不亦乐乎。正当大家喝得兴高采烈之时，有一群猪闻到酒香味也来蹭酒喝。有人见猪把头伸到酒盆中喝酒，想把这群"不速之客"赶走，但是阮咸阻止了，反而直接凑上去与猪一道喝酒。阮咸与猪酣饮，宛如与朋友饮酒一样，没有觉得有什么不妥当的。

从此，名士与猪共瓮饮酒的故事流传下来，成了人们茶余饭后的谈资。

从这些故事之中，我们可以看出阮咸豪迈粗犷的性格以及潇洒随意的生活方式，他不被任何社会桎梏所束缚，礼法观念对他来说似乎是不存在的。

阮咸蔑视权贵和有钱人，又不遵循礼教制度，自然是很难得到统治阶层的认可的。尽管好友山涛很看重阮咸，曾向晋武帝司马炎极力举荐阮咸，但晋武帝认为阮咸沉溺饮酒，言行虚浮，不堪大用，所以阮咸只做了一份闲职——散骑侍郎。

阮咸精通音律，又善弹琵琶，对音乐颇有造诣。荀勖是一名音律学家，自视甚高，心胸狭窄，但他和阮咸讨论音律后觉得自己的水平远不如阮咸。沮丧的荀勖害怕阮咸留在京师中抢尽他的风头，遂将阮咸视为异己，暗中上表抹黑阮咸，并让朝廷把他调出京师去地方补任始平太守一职。

阮咸出京为官后，远离了朝廷的纷争，后来寿终正寝。

王戎，生于公元234年，字濬冲，琅邪临沂（今山东临沂）人，"竹林七贤"中最年少者。王戎出身于名门望族，祖父王雄曾得到魏文帝曹丕的赏识而官至幽州刺史，其父王浑官至凉州刺史，封贞陵亭侯。王戎自幼聪颖，风神俊朗，表现出非凡的胆量和智商。

王戎六七岁时，他跟随大人在宣武场看动物表演大戏。突然间，猛兽在槛笼中咆哮怒吼，声音震天动地。众人大惊之下都奔走退避，唯有王戎站在原地不动，神色自如，一如往常。魏明帝曹叡在楼阁上看到这一幕后，对王戎称赞不已，认为他是一个奇童。

有一次，王戎与一群玩伴在道旁嬉戏游玩。有人看见路边的李树上有很多果子，于是小伙伴都争着爬到树上去摘取果实，唯有王戎无动于衷。有小伙伴问他为何不去，王戎答道："李树在道旁而果实累累，其果实必定是苦涩的。"

小伙伴都不信，摘下来一尝，果然苦涩无比。事实验证了王戎的看法是正确的，如果道旁的李子是甘甜可口的，那早已经被路人摘光了。

当世名士阮籍与王戎之父王浑是朋友，比王戎大二十多岁。阮籍每次到王浑的官署拜访，与王浑见一面寒暄一番就离去。但是，当阮籍找王戎交谈时，他们在屋内会交谈很久才出来。阮籍对王浑说道："濬冲清虚可赏，不是像您这样的人。我与您谈话，不如与阿戎谈话。"就这样，阮籍与王戎结为忘年之交。

王浑死于凉州时，其故吏捐赠数百万钱助丧。面对赠予的巨额财物，王戎却死活不肯接受，他因此而出了名。

不过，如果从王戎以后的所作所为来看，他并不是一个不贪钱财的人。此时，王戎之所以不接受馈赠，是因为他此举是有动机的——博取一个好名声，以此出名。

王戎曾与阮籍饮酒，其时兖州刺史刘昶（字公荣）也在座，而阮籍因为酒少便在斟酒时没有给刘昶斟，刘昶对此也没有表示什么。王戎觉得奇怪，隔日问阮籍："刘昶是什么样的人？"

阮籍答道："胜过公荣的人，不能不和他一起喝酒；不如公荣的人，不敢不与他共同喝酒；唯有公荣，可以不给他酒喝。"

王戎经常与阮籍等人在竹林游玩，但有一次他来晚了，于是阮籍调侃道："俗物又来败人兴致。"

王戎笑着回应道："看来你们的兴致很容易败坏啊。"

实际上，王戎是"竹林七贤"中最务实的一个名士，他既有名士高雅的一面，又有俗人鄙俗的一面。

王戎的祖父辈都是做大官的，他靠着门荫入仕，继承其父王浑的爵位被召为相国掾，历任吏部黄门郎、散骑常侍，后来转任河东太守、荆州刺史，成为主政一方的地方长官。王戎在荆州刺史任上，曾经私下派遣属下官吏给自己修建豪华住宅和园林。王戎这种行为，其实就是滥用职权，以权谋私。事发后，按照相关律法处置，王戎应该罢免官职回家做一个庶民。不过，晋武帝司马炎下诏允许赎罪处理，保留了王戎的官位，让他以功赎罪。随后，朝廷将王戎调任豫州刺史，加建威将军，跟随伐吴大军一起渡江参加灭吴之战。

王戎因平吴有功晋爵安丰县侯，增加六千户食邑，赐绢六千匹。后来，王戎升任司徒，位居"三公"之列。

据史料记载，王戎为人贪吝，好兴财利，园田水碓遍布天下，房产奴仆不计其数。他喜欢囤积货物、聚敛钱财，其拥有的财物不计其数，以至于经常自执算筹（算盘）昼夜计算财产的多少。由于钱财货物太多，王戎经常与妻子在灯光下摆出账簿算账，并常嫌算筹不够用。尽管王戎富甲一方，但他为人却极其吝啬。王戎不仅自己舍不得吃穿，而且对自己的子女也十分吝啬。王戎之女嫁给才子裴頠时，向其父借了数万钱办理喜事。婚后，王戎见女儿不及时还钱，便闷闷不乐。后来，女儿回娘家探亲时，见其父王戎满脸不高兴的样子，赶紧回家筹钱还给父亲。直到女儿把钱还清后，王戎这才露出笑容。在王戎眼里，父女之情可以另外再谈，但借钱必须还钱。

王戎的一个侄子结婚，于是王戎作为家族长辈送其一件单衣当作贺礼。但是，在侄子完婚后，王戎感觉送的贺礼太贵了自己吃亏，竟然又跑过去把这件单衣要了回来。

王家有上好品种的李树，结的果实是一等品。王戎卖李子时生怕别人得到他家的种子，便在卖出前在果核上钻一个小孔。王戎把李子的果核钻破，这样别人就不会得到好种子，就种不出上等李子来，从而可以保持他家的李子在市场上的竞争力。

正是因为这些"出格"的事情，王戎常被世人讥笑。就王戎的吝啬程度来看，说他是"东方的葛朗台"也是恰当的。王戎是一个名副其实的"吝啬鬼"，是中国历史上守财奴的代表，时人谓之为"膏肓之疾"。

永兴二年（公元305年），王戎在郏县去世，终年七十二岁。

嵇康，是"竹林七贤"的精神领袖和核心人物。

嵇康，字叔夜，谯国铚县（今安徽濉溪）人。嵇康年幼丧父，由母亲和兄长抚养成人。嵇康从小聪明伶俐，智商极高，很多东西无师自通，堪称世间奇才。嵇康身高七尺八寸（约1.8米），卓尔不群，风度翩翩，神采非凡，即使不修边幅也掩盖不了他超拔的气质。嵇康博览群书，尤其喜欢老庄之学，并工于文章诗句，时人皆认为他是人中龙凤。嵇康天性善良，宽容有大度量，能容忍别人的过失，也能掩饰别人的过错。

尽管嵇康家庭不富裕，但他自身的巨大优势吸引了曹魏皇室的注意。于是，嵇康得以迎娶曹操曾孙女长乐亭主为妻，成为曹魏宗室的女婿。嵇康清静无为，向往大自然，不喜欢官场中勾心斗角的生活。所以，嵇康尽管是曹魏宗室的女婿，但他无心于仕途，只做了一个闲职——中散大夫，故世称"嵇中散"。

嵇康崇尚老庄之道，修身养性，经常服食丹药进补，讲求养生服食之道。作为一个没有功名利禄的人，嵇康恬静无欲，与世无争，弹琴咏诗，又时常与一帮名士朋友游宴竹林，自得其乐。

嵇康曾专门撰写了一部养生论著——《养生论》，比较全面系统地论述了养生的必要性与重要性，并对后世的养生之道影响深远。嵇康在《养生论》中阐述其养生之道，主张形神共养，尤重养神，既要注重修养性情，还要通达明理。嵇康喜怒不形于色，淡泊名利，看淡世事。

嵇康曾经游于山川采药，他一边采集药草一边观赏美景，完全将身心置于大自然之中。得意之时，嵇康总是流连忘返，经常忘了回家。当时，有砍柴的人遇到嵇康，还以为他是神仙。嵇康气质修养极高，风度仪范俱佳，一派仙风道骨的样子，堪称"遗落在人世间的神仙"，所以樵夫产生这样的"误解"也实属正常。

有一次，嵇康又再次外出采药，并在汲郡山中遇到了隐士孙登。

孙登，字公和，汲郡共县（今河南辉县）人。孙登孑然一身，独自在汲郡北山挖掘土窟居住，过着"穴居"的生活。孙登长年隐居在苏门山的窑洞里，号苏门先生。孙登性情温良，博学多识，熟读《易经》，尤善长啸。孙登是一个奇人，夏天穿自己用野草编织的草衣，冬天则干脆披下长发覆盖身体保暖御寒。有人看见孙登这副奇特的形态便故意捉弄他，趁他不注意之时将其推进水中，想看他发怒的样子。只见孙登神闲气定地从水中爬起来，然后一笑了之，毫不介意。孙登是一个真正的方外之士，"不以物喜，不以己悲"，没有喜怒哀乐，不食人间烟火，常以野果甘泉果腹。

嵇康遇到孙登，知道对方是一个真正的隐士，遂上前与他交谈。孙登沉默不语，什么话也不说，只是静静地听嵇康说话。嵇康知道孙登是一个高人，并不以为意，反而跟随他游历三年。在游历期间，嵇康曾经问孙登有何目标和抱负。但是，孙登只是微微一笑，始终不回答这个问题。因此，嵇康经常叹息，认为孙登的修行境界深不可测。

嵇康将要离别之时，又对孙登说道："先生，您难道竟无临别赠言吗？"

孙登说道："你真正认识火吗？火生而有光，如果不会用其光，光就形同虚物；重要在于能用光，光就能发生作用。一个人生而有才能，如果不会用其才，才能反会招来祸患；重要在于能用才，才就能利益天下。所以，用光在于得到薪柴，方可保持久的光耀；用才在于认识时势，方可保全其天年。你虽然博学多才，但是见识寡浅、性情刚烈，不懂避祸之道，深恐难免误身于当今之世，望你多加慎重！"

嵇康听了孙登的临别赠言不以为然，认为自己不贪图荣华富贵，从来没有争权夺利之心，又不参与政治事务，难道祸从天降吗？殊不知，嵇康虽是与世无争，只想清静地过完一生，也不会去招惹他人，但别人会主动来招惹他啊。在这个政权交替的乱世里，许多正人君子惨遭屠杀，做一个好人也是很难的；相反，一些见风使舵的厚颜无耻之徒，靠着出卖忠孝而得到高官厚禄，并且还得到了善终（如贾充之流）。

在山涛调离尚书吏部郎之职时，曾有意举荐嵇康接任自己的职位。嵇康得知好友山涛的打算后，便给他写了一封绝交信——《与山巨源绝交书》，严厉拒绝出仕。

在这封著名的绝交书中，嵇康详细地列举出自己不适合做官的七条理由：

一、喜欢睡懒觉，不能早起按时上朝；

二、喜欢随时抱琴弹唱，不习惯吏卒跟随在自己身边；

三、做官后要正襟危坐处理公务，自己身上虱子多要经常搔痒；

四、厌恶批写公文信函，不喜欢官场应酬；

五、不喜欢出去参加各种婚丧之礼；

六、厌恶跟俗人（指官员）一起共事，不喜欢吵闹污浊的环境（指官场）；

七、公事太繁忙，不想浪费时间精力去处理政务。

除此之外，嵇康在信中还补充了两条不能做官的"苦衷"：经常要说一些非议商汤、周武，鄙薄周公、孔子的话（"非汤武而薄周孔"），这是为世俗礼教所不容的事情；自己性格倔强，憎恨坏人坏事，说话轻率放肆，经常直言不讳，遇到看不惯的事情就会发脾气（"刚肠疾恶，轻肆直言，遇事便发"）。

嵇康在信中流露出了伤感之情，不但自己失去了母兄之爱，而且自己的女儿才十三岁，儿子才八岁，他们都还没成人，加之自己又有病在身，恐怕不能抚养儿女成人。在此信最后，嵇康向山涛表明了自己毕生的心愿：希望能安全地居住在陋巷里，过着平淡清贫的生活，教育好自己的孩子，随时与亲朋友好叙说离别之情，谈谈家常，叙叙交情，喝一杯淡酒，弹一曲古琴，这样我的终生愿望就已经满足了。（"今但愿守陋巷，教养子孙，时与亲旧叙离阔，陈说平生，浊酒一杯，弹琴一曲，志愿毕矣。"）

嵇康的这封绝交书，与其说是给山涛的私人信件，不如说是写给司马昭看的。嵇康此举无疑是与司马氏公开决裂，表明自己绝对不会向强权低头。

嵇康的这封信一传开，人们都知道他的志向与理想了。司马昭闻讯后，果然不满嵇康坚决不合作的态度。尽管司马昭对嵇康非常不满，但在没有罪名的情况下也不能贸然杀掉他，毕竟嵇康是魏国上下士人的精神领袖。

嵇康是一个多才多艺的人，弹琴、写诗、作文皆无一不通晓。他时常外出游历顺道采药，并在空余时间炼制丹药，同时还是一名出色的民间手艺工作者（如打铁）。可以说，嵇康是一个集多项技艺于一身的全才，是当时士人当之无愧的偶像。

当然，古代人也与现代人一样，追逐偶像也是在所难免的，如贵族公子钟会就是其中一位。

有一天，钟会刚写完了一篇探讨玄学清谈的文章——《四本论》，很想拿给嵇康看看，并让对方点评一番。但是，钟会担心自己的文章水平不够，害怕博学多识的嵇康借机刁难自己。钟会把文章揣在怀里来到了嵇康家门外，却犹豫是否要把文章当面拿给嵇康看。钟会徘徊多时后，最后一咬牙将文章从门外隔墙扔到嵇康的庭院中，然后掉头一溜烟跑了。

其实，贵族公子钟会精明强干，颇有才辨，是一名社会精英。但钟会对嵇康一直非常崇拜，时常想亲自去拜访他并得到面对面交谈的机会。

有一次，钟会特意带着众宾客前往拜访嵇康，他们的车马一路浩浩荡荡地到了嵇康家门口。

对于这一切，嵇康置若罔闻，不仅不起身迎接钟会，而且连头都不抬一下，继续在柳树下打铁不止，把钟会当空气一样晾在一旁。

钟会出身于富贵之家，其父钟繇是曹魏政权的功勋元老，其兄钟毓也是曹魏政权的风云人物，并且都高居"三公九卿"之位。同时，钟会还是司马昭的亲信，备受重用。

但是，嵇康丝毫不给钟会面子，对他不屑一顾，就像从来没有听说过这一号人物似的。钟会尴尬不已，自讨没趣，感觉当众出丑了。

过了很久，钟会要离去之时，嵇康才徐徐地问道："何所闻而来？何所见而去？"

钟会答道："闻所闻而来，见所见而去。"

这是一段最终要了嵇康性命的对话。因为，嵇康的这句问话带有强烈的轻蔑和质疑的语气，而这让本就自命不凡且出身高贵的钟会受到了严重的精神刺激。对于嵇康的问话，钟会虽然如此作答，但他绝对不是一个宽容大度的人。嵇康不以礼相待钟会，因此钟会对嵇康怀恨在心，总想找机会报复。

当然，如果嵇康能当众夸奖钟会一句，那么钟会肯定会受宠若惊，觉得是莫大的荣耀。倘若嵇康如此做，那他也就不会有悲惨的结局了。不过，话又说回来，嵇康如果那样做了就不是嵇康了。

这件事情过去不久之后，就发生了一件与嵇康相关联的冤案——吕安案。这件案子是这样的：

吕安的兄长吕巽（字长悌）看上了弟媳（吕安之妻徐氏）的美色，心中产生了淫邪的念头。于是，色迷心窍的吕巽竟然找准机会灌醉了吕安的妻子徐氏，然后迷奸了徐氏。

事情败露后，吕安怒不可遏，打算将吕巽的恶行告发到官府并遣走徐氏。随后，吕安遣走妻子徐氏，让她回了娘家。徐氏受到了吕巽的侮辱，又遭到丈夫吕安的嫌弃，羞愧难当之下自缢而死。随后，吕安把这件事情的来龙去脉详细地告诉了自己最好的朋友嵇康，让他给自己出主意。

嵇康与吕巽私交也不错，又为吕家的名誉考虑，觉得家丑最好不要外扬，免得让家族蒙羞。于是，嵇康好言安抚吕安，认为这样的家丑最好不宜对簿公堂，以保全门第清誉为好。吕安听从了嵇康的劝说，未将此事告发到官府。

按理说，事情发展到这种地步让吕巽免受了刑罚，对他来说应该就是最好的结局了。谁想到，吕巽竟然是一个厚颜无耻之人，他忧心把柄操于人手而心不自安，遂向官府诬告吕安经常无故殴打母亲，是一个不孝之子。

当时，魏国"以孝治天下"，不孝的罪名比不忠的罪名要严重得多。在这样特殊的社会背景之下，不孝之举自然是会受到律法严惩的，因此所谓"吕安挝母"显然已经超出了家务事的范畴了。于是，官府将吕安收捕下狱。

嵇康乍听此消息惊呆了，方知吕巽不过是披着人皮的狼而已。对此，嵇康非常愤怒，遂给吕巽写了一封绝交书——《与吕长悌绝交书》。

身在牢狱的吕安对其兄吕巽反咬一口极其生气，引嵇康为证辩诬。当然，嵇康也愤慨吕巽的兽行，答应到堂做证，以将这个伪君子的真面目向世人公开。在大堂上，嵇康将事情的始末和盘托出，仗义执言、慷慨陈词地揭露了吕巽迷奸弟媳之事，并证明吕安从来没有不孝之举。但是，主审官却不问青红皂白地将嵇康也一并拘禁了。

当然，这样有看头的案件是备受关注的，社会各方都在关注着该案的进展。

由于钟会在此之前受到嵇康的轻视，心中极度记恨嵇康，所以他认为可以借助此案杀死嵇康。于是，钟会趁机向司马昭进言道："嵇康是一条卧龙，不能让他起飞。您不要忧虑天下，只忧虑嵇康一人即可。昔日嵇康还要协助毌丘俭谋反，幸赖山涛不同意才未得逞。从前齐国杀华士，鲁国诛少正卯，的确是因为他们败坏时俗教化，所以圣贤除掉了他们。如今，嵇康、吕安等人言论放荡，诋毁古代典法，帝王不应当宽容他们。您应当趁他们有过失而除掉他们，醇正风俗，以儆效尤。"钟会的意思很清楚直白，嵇康跟咱们不是一条心，留着他始终是一个大祸害，应该趁此机会除掉他。

此前嵇康对司马氏政权表达过不满，司马昭本已经有心除掉嵇康，只因顾及社会舆论而犹豫不决。因此，嵇康作为一个闻名天下的大名士却公开不与司马氏合作，并且又有曹魏女婿这个身份，最后的下场恐怕就只能是死路一条了。如今，这样的机会就在眼前，于是司马昭便听信了钟会的谮言，下定决心以"不孝之罪"杀掉嵇康和吕安。

身陷囹圄的嵇康知道司马昭这次不会放过他，极度悲愤之下提笔在狱中写了一首流传千古的著名长诗——《幽愤诗》，陈述自己的生平以及志向，抨击时代的黑暗以及谴责小人的猖獗，责备自己不听从孙登的良言忠告而导致锒铛入狱。兹摘录《幽愤诗》中的一些诗句：

> 欲寡其过，谤议沸腾。
> 性不伤物，频致怨憎。
> 昔惭柳惠，今愧孙登。
> 内负宿心，外恧良朋。
> 仰慕严郑，乐道闲居。
> 与世无营，神气晏如。

嵇康品行高洁，任性放旷，追求清静无为的生活。可惜的是，当时世上已无净土，嵇康这个淳朴的愿望注定无法实现。

鲁迅先生在《魏晋风度及文章与药及酒之关系》一文中这样分析道："嵇康的见杀，是因为他的朋友吕安不孝，连及嵇康，罪案和曹操的杀孔融差不多。魏晋，是以孝治天下的，不孝，故不能不杀。为什么要以孝治天下呢？因为天位从禅让，即巧取豪夺而来，若主张以忠治天下，他们的立脚点便不稳，办事便棘手，立论也难了，所以一定要以孝治天下。但倘只是实行不孝，其实那时倒不很要紧，嵇康的害处是在发议论；阮籍不同，不大说关于伦理上的话，所以结局也不同。"

殉道

嵇康被判处极刑的消息传出来后，在社会上引起了极大的轰动，尤其是士人团体更加群情激愤。士人们要求无罪释放嵇康，但是朝廷并没有听取他们的意愿，对其不理不睬。

据《晋书·嵇康传》记载，嵇康将要在洛阳东市受刑时，三千名太学生集体到刑场请愿，请求朝廷赦免他，并要求让他到太学任教。太学，是当时国家的最高学府。不过，司马昭不同意众人的请求，执意将嵇康斩首示众。

洛阳东市刑场，断头台。

嵇康平静的脸庞上，看不出一丝悲欢离合，也看不出一丝痛苦哀愁，更看不出一丝胆怯退缩。

嵇康有神的明眸就如他的心一样纯净，没有一丝的混浊，他与往日一样一举一动极具名士风范，举手投足间皆让人钦服。

洛阳东市刑场有无数围观之人，成千上万双眼睛齐刷刷地望向断头台上的嵇康。

面对成千上万的人围在断头台四周，行刑官压力陡增。行刑官知道，一旦他对嵇康有丝毫的不尊重，就很容易引起人群骚动，说不定自己就会被人们直接打死。

行刑官抬头看看太阳，毕恭毕敬地问道："嵇叔夜，您还有什么话要说吗？"

嵇康神情自若，抬头看看日影，知道离行刑时间尚有一段时间，便平静地答道："我想为大家弹奏一曲。"

很快，嵇康的兄长嵇喜带着嵇康的一对儿女踉踉跄跄地跑过来，他用力拨开人群，把古琴送到了刑场上。

当时，山涛也站在断头台下，双眼噙着泪水，默默地看着嵇康。

嵇康看了山涛一眼，对儿子嵇绍说道："有巨源在，你就不是孤儿。"

嵇康临刑前不向兄长嵇喜托孤，反而向已经断交的山涛托孤，这无疑是对山涛内心最深刻的理解。在嵇康死后，山涛一直不辞辛苦地为嵇康抚养遗孤长大成人，后来还向晋武帝司马炎举荐嵇绍为官。

嵇康接过古琴抚琴而弹，声调绝伦，慷慨激昂，让人怆然而涕下。

这一刻，嵇康没有愤怒，没有悲哀，没有痛恨，平静地享受着生命的最后时光。

曲罢，音绝！

嵇康神色自若，平静地向数千名太学生说道："《广陵散》于今绝矣！"（《晋书》）

数千名太学生和成千上万的百姓听到嵇康这句遗言后，再也忍不住心中的悲痛一齐痛哭起来……

行刑官见嵇康只是单单弹奏了一曲曲子就把刑场变成了这副模样，他有点慌张了。同时，人们的热情出乎了行刑官的意料，这有点让他不知所措。嵇康转头向行刑官微微一笑，而这个微笑好像是在提醒行刑官一般。

行刑官知道不能再等待，再等待下去他自己也有可能下不了手了。但是，司马昭的命令却不能不执行，而嵇康的命运已经不可能再有回旋的余地了。

嵇康面对死亡面不改色，风度举止有如往日，这种置生死于度外的从容是令时人可望而不可即的。可以说，此时的嵇康无疑达到了超越生死的境界，看轻了一切身外之物。

嵇康举止自若地从容受刑，用略带歉意的眼光望了人群一眼，决然转过头引颈就戮。

此时，嵇康年仅四十岁，正当壮年，却就此死于强权与诬陷之下。天下士人，没有谁听闻这个噩耗不痛惜流涕（"海内之士，莫不痛之"）。

人们久久不愿意离开刑场，还依依不舍地望着嵇康的尸首，尽管他的身首已经分离……

成千上万的围观人群眼噙热泪，不愿挪开自己的脚步，他们希望时间能倒流，希望能看到嵇康再次演奏《广陵散》……

跺脚，痛哭，哀怨，悲伤……伤感之情弥漫在人群中，人们忘记了时间的流逝，品味着《广陵散》的余音，沉浸在对嵇康的追思之中……

据《魏氏春秋》记载："康临刑自若，援琴而鼓，既而叹曰：'雅音于是绝矣！'时人莫不哀之。"

嵇康，是一个为信仰而死的人。他不与世俗同流合污，坚持自己的原则底线，不向强权低下高贵的头颅。

嵇康视荣华富贵如粪土，视高官厚禄如无物，宁愿打铁自得其乐，也不向权贵说一句违心话以博取功名利禄。

孟子曰："富贵不能淫，贫贱不能移，威武不能屈，此之谓大丈夫。"（《孟子·滕文公下》）

嵇康，是一个当之无愧的大丈夫。他坚持原则，有骨气，明白地看清了社会。后来，即在嵇康死后的一千六百多年后，鲁迅先生反复阅读其文章并给予高度评价，并整理辑校了嵇康的作品——《嵇康集》。

嵇康的一生一直都在用生命追求独立人格和自由意志，从而赢得了后世的尊崇与敬重。

嵇康是一个有骨气的人，不阿谀奉承，没有丝毫的奴颜和媚骨，对待世事明辨是非，追求精神上的洒脱，拒绝世俗物质的诱惑。嵇康把魏晋风度发展到了极致，代表了当时大多数名士的精神追求。可以说，嵇康是魏晋风度发展的最高峰。若论清静无为、洒脱倜傥、多才多艺、人品道德、淡泊名利，能如此地集中在一个人的身上，魏晋时代唯此一人而已。

嵇康被杀是一个人为制造的冤案，这一点在史学界是一个共识。

这是一个文人对抗强权政治而惨遭杀害的悲惨故事：一个有信念和骨气的文人，用自己的生命来表达了自己对世事的看法——不是所有人都会屈服于强权政治之下的。

嵇康之死，是一个关于信念和骨气的故事。

魏晋风度的影响

"竹林七贤"，七个名士的生活方式和精神世界各不相同，代表着七种不同人生。

魏晋名士，尤其是"竹林七贤"引领了一种时代风尚——魏晋风度。他们或纵酒避世，或谈玄论道，或打铁炼丹，或长啸山林，或裸奔佯狂……当时，"扪虱而谈"甚至都成了名士们的一种美谈。他们看似超凡脱俗，远离尘世，其实内心里有着莫大的痛苦，不得已而为之罢了。

当时，儒家的纲常伦理已经沦为政治舆论的工具，当权者利用这些迂腐的礼教巩固其统治。有鉴于此，魏晋名士干脆不遵循儒家学说，转而推崇道家的老庄之学，追求内在自我的精神愉悦，探讨研究一些幽深玄远的问题——人生哲理与自然万物以及无限宇宙之关系。在魏晋名士的推动之下，老庄思潮在社会上刮起了一阵"飓风"，从而产生了一种新学说——玄学。

随着政治形势的变化，他们的人生选择之路也发生了很大的变化。有的人选择投靠司马氏，得到高官厚禄成为时人羡慕的对象（如山涛）；有的人保持中立态度，借酒消愁自我麻痹（如阮籍）；有的人始终不向强权低头，落个被杀的凄惨结局（如嵇康）；也有的人无奈出山为官以图避祸，在闷闷不乐之中过完一生（如向秀）。实际上，尽管这些人最后的人生之路各不相同，但他们应该都没有得到真正的快乐。

后来，有许多人仰慕和推崇"竹林七贤"，遂模仿魏晋名士的行为举止，但他们没有学到精髓，只学到一点皮毛。他们没有"竹林七贤"的理想与才学，只不过是东施效颦而已。对此，鲁迅先生曾经撰文作了辛辣的讽刺——"不过何晏王弼阮籍嵇康之流，因为他们的名位大，一般的人们就学起来，而所学的无非是表面，他们实在的内心，却不知道。因为只学他们的皮毛，社会上便多了很没意思的空谈和饮酒。许多人只会无端的空谈和饮酒，无力办事，也就影响到政治上，弄得玩'空城计'，毫无实际了。在文学上也这样，嵇康阮籍的纵酒，是也能做文章的，后来到东晋，空谈和饮酒的遗风还在，而万言的大文如嵇阮之作，却没有了"（《魏晋风度及文章与药及酒之关系》）。

当然，魏晋之风在中国历史上确实曾掀起了一阵浪潮，对后世也曾经产生过重要的影响，尤其是在思想文化界。魏晋风度，彰显人文精神，传统下的思想解放由此开始。他们大多数人放荡不羁，放诞任性，不事权贵，放浪形骸至极，随性洒脱至真，"弃经典而尚老庄，蔑礼法而崇放达"。

"唯大英雄能本色，是真名士自风流。"

第九章　妖孽横行的宫廷

　　一个国家的灭亡，往往是从内部开始的。近些年来，蜀国没有发生过什么大叛乱或政变，表面看似乎是魏、蜀、吴三个国家中最稳定的。其实，蜀国政坛从来没有真正风平浪静过，不同派系的利益团体一直在明争暗斗，从刘备时代开始就是这样。由于刘备建立的蜀汉政权是一个外来政权，它的内部存在着多股政治力量，彼此之间互相制约。

　　从大体上划分，蜀汉集团主要有三大派系：益州本土地主士族——"益州派"；刘焉入蜀时带去的势力——"东州派"；刘备入蜀时带去的荆州集团——"荆州派"。

　　在刘备时代和诸葛亮时代，蜀汉集团派系之间的斗争都是在可以控制的范围内。这是因为刘备和诸葛亮都有巨大的个人魅力和超强的个人能力，他们都积极进取，开疆拓土，并且都善于笼络人心，以平衡各大派系之间的利益。所以，各大派系在互相制约的同时，又为了共同的利益互相合作。不过，蜀国越到后期矛盾就越突出，继任者的威信不够，能力有限，长此以往便到了积重难返的地步。

　　此时，蜀国危机四伏，内忧外患。姜维连年对外征伐没有取得太大的成果，反而消耗了大量的人力物力。后主刘禅不思进取，沉湎声色，耽于享乐，宠信小人佞臣。蜀国本来就是一个小国，国力薄弱，经过多年的折腾后更是今非昔比。蜀汉政权后期，国力疲弱，经济倒退，百姓生活水平急剧下降。

　　公元261年，吴主孙休曾经派遣五官中郎将薛珝入蜀求马，叫其顺便打听蜀国的相关情况。在薛珝从蜀地回来后，孙休便向其询问蜀国的内政得失情况。薛珝答道："主暗而不知其过，臣下容身以求免罪，入其朝不闻正言，经其野民皆菜色。"（《汉晋春秋》）

薛珝一语道破蜀汉后期的疲弊，而孙休也没想到蜀国已经沦落到如此不堪的境地了。由此可见，蜀国后期确实全面倒退了，甚至已经到了极其危险的地步了。

平静下的暗流

在蜀汉后期，不能不提到两个关键人物：一个是重臣陈祇，另一个是奸宦黄皓。这两个人物，都是当时蜀国政坛上的风云人物。

陈祇，字奉宗，豫州汝南郡（今河南平舆）人。陈祇幼时是一个孤儿，家境贫寒。不过，陈祇有一个来头不小的亲戚——大名士许靖。许靖在蜀汉集团中先后出任太傅、司徒等职，备受刘备重视，甚至丞相诸葛亮见到许靖都会恭敬地行礼问好。陈祇是许靖兄长的外孙，他是由许靖抚养长大的。陈祇由于是在许靖家长大，所以他从小得以受到良好的教育和认识很多官员。陈祇相貌威武，弱冠之年就颇有名气，不久被蜀汉朝廷任命为选曹郎。

据史料记载，陈祇擅长多种技艺，还懂得一些旁门左道，是一个身怀绝技之人（"多技艺，挟数术"）。当然，陈祇也擅长展示自身优势给别人看。因此，大将军费祎对陈祇另眼相待，认为他是一个人才，有意重用他。

延熙九年（公元246年），董允去世，侍中一职空缺出来。于是，费祎破格任用陈祇，让他接替董允担任侍中一职。侍中是一个很重要的职位，相当于皇帝的文书兼侍卫，负责宫内之事。陈祇有较强的政务能力，但他的人品却不好，日常随侍皇帝左右时与宦官黄皓相互勾结、串通一气，使得黄皓有机会参与国家政事。（《三国志》："陈祇代允为侍中，与黄皓互相表里，皓始预政事。"）

延熙十四年（公元251年），尚书令吕乂去世。在吕乂死后，陈祇又以侍中的身份接任尚书令，加封镇军将军。

值得一提的是，刘禅在诸葛亮病逝后再也没有设置丞相一职，而是以尚书令代行丞相之职。因此，尚书令负责处理朝政大事。

姜维是蜀汉大将军，虽说职位居于陈祗之上，但因其经常在外带兵，朝中政务过问不多。陈祗对上逢迎后主刘禅所好，对下勾结宦官佞臣，因此深受后主宠信。在后主的支持下，陈祗的权力越来越大，以至于他在朝中的权力竟超过了姜维。（《三国志》："大将军姜维虽班在祗上，常率众在外，希亲朝政。祗上承主指，下接阉坚，深见信爱，权重于维。"）

在董允死后，蜀汉集团再没有人能约束得了后主刘禅了。在朝堂之上，大臣们不敢直言进谏，毕竟饭碗来之不易啊。因此，刘禅在陈祗和黄皓等人的阿谀逢迎之下，过着腐败奢靡的生活，把享乐当成了人生第一目标。

自从姜维成为蜀汉大将军后，就长年累月率兵在外，矢志不渝地北伐。中散大夫谯周认为姜维多次发动对外战争，虽经常对魏国用兵却无功而返，而蜀汉国力实在难以支撑得了如此频繁的北伐；况且蜀国是一个小国，魏国是一个大国，小国用武力去与大国争夺天下是不明智之举，同时蜀国百姓也在连年征战中劳苦不堪，生活水平也远不如前，所以应该立即停止北伐。

于是，谯周在朝会上建议不宜对魏国用兵，让后主刘禅终止姜维的北伐行动。不过，陈祗不赞同谯周的看法，据理力争，并与谯周展开了激烈的辩论，但最后谁也说服不了对方。退朝之后，谯周气愤之下写了一篇文章，名为《仇国论》。在这篇文章中，谯周虚构了两个国家——小国"因余"和大国"肇建"。然后，谯周通过两个虚构人物"高贤卿"和"伏愚子"的问答，得出了一个结论：如果一味穷兵黩武，必然会给国家造成土崩之势，倘若遇上危难，即使有智深谋远之人也没有办法。

谯周是巴西郡西充国县（今四川西充）人，属于"益州派"，代表益州本土地主士族的利益。当然，谯周极力反对北伐既有现实原因，也有历史原因。其中，现实原因是即使北伐成功，"益州派"获利也是最少的，倒不如保持现状，坐守富庶的天府之国，这与他们小富即安的心态有关；历史原因是刘焉和刘备先后入蜀，"益州派"受到外来政权的排挤，益州本土的官僚和豪强在历任政权部门中担任的职务的重要性远不如"东州派"和"荆州派"。所以，益州本土人士对蜀汉外来统治集团是有抵触心理的。

尽管以谯周为首的"益州派"极力反对北伐，但由于蜀汉的最高军权掌握在姜维手中，所以此后的北伐行动还是在反对声中艰难地进行了下去。

景耀元年（公元258年），陈祗去世。后主刘禅闻此讯悲痛惋惜，一提到陈祗就痛哭流涕，下诏追谥他为"忠侯"。

总体上看，陈祗是一个会干活且左右逢源之人。他在朝内能处理政务，支持姜维北伐，但他又勾结串通宦官黄皓。可以说，陈祗是一个好坏参半的人物。

不过，黄皓则是一个彻头彻尾的混蛋。他什么本领都没有，但善于揣摩后主心意，并整天陪着刘禅玩乐。可以说，黄皓拍马屁的功夫是一流的，因此深得刘禅的信任和宠爱。

黄皓本来是社会最底层的小人物，他通过几十年的"奋斗"爬到了万人之上的位置，其个人经历充满了"传奇性"。因此，黄皓的上位史也是值得思考的。

宦官的上位史

东汉末年，汉桓帝和汉灵帝都宠信宦官，因此诞生了势力庞大的宦官集团。臭名昭著的"十常侍"，为东汉王朝的灭亡埋下了导火线。可以说，宦官干政产生的后果是祸国殃民，甚至王朝覆亡。由于这个历史教训实在太深刻，所以魏、蜀、吴三国都在尽力抑制宦官的势力，不允许宦官干预朝政。可惜，人算不如天算，蜀汉后期还是出现了一位干预朝政的宦官——黄皓。

黄皓，出身卑微，为了解决温饱问题和希冀出人头地，自愿进宫做太监。从此以后，黄皓变得不男不女，因此产生了自卑心理。

宦官作为处境最悲惨的一群人，他们往往都是来自社会最底层的小人物，饱受歧视、欺凌和白眼。他们在皇宫中耳闻目睹着人世间最大的权势和最奢靡的生活方式，再联想到自己的遭遇和处境，长此以往难免心理扭曲。当他们有朝一日大权在握之后，那些曾经埋藏在骨子里的阴险狡诈、凶狠歹毒就会倾泻而出。黄皓正是这样一种人，他为了达到自身目的可以不择手段。

章武三年（公元223年）五月，十七岁的刘禅在成都即位称帝，蜀国进入诸葛亮执政时代。诸葛亮主政时期，蜀国律法严明，于是黄皓只能精心伺候后主刘禅，不敢有非分之想。这个时期，黄皓在皇宫里是一个勤劳干活的小宦官，兢兢业业，唯恐哪里做得不好。

当时，诸葛亮有权斩杀任何大臣将领，别说处死一个地位低贱的小宦官了。因此，黄皓不敢越雷池一步，更不敢有丝毫祸乱的想法而违反法度。

到了蒋琬执政时期，侍中董允继续负责宫内之事。董允尽忠尽职，敢于直言谏诤，经常对上正色匡谏后主刘禅，对下严厉斥责宦官黄皓。尽管黄皓处心积虑想往上爬，但他得不到丝毫机会。董允极力排斥黄皓，每见到黄皓总会把他叫过来进行训导。所以，黄皓非常害怕董允，不敢为非作歹，对董允是避而远之。

在董允在世之时，黄皓的职位一直是黄门丞。董允经常批评黄皓，但黄皓只能唯唯诺诺地接受批评，从来不敢有微词。当然，黄皓表面上看起来是一个安守本分的老实人，但实际上是一个奸险阴诈的卑鄙小人。

董允去世后，陈祗接任董允的职位。前文述及陈祗与黄皓相互勾结，使得黄皓有机会参政议政。黄皓勾搭上陈祗后，逐渐开始玩弄权柄，成为三国后期唯一弄权乱政的宦官。黄皓在傍上陈祗这棵大树后，更加肆无忌惮地陪着后主刘禅吃喝玩乐，什么东西最好玩就想方设法弄来给刘禅玩，"贴心"地为其安排各种娱乐活动。

一般来说，在一个皇帝生活和成长的过程中，最亲密的人往往是身边的宦官。由于宦官听话，能哄人开心，每天唯一的服务对象就是皇帝，因此中国历史上许多帝王信赖自己身边的宦官，不喜欢与自己意见不同的忠臣，而后主刘禅也不例外。

试想一下，后主刘禅曾想多娶几个妃嫔，但董允都极力谏净而不同意。但是，黄皓的反应则完全不同，不管刘禅想要什么东西，他都早早地提前为后主准备好。可以想见，在董允和黄皓之间，后主刘禅喜欢谁、厌恶谁也就一目了然了。

在王朝时代，宦官凭借与皇帝日夜相处的优势，更容易获得接近核心权力的机会。因此，黄皓靠着溜须拍马、阿谀谄媚，获得了后主刘禅的信任与器重。刘禅宠信宦官黄皓，在陈祗死后更是大力提拔黄皓。于是，黄皓由黄门丞升为中常侍、奉车都尉，直接从当初的一个默默无闻的小黄门而一跃成为一个有权势的大宦官，至此走上了人生的巅峰。

黄皓玩弄权柄，把持朝政，肆意安插心腹死党在重要的职位，逐渐形成了以黄皓为代表的专权集团。然而，宦官干预朝政，无疑加剧了蜀汉集团内部政治斗争的复杂性。在黄皓的挑拨离间之下，后主刘禅渐渐疏离了忠臣良将。

当然，黄皓专秉朝政引起了一些正直大臣的反对和不满。太子舍人罗宪坚定不移，招致黄皓的憎恨。黄皓痛恨罗宪不依附他，将其赶出成都贬为巴东太守；《三国志》作者陈寿因为不愿屈事黄皓，屡遭遣黜。

后主刘禅的弟弟甘陵王刘永憎恨黄皓扰乱朝纲，遂向皇兄进谏远离黄皓这样奸诈狡猾的小人。

此时，后主刘禅早已经把相父诸葛亮"亲贤臣，远小人"的忠告抛到了九霄云外，根本听不进弟弟刘永的话。

黄皓见刘永打他的小报告，自然怀恨在心，便把对方看成眼中钉、肉中刺了。由于刘永是后主刘禅的亲弟弟，黄皓虽然没有能力直接除掉刘永，但他有办法可以让对方永世不得翻身。于是，黄皓经常在后主刘禅耳边进谗言，构陷诋毁刘永，离间他们的兄弟之情。黄皓说多了刘永的坏话，后主刘禅也渐渐相信了，便疏远了皇弟刘永，不想再见到自己的这个弟弟了。在黄皓谗言陷害之下，刘永甚至有十几年不能入朝拜见皇兄刘禅。

其实，权力这东西就像毒品，一沾上就很容易上瘾并越陷越深。当然，黄皓尝到了权力带给他的巨大好处，自然会沉迷其中。黄皓为了保住自己的权势，不断加大力度打击异己，不服从者不是贬谪就是革职。因此，朝臣害怕了，许多人都依附黄皓，想以此保住自己的权势（"时黄皓预政，众多附之"）。

顺便提一下，陈祗死后，蜀国还有三人担任过尚书令一职，分别是董厥、樊建和诸葛瞻（诸葛亮之子）。不过，这三任尚书令都不敢管得势的黄皓，害怕遭到这个小人的陷害，所以他们只能洁身自好——既不去依附黄皓，也不反对黄皓专权擅政，做一个"中间派"明哲保身。

黄皓仗着后主刘禅宠幸玩弄权术，肆意干预朝政，排挤忠良，操持国柄，甚至明目张胆地欺骗皇帝，为所欲为。黄皓专权集团是蜀汉政权内部的一颗毒瘤，他们的弄权乱政加速了蜀国的灭亡。

就这样，蜀汉集团群魔乱舞，这些佞臣宦官把朝堂搞得乌烟瘴气且没人能管得了他们。

第十章　最后的较量

在三国后期，魏、蜀、吴三国都表现出不同程度的颓势。不过，尽管魏国也经历多起叛乱和内斗，但由于底子厚并未伤及元气，而司马氏则趁机窃取魏国权柄。等到司马氏成功镇压淮南三叛后，天下局势显然已经明朗了——"三家归晋"已经成为一种不可逆转的趋势。

众所周知，魏国实力最强，蜀国实力最弱。按照丛林法则中弱肉强食的一般规律，实力强大的魏国会灭掉实力弱小的蜀国。

对于这个道理，姜维是明白的，他在多次北伐战争中也深知魏国的强大实力。为了改变这种实力悬殊的客观现实，姜维认为必须大量歼灭魏国的有生力量，蜀国才能继续生存下去。因此，姜维想出了一个新的歼敌方案——诱敌深入，关门打狗。不过，姜维的这个歼敌方案与以前的防御体系相冲突，而这个体系就是汉中防御体系。

汉中防御体系

当年，刘备攻占汉中地区后，留下魏延镇守汉中。汉中作为益州的门户，是蜀汉集团防御曹魏集团的前沿阵地和战略缓冲区，所以必须构建一套有效的防御体系抵抗敌人的进攻。于是，蜀汉集团制定下围守防御体系——除了以重兵坚守汉中前线各重要城池，还在边境险要之处修筑军事措施以抵御外敌。如果敌人来进攻，可以使他们越不过防御设施，即拒敌于国门外的防御体系。为此，蜀汉集团修建了许多军事设施当作防线，把敌人挡在了汉中外围，使其不能进入汉中盆地。魏延担任汉中太守时，建造了兴势围与黄金戍，并且汉中前线还修建了许多小型堡垒，而这些坚固的城堡是第一道防线。诸葛亮北伐时期，为了加强汉中防守能力，主持建筑汉、乐二城，这是第二道防线。同时，蜀汉集团也加强了汉中治所南郑的军事力量，这是第三道防线。再辅以阳平关、赤坂围等据点，一整套完整齐全的汉中防御体系便由此形成了。

对于汉中防御体系，姜维是有不同看法的。姜维认为，交错防守各营寨及堡垒虽然符合《周易》"重门"的原则，但只可防御敌人，却不能取得大量杀伤敌人的效果。因此，姜维提出建议：一旦探听到敌军来到的消息，汉中前沿的各营寨都收兵积粮，退守汉、乐二城，凭借坚城来抵御敌军，使敌军进不了平川，并且以镇守层层关隘来抵御敌人。当敌军来犯之时，游击部队前进并伺机攻击敌人。当攻不破关隘城池，四野又无粮可就地获取时，敌军只得从千里之外搬运粮草，但必然疲乏不堪，后勤难以为继，如此自然不能长久坚持作战下去。待到敌军主动退却之时，各城蜀军一齐出兵，与游击部队合力进击，这是歼灭敌人大量有生力量的好办法。

简而言之，姜维的歼敌构想就是将汉中外围布防兵力撤回，先主动放魏军进来，然后等待敌军疲劳撤退之时趁机歼敌。

在军事方面，后主刘禅完全是一个门外汉，所以刘禅同意了姜维的提议。

于是，姜维将自己的战略部署付诸行动，命令汉中都督胡济退守汉寿城，将军王含驻守乐城，护军蒋斌驻守汉城，并且又派人在西安、建威、武卫、石门、武城、建昌、临远等处建置防御工事，打造了一套全新的进攻歼敌型的"姜氏防御体系"。

姜维是当时蜀国第一军事强人，又是手握重兵的大将军，其军事部署与战略构想会关系到蜀国的命运。那么，姜维为什么执意改变原来的汉中防御体系呢？

这是一个值得探讨的问题。根据当时形势来分析，可能有以下几个原因：

一、蜀国实力与魏国实力的差距。蜀国总兵力大概十万，除去成都以及各郡县常规驻扎的兵力外，用于作战的机动部队估计有五万，进行北伐很难取得大胜。但是，魏国最少有四十万兵力，所以姜维放弃汉中外围引诱敌人来进攻，然后打算集中兵力围歼撤退之敌。

二、天下局势的变化。司马氏已经窃取了魏国的权柄，司马昭的野心大到连路人都知道，他必然会加快统一天下的步伐，而蜀国必然是第一个被下手的目标。因此，姜维认为魏国必然会伐蜀，不如提前设下一个圈套给对方钻。

三、蜀汉后期的战略调整。诸葛亮时代的北伐，主要是想先夺取陇右地区；而姜维的北伐，重点是夺取陇西地区。姜维移兵向西驻守汉寿等地，可以同时统筹兼顾汉中与陇西。

景耀五年（公元262年），姜维因害怕遭到黄皓构陷而失去兵权，决定再一次率军北伐，出兵汉城、侯和。魏将邓艾得知姜维出兵的消息后，率众击败了蜀军。无奈之下，姜维只得率军退驻沓中（今甘肃舟曲境内）。

这是姜维最后一次北伐，也是蜀国发动的最后一次北伐战争，不久之后蜀国就灭亡了。

屯田避祸

姜维北伐失败退驻沓中后，还没来得及从沮丧之中缓过神来，就传来了一个让他十分愤怒的消息。原来，宦官黄皓阴谋废黜姜维，打算扶植依附于己的阎宇当大将军，从而窃取蜀国的最高军权。阎宇是一个没有什么军事才能的人，他靠着攀附黄皓而当上了右大将军。阎宇的功名和才能都不足以胜任大将军一职，但黄皓却想用他取代姜维。这是一个非常危险的阴谋，但黄皓为了自己个人的利益丝毫不顾及国家利益，可见这个小人的奸诈程度。

当然，姜维是不会放弃军权的。无论是从个人利益来考虑，还是从国家利益来考虑，姜维只有手中握有军权才是安全的。

于是，姜维非常生气黄皓擅摄朝政，扰乱国家，遂启奏后主刘禅坚决要求诛杀黄皓。谁想到，后主刘禅竟然这样说道："黄皓不过是宫中的一个小臣，以前董允也经常对他切齿痛恨。对于董允的做法，我是有意见的，希望你不用太在意黄皓。"

既然后主刘禅都将话说得这么直白，姜维还能再说什么呢。当年，丞相诸葛亮有权力可以不经请示直接诛杀臣属，但姜维不是诸葛亮，他没有权力杀得了皇帝庇护之下的小人。

姜维见黄皓在朝中的势力越来越大，党羽遍布朝野，再加上后主刘禅百般庇护，恐怕自己会因多嘴而招来杀身之祸。因此，姜维感到非常害怕，不敢再回成都了。(《华阳国志》："维见皓枝附叶连，惧于失言，逊辞而出。")

当然，后主刘禅虽然是一个贪图享乐之人，但他并不是一个白痴，而是一个智商正常之人，也知道军国事务还得倚仗姜维。当时，蜀国人才凋零，尤其是军事人才，只有姜维能与敌国将领一较高下。后主刘禅虽然不想处罚黄皓，但又知道不能让姜维寒心，便让黄皓给姜维赔罪道歉。这个时候，黄皓明白了姜维对于蜀国的重要性，自己如果干涉军队导致国家被敌国灭了，他自己也没有什么好果子吃的。于是，黄皓打消了插手军队的想法，照着后主刘禅的吩咐给姜维赔罪道歉。

尽管姜维非常痛恨黄皓，但事到如今也只好接受黄皓的道歉，趁机请求到沓中屯田，以避免遭遇不测之灾。黄皓巴不得姜维永远不回成都，遂满口答应让后主刘禅批准他的请求。

就这样，姜维率领蜀军主力部队在沓中一边种麦，一边训练军队。姜维这样做，一则借屯田的名义出朝避祸，二则可以自给自足补充军粮，三则可以在外掌握军权。

姜维本是一名降将，托身异国羁旅他乡，连年北伐未立功绩，自然招致了蜀汉国内保守势力的反对，同时黄皓还在朝玩弄权术意欲陷害他。换言之，姜维在蜀汉朝堂上是孤立的。在这种情况下，姜维带领军队在外屯田，理论上来说不失为一个保国安身之策。

司马昭的统一大计

蜀汉的政治局势已经变得波谲云诡了，一边姜维在外带兵屯田，另一边黄皓在内专秉朝政。当然，对于蜀汉的各种情况，司马昭也是有所耳闻的。如今，司马昭已经全部解决掉了国内的反对势力，接下来面对的敌人只有外敌——蜀国和吴国。

当年，司马昭在甘露之变中授意下属公开弑君，虽然最后以诛灭成济三族而保住大权，但这次重大政变给司马氏带来了莫大的非议。如此悖逆恶行让司马氏失去了社会舆论和国内人心的支持，司马昭不得已之下放缓了禅代的步伐。为了寻求政治上的突破，司马昭急需用一场大胜来洗刷恶名和污点，以提高自己的威望和声誉，并为篡位累积政治资本，然后"名正言顺"地完成魏晋禅代的程序。

作为魏国的实际统治者，司马昭密切关注着内外的情势，他周详地分析了当时的天下局势，制定下统一天下的战略方针——先灭蜀国，再灭吴国。

司马昭认为蜀国地方狭小，百姓疲惫，势单力薄，况且蜀汉朝廷内外产生了严重分歧，而姜维已成强弩之末。同时，蜀国又是实力最弱小的国家，现在已经到了灭蜀的时候了。

于是，司马昭召来心腹钟会秘密商议，并把自己的想法告诉给他。钟会完全赞同司马昭的灭蜀计划，极力撺掇司马昭尽早伐蜀，并认为一战就可以解决掉蜀国。司马昭得到钟会的支持，顿时自信心满满，就此决定下来。司马昭和钟会二人共同提前策划了伐蜀事宜，勘察地形，纵论形势，制订了相关的出兵计划。

景元三年（公元262年）冬，司马昭任命钟会为镇西将军，持符节前往长安督领关中各项军事，准备好伐蜀事宜。与此同时，司马昭接受钟会的建议，下令青、徐、豫、兖、荆、扬等诸州大张旗鼓建造船只，又命令唐咨建造航海用的大船，并对外扬言是为讨伐东吴做准备，以此迷惑蜀国。这个声东击西之计的功效可谓一箭双雕，既可以让蜀国做出错误的军事判断，同时也能使吴国不敢轻举妄动救援蜀国。

西曹属邵悌知道司马昭即将派遣钟会作为主帅伐蜀，急忙秘密求见司马昭，担忧地说道："现在您派遣钟会率领十万人马征讨蜀国，但钟会是单身之人，没有家属可留在后方当人质，不如派别人前去伐蜀更加妥当。"

邵悌的忧虑并不是没有道理的，他害怕钟会灭蜀后在外拥兵叛乱，甚至割据蜀地自立为王。

司马昭听了邵悌的话，回想起之前其妻王元姬的告诫："钟会见利忘义，喜欢挑起事端，恩宠太过一定会作乱，你不能对他委以重任。"司马昭知道妻子颇有远见，识人独到，所以他并没有忘记其妻的告诫，但是伐蜀之事非钟会去执行不可。

司马昭沉思半晌后，笑道："我难道不知道这些情况吗？蜀国是我国的祸患，让百姓不能安宁，必须灭掉它，但是众人却都说不能伐蜀。如果心生胆怯，那智慧和英勇也会一同衰竭；如果智慧英勇衰竭却强迫他们去战斗，只会被敌人打败罢了。只有钟会和我的意见相同，现在我派遣钟会伐蜀，一定能攻破蜀国的。就算以后的事情如您所忧虑的一样，钟会又怎么能一时之间就办成呢？'凡是战败的将领，就不能和他谈论勇气；凡是亡国的大夫，就不能和他谈论救国'，这是因为他们已经心惊胆战。如果西蜀已经被攻破，留下来的人一定会惶恐震惊，这样就不足以和钟会勾结图谋不轨了。我们取胜之后，中原的将士也各自想着回归故乡，自然不肯和钟会同谋。如果钟会执意作恶，只会招来灭族的后果罢了。先生不需要担心，但这件事情也要小心保密，不要让他人知道了。"

其实，自从司马昭提前派遣钟会去长安集结大军准备伐蜀后，钟毓就坐立不安。钟毓是钟会的亲兄长，他对自己的兄弟是知根知底的，并非常担忧钟会灭蜀后谋反而连累家族获罪受诛。钟毓再三考虑后决定私下去见司马昭，告诫道："我弟弟钟会才智过人，但他喜欢玩弄权术，恐怕野心不小，不可不提防他。请您不要让他掌握大权，以免以后发生变故。"

司马昭嘉奖钟毓忠诚坚贞，听后对钟毓笑道："如果将来发生的事情如你所说的一样，我只治钟会之罪，不会累及钟氏一门。"

其实，钟毓等的就是司马昭的亲口承诺。然后，钟毓拜谢司马昭后告辞回府。

话说钟会在长安集结大军，整顿军备，如此大规模的军事行动自然引起了姜维的注意。尽管钟会对外宣称是为讨伐东吴做准备，但如此伎俩蒙骗不了长期带兵的姜维。姜维察觉出了危险，急忙上表给后主刘禅，分析道："听说钟会在关中整军练兵企图进攻我国，应该同时派遣张翼和廖化督率各军，分兵驻守阳安关口、阴平桥头，以防患于未然。"

不过，黄皓崇信鬼神巫术，听信神巫的话，启奏后主刘禅敌军不会到来，尽管放心享乐。刘禅相信了黄皓的话，遂不按照姜维的建议去部署这次军事防务，而朝中其他大臣也全然不知道此事。由于黄皓的过错，蜀国错过了最后的设防机会。

景元四年（公元263年）夏，司马昭召集群臣商议伐蜀事宜。司马昭对众人分析道："自从平定寿春叛乱以来，我们已经六年没有战事了。这些年来，我们训练士卒，修缮兵器，就是为了准备消灭两个敌国。如果先灭吴国，仅仅造战船和开水道就得用千余个工日，也就是要十万人花费一百多天才能完成。另外，南方地势低，气候潮湿，大军南征必然会发生瘟疫疾病。如今，我们应当先攻取蜀国，在灭蜀三年之后，可以借巴蜀之地顺流而下的有利地势水陆并进，这就像历史上'晋灭虞定虢，秦吞韩并魏'那样，到时候灭吴就容易得多了。据相关情报统计，蜀国有九万兵力，驻守成都及守备后方诸郡的不下四万，剩下的兵力不过五万而已。我军只要将姜维拖在沓中使他不能东顾，然后伐蜀大军直指骆谷，从防守空虚的地方袭击汉中。如果蜀军各自据城守险，兵力必定分散，首尾分离难以相顾。我们可以调集大军破其城池，派遣散兵去占据村野。这样一来，姜维来不及据险坚守剑阁、关头等据点，无自保之力。以刘禅之昏庸，一旦外围边境城池被攻破，国内官员女眷必然震惊恐惧，蜀国的灭亡是可以推测得到了。"

尽管司马昭分析得头头是道，但绝大多数大臣认为不可行，尤其是征西将军邓艾的反应颇为激烈。邓艾不赞同司马昭的观点，认为蜀国尚无内乱，没有可乘之机，不宜冲动出兵伐蜀。邓艾长期驻扎在西线，多次与姜维交手，双方打得难解难分，觉得灭蜀并不是一件容易的事情。因此，邓艾屡次提出不同意见，不看好伐蜀的军事行动。

蜀国有山川之险，易守难攻，当年曹真、曹爽父子伐蜀，要么无功而返，要么惨败而归，就是曹操也都不敢轻率出兵深入蜀地。有了这样的失败事例在前，伐蜀必须三思而后行。这也是群臣反对司马昭伐蜀的主要原因，千万别偷鸡不成蚀把米啊！

司马昭为此感到忧虑，虽然他已经下定了伐蜀决心，但几乎遭到群臣的一致反对。其他的大臣反对还好说，如果邓艾不同意出兵伐蜀，伐蜀计划就注定流产了。

司马昭害怕邓艾不服从安排，思前想后决定派遣主簿师纂到邓艾军中担任司马一职，寻机劝说邓艾同意伐蜀。邓艾见师纂来做他的司马，就知道司马昭是派人来监视他的。在威逼利诱之下，邓艾不得不顺从司马昭的伐蜀命令。

大举伐蜀

司马昭派人说服邓艾后，马上征发四方之兵，伐蜀部队总计十八万人马。按照预先制订的伐蜀计划，司马昭兵分三路伐蜀，并做出以下作战安排：

一、征西将军邓艾统领三万多人马从狄道进军，出兵甘松、沓中等地牵制姜维，其主要任务是绊住蜀军的主力部队，使其不能东顾回援。邓艾率领的伐蜀部队，是为西路军。

二、雍州刺史诸葛绪统领三万多人马从祁山出发，夺取武街、桥头等地断绝姜维的退路，同时阻挡其他蜀军增援沓中。诸葛绪率领的伐蜀部队，是为中路军。

三、镇西将军钟会作为主帅统率十几万主力部队，率领前将军李辅、征蜀护军胡烈等人，指挥各支伐蜀部队分别从斜谷、骆谷、子午谷进军袭击汉中。钟会率领的伐蜀部队，是为东路军。

景元四年（公元263年）八月，司马昭在洛阳大赏将士，列阵誓师宣布讨伐蜀国。在誓师大会上，将军邓敦给司马昭泼了一盆冷水——当众提出异议，认为蜀国不宜讨伐。司马昭听了这话怒不可遏，将邓敦斩首示众，用他的人头祭旗。

就这样，司马昭亲自吹响了魏灭蜀之战的号角，拉开了三国时代统一的序幕。

一部分伐蜀部队从洛阳出发，浩浩荡荡往西而去。有客人向吏部郎刘寔问道：“钟会、邓艾两位将军率军出征，他们能平定蜀国吗？”

刘寔答道：“他们必定能攻破蜀国，然而他们都回不来了。”客人忙问其故，刘寔微笑不答。刘寔的确有先见之明，不久之后事情的发展正如他所料的那样。

值得一提的是，司马昭任命侍中卫瓘代理镇西将军军司一职并统兵一千人，以监军的身份持符节监督钟会和邓艾的军事行动。可见，司马昭是留了后手的，内心深处对钟会和邓艾也并不是十分信任。

钟会和邓艾等人奉司马昭的命令，分头率领大军进攻蜀国。魏灭蜀之战正式打响，魏军开始大举攻伐蜀国。

邓艾迅速做出包围歼灭姜维主力部队的军事部署：派遣天水太守王颀率领一万兵马奔赴沓中之东，直接攻打姜维的军营；陇西太守牵弘率领五千兵马进攻沓中之北，阻击姜维的前锋部队；金城太守杨欣率军奔赴甘松（沓中之西）。这样，魏军三路兵马三面围攻沓中，让姜维顾此失彼。邓艾则率领精锐紧随牵弘部队之后，进入沓中以寻找姜维主力部队，企图将蜀军的主力部队围歼于沓中。

与此同时，钟会派遣牙门将许仪为先锋，率军在前面修路搭桥，为伐蜀大军开路。许仪领命后，逢山开路，遇水架桥。钟会则率领大军紧随其后，但在行军过程中钟会骑马经过一座桥时却出现了一场意外——桥塌了。猝不及防之间，钟会坐骑的马蹄陷入坑中。因此，钟会大怒，认为许仪修建的"豆腐渣工程"是一种不负责任的行为，并以此为理由将其斩首示众。

值得一提的是，许仪是许褚的儿子。许褚是三国时期著名的虎将，曹操的贴身护卫，曾经为曹魏政权立下汗马功劳。钟会用功臣之子的人头立威，自然是收到了效果。

要知道，许褚生前曾经立下那么大的功绩，其子许仪犯一点小过错尚且得不到宽恕，何况其他人呢？

所以，各军众将士得知钟会斩杀许仪的消息后无不惊恐畏惧，执行钟会的命令时更不敢有丝毫马虎。

魏国的魏兴太守刘钦率军向子午谷挺进，东路军的其他魏军则沿着斜谷、骆谷进军，数路并行抵达汉中。

姜维得知邓艾率军前来进攻沓中，而且钟会率领各军已进入汉中，于是马上引军退出沓中。当然，邓艾这一路伐蜀部队是不能让姜维主力部队撤出沓中回援汉中的。杨欣等人率军追踪姜维到强川口赶上了姜维部队，狭路相逢，两军交战。姜维不敢恋战，蜀军战败，退走阴平。

当时，诸葛绪已经提前抢占了阴平桥头（阴平东南），阻断了姜维的归路。姜维知道汉中难保，必须尽快摆脱魏军。姜维见诸葛绪挡住了回援汉中的去路，扬言要进攻雍州抄他的老巢。于是，姜维从孔函谷进入北边的道路，故意向北行军并作势要攻打雍州。诸葛绪担心后方有失，急忙率领中路军主力部队北撤三十里，企图堵截姜维大军。由于中路军主力部队前去堵截姜维大军，诸葛绪只能留下少量兵力继续据守桥头。

姜维见诸葛绪中计抽走了主力部队后，马上率领蜀军主力部队反身回去。当时，姜维部队只是向北行军三十多里，所以很快就抵达桥头，杀散了据守桥头的少量魏军，夺得桥头据点。姜维打通了归途，率军往东行军。诸葛绪发现上当后，急忙率军截击姜维，但已经晚了一天，追不上姜维的部队了。

话说魏军数路并进伐蜀，即等到钟会将从骆谷进军进攻汉中，邓艾将率军攻入沓中，且在魏国大军压境之际，后主刘禅才不得不相信魏军来犯，于是匆忙派遣右车骑将军廖化率军前往沓中援助姜维，左车骑将军张翼、辅国大将军董厥等前往支援阳安关口，以作为各边防营寨的外援。同时，蜀国也急忙派遣使者入吴，请求盟国派兵支援。

廖化率军去援助沓中的途中在桥头遇到姜维，姜维便让廖化的部队据守桥头以抵挡邓艾和诸葛绪的部队。

邓艾和诸葛绪联手围歼姜维并阻拦蜀军援军，却让姜维成功地将沓中屯田的主力部队开往汉中。

姜维略施小计，就跳出了重重包围圈。很显然，魏国的西路军和中路军都没有完成战前预定的任务，使得邓艾和诸葛绪合围姜维主力部队的计划落空。

姜维在阴平集合士兵、百姓东行，但在奔赴阳安关救援途中，便得知阳安关已被攻破的消息。

为何阳安关这座坚城如此快速沦陷敌手呢？原来，阳安关是在叛徒的出卖下沦陷的。

当时，蜀国监军王含率领五千士兵驻守乐城，护军蒋斌率领五千士兵驻守汉城，他们凭借坚城固守以抵抗魏军的进攻。钟会派遣麾下的护军荀恺、前将军李辅各自率领一万人马进攻汉、乐二城，荀恺负责围攻汉城，李辅负责围攻乐城。

接着，钟会率领大军西出阳安关口，派遣手下去祭拜诸葛亮之墓，下令军士不得在其墓附近牧马砍柴，违令者严惩不贷。钟会此举的目的很明确：一是安抚蜀地百姓，有利于收买人心；二是钟会非常钦佩诸葛亮，表达对其的尊敬。

与此同时，钟会派遣征蜀护军胡烈率军走在前面，负责进攻阳安关，企图打通进入益州的道路。

阳安关的守将是傅佥和蒋舒，不过这两名蜀将一人是忠臣、一人是叛徒。

傅金是蜀汉勇将傅肜之子，他也像其父一样胆识过人，并对蜀汉集团忠心耿耿。当年，傅肜跟随刘备伐吴，当刘备被陆逊击败后，傅肜率部力战断后，并在其部下死伤殆尽的情况下仍然誓死不降，最后在断后之路上奋战至死。不用说，蜀将中的叛徒就是蒋舒。蒋舒本来担任武兴督一职，但因为无所作为而被解除该职务，降职派往阳安协助傅金守卫关口。蒋舒对蜀汉政府的处分及安排极其不满，因此怀恨在心。蒋舒见魏军前来攻关，便有意献关投降：一则可以此立功而得到魏国的高官厚禄，二则可以报复蜀汉政府。于是，蒋舒对傅金说道："现在贼军到达却不出击反而闭城自守，这不是退敌的好办法。"

傅金答道："我们奉命保卫关城，只要守住关城就是功劳。现在，如果违反命令出城迎战，胜负则不可预测。如果丧师战败，就会辜负国家的重托，徒然战死也没有益处。"

蒋舒反驳道："你以保住关城为功劳，我以出城破敌为功劳，请允许我们各行其志。"

傅金不知道这是蒋舒出城投敌的借口，便信以为真，认为蒋舒是想出城杀敌立功报国。所以，傅金既未阻拦也未设防，任由蒋舒率领本部人马出城。

蒋舒前脚一出城门，后脚就马上向胡烈投降。为了表示诚意，蒋舒竟然充当胡烈的向导，带领魏军杀回阳安关口。

直到此时，傅金才知道蒋舒做了无耻的叛徒。阳安关上的守军本来就不多，又被蒋舒带出了一部分兵力，所以城池的防守更加薄弱了。胡烈趁着蜀军防守空虚之际，指挥优势兵力攻袭阳安关。猝不及防之间，傅金抵挡不住敌军的猛烈攻势力战而死，因此阳安关沦陷。魏军顺利进入阳安关，得到城中府库的储备粮食，军心大振。

尽管傅金因抗魏而战死，但魏国人对他英勇就义的行为却很佩服。

荀恺、李辅等人攻打汉、乐二城不下，钟会极其沮丧。不过，很快传来了胡烈攻陷阳安关的消息，钟会大喜过望，遂留下荀恺、李辅等人继续围困汉、乐二城，自己率领大军长驱直入，直逼剑阁（又称剑阁关，唐后改称剑门关）。

在魏军前线取胜的捷报传到洛阳后，魏主曹奂下诏嘉奖重赏司马昭，将春秋时期晋国的方圆七百里故地（总计十个大郡）赏赐给司马昭当作封地，封其为晋公，晋位为相国，加"九锡之礼"。司马昭又按照惯例假惺惺地"固让"，不肯接受皇帝的封赏。于是，满朝公卿一齐劝进司马昭，并让名士阮籍撰写了一篇《劝进表》阐述其中的重要意义。最后，司马昭才恭敬不如从命，"勉强"接受了天子的封赐。

钟会能率领伐蜀大军进逼剑阁，其实与姜维部署的新汉中防御体系是有关系的。当时，汉中前线各城守军按照姜维的部署都不与魏军交战，主动放弃汉中外围，退回到汉城、乐城固守。在姜维的歼敌构想里，他是想诱敌深入，等待魏军疲惫撤退之时"关门打狗"，然后各路蜀军一起围歼魏军。但是，姜维忘记了一个关键之处：蜀军是否有能力围歼得了十万以上的魏军？

除去蜀国国内各地的常规驻军外，蜀国剩下的机动部队不过五万人，这些兵力能灭掉数倍的魏军吗？

顺便提一下，正始五年（公元244年），曹爽率领十几万大军伐蜀，蜀将王平凭借汉中防御体系，以三万守军成功挡住了魏军的前进步伐，让魏军不能踏进蜀国国土。在费祎率领援军到来后，各路蜀军以少胜多击溃魏军。由此可见，原来的汉中防御体系是可以有效御敌的。要知道，这次魏国伐蜀必定周详筹划，并派遣有军事才能的人担任统帅，不会像正始年间曹爽那样鲁莽伐蜀了。

如今，姜维擅改了旧的防御体系放魏军进来，而他将会为自己的失策付出沉重代价。

姜维在阳安关失守后，只好放弃阴平，与廖化一起驻守白水关。不久之后，张翼和董厥率领的援军到达汉寿城时就听闻阳安关失守，便率军前来与姜维会合。

姜维与诸将商议后，决定共同退守剑阁，占据险要地势，凭借天险据守，将魏军挡在四川盆地之外。

这时，邓艾率领西路军抵达阴平，得知姜维已经在剑阁凭险坚守。这样，邓艾知道再多的魏军在剑阁也是没有用武之地的，所以他想绕过剑阁直取成都。接着，邓艾挑选精锐想要从汉德南面进入江油城、左栈道，攻取绵竹，进逼成都。邓艾制定好下一步军事行动后，邀请诸葛绪与他共同出兵。

不过，诸葛绪坚决不接受邓艾的邀请。诸葛绪本来的任务是拦截姜维，况且邓艾这个军事行动极其冒险，弄不好可能有全军覆没的危险。所以，诸葛绪以没有接到朝廷往西进军的命令为由拒绝了邓艾，径直率领中路军与主帅钟会会合。谁承想，钟会竟然想专揽军权，打起了吞并诸葛绪部队的主意。于是，钟会暗中上表朝廷，借机诬陷诸葛绪畏懦不敢前进，应给予严惩。当初，诸葛绪中计在桥头放跑了姜维，这是不争的事实。因此，司马昭听信了钟会的话，下令用囚车将诸葛绪带回京都审问。

就这样，诸葛绪被钟会设计陷害了，他一夜之间就从集团军的统帅变成了囚犯，只得坐着囚车回京都受审。然后，中路军归到钟会麾下，听从他的命令。

钟会要诡计吞并了诸葛绪部队后，统率的兵力就多达十五万人马了。于是，钟会自信满满，认为凭借优势兵力应该可以攻下剑阁。不过，现实很快就打了钟会一巴掌。

剑阁山势高峻，地形险恶，扼入蜀咽喉，历来为兵家必争之地。

剑阁易守难攻，所以姜维只用数万兵力就成功挡住了十几万魏军。尽管钟会有十几万精兵，其兵力至少是姜维部队的三倍，但他的大军始终无法攻克剑阁。蜀军据险坚守，十几万魏军在剑阁下寸步难行，再也无法继续前进。

就这样，钟会与姜维在剑阁僵持不下，魏军无法逾越这条入蜀之道。

钟会见动用武力无法攻克剑阁，便想劝降姜维。于是，钟会写了一封亲笔信派人送给姜维，其信云："公侯文武全才，谋略超世，功名远扬巴蜀之地，声播中原大地，远近无人不推崇您。我对您心怀敬意，请让我们同朝共沐大魏教化。古时吴季札与郑子产的友谊，可用来譬喻我们之间的关系。"

姜维知道钟会是想诱降他，所以不复信，反而布置各军扎营守险，严防死守剑阁。钟会十几万大军久攻不下剑阁，粮食消耗加剧，加之粮草运输路程遥远，后勤补给供应不上，所以魏军面临断炊之虞。

尽管钟会是一个颇有谋略之人，但他软硬办法都用尽了却没奏效。钟会无计可施，遂心生退意，计划撤军。

偷渡阴平

姜维在剑阁成功挡住钟会大军，战争形势开始向蜀国这边倾斜：只要钟会大军撤退，蜀军马上就可以收复汉中已失的城池关隘及军事据点。

邓艾听闻钟会打算撤军急了，急忙给司马昭上表，分析道："现在敌军大受挫折，势力衰减，我军应该乘胜追击。从阴平沿小路经汉德阳亭奔赴涪县，距离剑阁西有一百多里，距离成都有三百多里，然后派遣精锐部队攻打敌军的重要地区。这样，驻守在剑阁的守军一定会返回救援涪县，到时钟会就能乘势进攻；如果剑阁的守军不返回，那援救涪县的兵力就会很少。兵法云：'攻其不备，出其不意。'现在，攻打蜀国空虚的地方，一定能攻破。"

邓艾明白，一旦撤军，此次战役将会前功尽弃、半途而废，以后不知道等到猴年马月才能灭蜀。此时，邓艾已经是一个年近七十岁的老汉，留给他的时间并不多了；如果撤军回去，他就有可能等不到下次伐蜀的机会了。尽管当初邓艾不想伐蜀，但当建立不世出之功业的机会有可能就在眼前时，他又怎能轻易放弃呢？如果能成功灭掉蜀国，这无疑是永载史册的不朽功业。

司马昭接到邓艾的奏表，经过深思后接受这一建议，命令邓艾照计实施。其实，邓艾的这次军事行动有一个历史学名——"偷渡阴平"。

偷渡阴平是魏灭蜀之战中的一次决定性的军事行动，此举成败关系到整个战局的走向。

邓艾在诸葛绪拒绝邀请后，独自率领西路军从阴平小道出发，准备奇袭蜀汉大后方。邓艾率领一万人精锐部队先行，所部剩余两万多人负粮紧跟其后。从阴平到江油，沿途山高谷深，道路非常艰险。这条路，人迹罕至，炊烟不见，路况极其险恶。邓艾率领魏军凿山开路，架设栈道，一路攀登小道向目的地艰难挺进。邓艾军队需要穿过七百多里荒无人烟之地，其中的艰险可想而知。

没过几天，邓艾军队的粮食到了紧缺的地步，而前路又遥不可及。邓艾军队自从踏上阴平小道，他们就已无回头路了。邓艾的西路军一路攀木缘崖缓慢而进，在行军途中多次陷入困境，甚至连饮水都成了问题。当时已是冬天，魏军饥寒交迫，又极度劳累，甚至有人熬不过这段"死亡之旅"而倒毙途中。

当邓艾军队经过千辛万苦走到马阁山（位于今四川平武东南）时，道路彻底断绝了。此山"峻峭崚嶒，极为艰险"，从理论上说只有插上翅膀像飞鸟一样才能通过。

但是，到了这种地步，邓艾已无退路。因此，邓艾就是上刀山下火海也要前进，即使想原地返回也是死路一条了。邓艾牙一咬、心一横，用毛毡裹住自己，然后旋转着从高山往下滚落下去。众将士见主将这样做也纷纷效仿，或用衣服或用毛毡裹住自己，然后朝山下滚落。当然，从高山上滚下去，是死是活则全凭天意了。可以想见，应该有不少士兵撞得头破血流，甚至命丧此地也不足为奇。

就这样，邓艾通过了马阁山，又经过了天柱山，一路翻山越岭，经历了种种考验，克服了重重困难。也许，历史上没有人比邓艾更加深刻地切身体会到"蜀道之难，难于上青天"的深层含意了。

最后，邓艾克服了常人难以想象的无数困难，经过九死一生的七百多里征途后，终于率领一群衣甲不全的魏军通过了阴平险道，深入蜀国腹地到达江油城下。

值得一提的是，邓艾率军从阴平小道到达江油途中时，其部将田续曾违抗邓艾的命令不肯前进。邓艾气得怒火中烧，要斩杀田续以示惩戒。在众人的求情之下，邓艾才放过了田续。不过，田续从此对邓艾恨之入骨，并在不久后得到报仇机会亲手斩杀了邓艾父子。

邓艾率军西征蜀国，虽然行军过程异常困难，但一到目的地就意味着胜利。

忠臣死社稷

当初魏军数路并进伐蜀之时，后主刘禅听信黄皓之言认为敌军不会来，所以各地城池未做守城准备。江油守将马邈见魏军仿佛从天而降，大惊之下不敢做任何抵抗便开城投降了。马邈不战而降，邓艾不费一兵一卒就顺利进入江油城。

邓艾率军进城后得到休整，这才缓过气来。魏军在得到物资补充后，终于恢复了精神和斗志。

蜀人得知魏军偷渡阴平占领江油城，无人不感到震惊。驻守南中地区建宁郡的安南将军霍弋听闻邓艾已经进入江油城，意识到情况不妙，打算率军救援成都。不过，后主刘禅却认为成都已有准备，不听其建议。

其时，蜀汉重要将领都已经派往前线，成都已经没有什么作战丰富的将领了。后主刘禅听从属下建议，派遣卫将军诸葛瞻率领成都诸军北上拒敌。尽管没人知道诸葛瞻的军事水平如何，但大家都认为他绝对是一个忠臣、一个值得信赖之人，不会像马邈那样不战而降。

诸葛瞻是诸葛亮之子，他十七岁时娶后主刘禅的女儿为妻，授骑都尉。景耀四年（公元261年），诸葛瞻担任卫将军，与辅国大将军董厥共同执掌尚书台，处理政务，统领国事。如今，强敌已经打进蜀国国内，诸葛瞻当仁不让地接受了这次重任。

就这样，诸葛瞻带领长子诸葛尚、尚书张遵（张飞之孙）、尚书郎黄崇（黄权之子）、羽林右部督李球（李恢之侄）等人，督率诸军北上抵御敌军。诸葛瞻督率诸军到达涪城后，就始终盘桓不前。

黄崇见主将诸葛瞻止步不前心里急了，多次劝说其应当迅速率军继续前行以守住险要之地，不让敌军得以进入平川之地，否则险地被敌军占领了，到时候将无险可守，陷入不利的境地。

尽管黄崇分析得很有道理，奈何诸葛瞻犹豫不定，没有采纳此建议。黄崇为此多次进谏以至流涕痛哭，但始终无法说服诸葛瞻。

诸葛瞻之前从来没有担任过统帅单独领兵作战，这次临危受命领兵拒敌，可谓是赶鸭子上架。

很显然，诸葛瞻没有什么军事才能和战略眼光，他不是一个合格的统帅。

当然，邓艾是一个做事果断的杰出军事家，其部队在江油城稍作休整后便马上率军向成都方向进军。由于诸葛瞻没有抢占险要之地堵截敌军，所以魏军得以长驱直入。在邓艾高明的指挥之下，魏军势如破竹，一一占据了沿途的据点要地。

由于诸葛瞻的错误，蜀军没有扼守险要隘口，从而陷入被动局面。邓艾部队锐不可当，径直杀到涪城附近击败了诸葛瞻的前锋部队。

面对如此不利战局，诸葛瞻只能从涪城退守绵竹，集结整顿大军列阵等待邓艾。

邓艾知道诸葛瞻手中还有不少兵力，蜀军的战斗力尚存，不想硬碰硬去与诸葛瞻决战。于是，邓艾写了一封诱降信派人送给诸葛瞻，其信云："你如果愿意率军投降，我一定上表加封你为琅邪王。"

诸葛瞻的祖籍是徐州琅邪（今山东琅琊），因此邓艾如此利诱诸葛瞻。不过，诸葛瞻做出了让人吃惊的举动，只见诸葛瞻撕碎书信大手一挥，下令斩杀了来使。

"两军交战，不斩来使。"诸葛瞻却毫不犹豫地斩杀了邓艾的使者，这无异于当众表明与邓艾死战到底的决心——"不是你死，就是我亡"。

邓艾见劝降无望，只能用武力解决诸葛瞻。于是，邓艾派遣自己的儿子邓忠率军攻打诸葛瞻的右翼，师纂率军攻打诸葛瞻的左翼，企图两翼包抄围歼蜀军。结果，邓忠和师纂两人都被蜀军打败，只得带着残兵败将撤退，并汇报道："贼兵强大，难以击破！"

邓艾怒道："生死存亡，就在此一战了，还有什么不可以的！"邓艾痛责邓忠和师纂，骂完就要拔剑斩杀他们。

事已至此，邓忠和师纂只能硬着头皮率军返回前线。邓艾亲自在后压阵，并下达了死命令——"临战退缩者，就地斩首"。

诸葛瞻见魏军败而复返，遂率领大军出城与之交战，希冀彻底歼灭魏军。

这一场战争打得极其惨烈，因为对于双方来说都是一场输不起的战争。如果魏军不能战胜蜀军，他们不可能安全退出蜀地，将死无葬身之地。如果蜀军被魏军打败，邓艾取胜后就会挥军南下直接攻取防守薄弱的成都，到时候蜀国就会灭亡。

所以，无论是魏军还是蜀军，双方将士都抱有必死之心以进行殊死战斗。一时之间，绵竹城下刀光剑影，杀喊声四起，死尸堆积如山。

这是一场有死无生的决战，双方打得难分难解。黄崇身先士卒，冲在前线激励将士，并率领部众与敌军决一死战。不幸的是，黄崇在阵前被魏军所杀。李球临阵受命，统率其部继续冲杀，也在战斗之中战死了。由于蜀将接连阵亡，蜀军开始溃散，胜利的天平向魏军倾斜。

其实，陇右兵团本来就骁勇善战，况且他们怀着必死之心与蜀军殊死作战，因此战况越来越对他们有利。陇右兵团是久经战阵的野战军，作战经验丰富，战斗力很强。诸葛瞻带来御敌的军队主要是城防部队，尽管他们也非常勇猛，但不是邓艾大军的对手。

经过激战，诸葛瞻大军完全处于下风，已经无法挽救败局。到了这个时候，战争胜负已经明朗。诸葛瞻不甘心失败，继续指挥部队冲杀……

诸葛瞻至死不降，最后兵败被杀，时年三十七岁。诸葛瞻虽然能力不足，但忠心可嘉，以身殉国，亦不辱其父诸葛亮的美名。东晋史学家干宝这样评价诸葛瞻："瞻虽智不足以扶危，勇不足以拒敌，而能外不负国，内不改父之志，忠孝存焉。"

诸葛尚目睹了父亲诸葛瞻阵亡的惨状后，对部下感叹地说道："我父子受到国家重恩，但不能早日斩杀黄皓，从而让国家受辱、百姓遭殃，才导致了今天的失败。这样，我还活着干什么呢！"

于是，诸葛尚单枪匹马冲入敌阵，以死报国，时年十九岁。

张遵在诸葛瞻父子阵亡后，奋不顾身率军突入敌阵，与敌军血战到底，最后寡不敌众、为国捐躯。

司马迁有云："人固有一死，或重于泰山，或轻于鸿毛。"绵竹之战，蜀军众将领面对强敌不退缩、不投降，全部壮烈殉国，舍身报国的精神令人动容。其实，他们明知一旦投降就可以得到高官厚禄，但依然奋战到底，最后尽节殒命——"血可流，头可断，气节不能丢"。

当年，诸葛亮、张飞等人在蜀汉政权的创建过程中倾尽了他们的聪明才智和无数精力；而如今，这群功臣之后亦不辱父辈的名声，忠孝俱存，杀身成仁。

诸葛瞻等人力战而死后，蜀军全线崩溃，绵竹沦陷。

邓艾占领绵竹后乘胜进击，一鼓作气挥军南下，轻松攻陷了不设防的雒城（今四川广汉境内）。

雒城是成都的最后一道屏障，而雒城失守则意味着成都已经完全暴露在了魏军眼前。

雒城距离成都大概五十公里，意味着邓艾可以随时兵临成都城下。可以说，邓艾大军已经无限逼近成都，蜀国灭亡指日可待。

举国投降

诸葛瞻全军覆没的消息传到成都后，蜀汉君臣大惊失色，不知所措。百姓听闻此讯后，顿时慌乱骚动，纷纷逃跑躲入山林。尽管官吏们严格约束百姓逃亡，但依然屡禁不止，许多人逃离家园以躲避战火。

在邓艾大军快要到成都城下时，姜维的主力部队却远在剑阁，肯定是不能及时回援了——"远水救不了近火"。

此时，成都已经人心惶惶，既没有多少兵力，也没有优秀将领可以守城，再加上没有时间做城守调度，所以成都是很难抵挡得了士气高涨的邓艾数万大军的。

面对如此绝境，后主刘禅急忙召集群臣商议对策。群臣议论纷纷，有人认为蜀、吴两国本为同盟国，可以投靠吴国；也有人认为南中七郡山高险阻，容易守御，不如放弃成都，君臣逃入南中地区。

光禄大夫谯周不赞同众人的建议，分析道："自古以来，没有寄依别国而做天子的事例。现在形势危急，如果我们投奔吴国，一定要臣服吴国。其实，国家的政治和自然界是一样的，大的能吞并小的，这是自然规律。由此可见，以后魏国能够吞并吴国，而吴国却不能吞并魏国，这是很明白的事情。与其向小国称臣，不如向大国称臣；与其遭受两次屈辱，不如忍受一次屈辱。再说，如果投奔南中地区，应该早做准备才能有所依凭。现在大敌当前，灭亡在即，人心不稳，不能保证没有意外出现。恐怕出发之日就会发生不测之变，陛下还能顺利逃到南中吗？"

群臣中有人不服，反诘谯周说道："现在邓艾距离成都不远了，假如他不接受你的投降该怎么办呢？"

谯周很有把握地答道："如今，东吴还没有归附魏国，形势迫使邓艾不得不接受我们的投降请求。受降之后，魏国不得不礼遇我们。如果陛下归降魏国，魏国不封赏陛下爵位和土地，我谯周自当请命亲到魏国首都洛阳，用古人的道义为您力争，绝不让魏国薄待陛下。"

谯周的话有理有据，群臣之中没人能驳倒他的主张。

后主刘禅仍在犹豫不决，他不想做一个亡国之君，还想先奔往南中躲避风头，看看形势再做打算。

见此状，谯周极力劝说后主刘禅投降，并给出四条不能不投降魏国的理由：

一、南中地区是僻远的少数民族聚居地区，平时我们没有得到他们什么人力物力的供给，而且他们还时常想反叛。自丞相诸葛亮南征，大兵压境相逼，他们在没有办法的情况下才俯首归顺，此后才缴纳官税。我们用他们缴纳的赋税供养军队，与他们之间结有怨仇。现在，我们因为无路可走而想前往依靠他们，恐怕他们会再次借机反叛。

二、魏军大举伐蜀，就是司马昭下定决心灭蜀。如果我们南奔，他们必然趁我们退败之时在后面穷追不舍，即使我们顺利逃跑到南中还是躲不过的。

三、如果奔投南中地区，对外得抗拒魏军，对内则供给衣服车马，费用必定增加。但是，我们又无其他地方可以征收钱财，必然增加各少数民族的赋税，到时会加速他们的反叛。

四、现在魏军步步逼近，陛下（后主刘禅）仓皇南行，南中地区各少数民族见形势不利后会背叛陛下的。到时候，陛下怎么办呢？

后主刘禅听了谯周的分析后思前想后，觉得确实是没有更好的办法了，遂采纳其建议，决定举国投降。

不过，北地王刘谌见父皇刘禅接受谯周的投降建议怒气冲天，并愤怒地说道："如果国家到了穷途末路的地步，自然就会有灾祸。这个时候，应该是父子、君臣一起做最后的努力，背城一战，与蜀汉江山同生共死！这样为江山社稷而死，也可以死而无憾地去见先帝了！"

刘谌是后主刘禅第五子，为人忠烈，他再三劝谏父皇不要投降，不要将祖宗基业拱手让人。但后主刘禅不听从儿子刘谌的苦劝，仍然委派侍中张绍、光禄大夫谯周、驸马都尉邓良等人，带着投降书和玉玺去雒城向邓艾请降。

刘谌绝望了，为国家破灭感到痛不欲生，悲愤之情不禁涌上心头。失魂落魄的刘谌怀着绝望之心来到昭烈庙中痛哭，向祖父刘备的在天之灵哭诉。刘谌想到祖父刘备当年艰苦创业，费尽无数心血好不容易才创建下蜀汉政权，而如今父皇刘禅却将之拱手相让给敌国。刘谌不甘心做一个亡国奴，但又无能为力去改变现实，决定以死殉国。刘谌哭拜昭烈庙后，泪流满面地回到了家中，然后杀死了自己的妻子、孩子，随后自杀而死。北地王府左右近侍看见这一幕，无人不痛哭流涕，伤感刘谌一家以死殉社稷。

北地王刘谌是一个有气节的人，受到了后世的称誉。

再说，张绍一行人奉命来到雒城见邓艾，向邓艾奉上信物述说蜀汉皇帝刘禅自愿归降事宜。邓艾得到蜀国的降书大喜过望，随即回复书信准许了刘禅的投降请求，并让张绍、邓良等人先返回成都安抚人心。

紧接着，邓艾率领大军抵达成都城北。后主刘禅赶紧派遣尚书郎李虎奉上户籍典册出城呈献给邓艾，向邓艾交割了整个蜀国的人口与士兵及财产等。根据户籍典册统计，当时蜀国有28万户，人口数量94万人，军队人数12万人，官吏4万人。另外，有40余万斛米粮，国库里金银各2000斤，锦绮彩绢各20万匹。

随后，后主刘禅亲率太子刘璿及王侯群臣六十余人出城投降。为了表示真心诚意，后主刘禅令人用绳索反绑自己的双手，载着棺材前往魏军军营门前向邓艾投降。邓艾在三军面前正式为后主刘禅解开绳索，当众烧掉棺材，表示接受投降。

邓艾在成都城外检阅部队完毕后，率领大军进入成都城内出榜安民，恢复社会秩序。由于邓艾严格约束部众，魏军进城后没有发生抢掠行为。不过，这也是邓艾入蜀后唯一做对的一件事情，此后他将不断犯错误并最终葬送了自己的性命。

接着，邓艾自作主张任命后主刘禅代理骠骑大将军，蜀汉诸王为驸马都尉，而其他蜀汉官员或被重新任用，或者直接成为邓艾的部属。然后，邓艾又私自任命师纂兼任益州刺史，陇西太守牵弘等人出任蜀国各地太守，管辖蜀地各郡县。

邓艾接管成都后，对蜀汉文武百官和自己的属官封赏有加，唯对奸宦黄皓痛恨不已。邓艾在攻打蜀国之前，已经对黄皓的奸险阴诈事迹有所耳闻，所以进入成都后便将他抓起来准备杀掉。不过，黄皓很有钱，在得到风声后马上各处打点，并用重金贿赂邓艾的左右亲信。邓艾在众亲信的苦苦求情之下放了黄皓，并没有将其绳之以法。（《三国志》："及邓艾至蜀，闻皓奸险，收闭，将杀之，而皓厚赂艾左右，得免。"）

因此，黄皓得以免死，靠着金钱捡回了一条小命。可以说，黄皓用实例完美阐释了何为"有钱能使鬼推磨"。

邓艾在成功灭掉蜀国并建立不朽功业后就自矜自夸，处于极度自恋的状态之中。邓艾非常骄傲地对蜀地的士大夫们说道："诸位幸亏遇上我，所以才有今天的好日子过。如果遇上的是吴汉这样的人，现在你们已经被杀掉了。"吴汉是汉光武帝刘秀的大将，他曾经奉命率军攻伐割据蜀地为王的公孙述。吴汉平定蜀地后，纵兵大掠蜀地，残杀当地官员及百姓。

邓艾炫耀完了自己所施的恩惠后，又点评自己的老对手姜维："姜维自然是一时雄杰，只因为他遇上我才走上了穷途末路罢了。"

邓艾当众夸耀自己比姜维厉害，但有识之士见他如此矜夸，都在背地里讥笑他。

邓艾促请后主刘禅下诏通告蜀国，敕令各地蜀军放弃抵抗，并在原地放下武器向魏军投降。蜀国各地守城的蜀将收到后主刘禅的诏令后，随即纷纷投降。

至此，蜀汉王朝共历二世二帝，国祚四十三年，正式宣告灭亡。

第十一章　危机与善后

　　后主刘禅举国投降后，派遣太仆蒋显带着诏书传旨给姜维，敕令其尽早投降魏军。蒋显奉命带着诏书，踏上了去剑阁的路……

　　在前线抵御魏军的姜维，并不知道成都后方所发生的事情。姜维等人一开始听说诸葛瞻战败于绵竹，紧接着有消息说后主刘禅准备死守成都待援，又有谣传说后主打算东逃吴国，还有小道消息说后主将要南往建宁（南中地区的一个郡）。一时之间，各种消息满天飞，说得有板有眼，搞得姜维一头雾水，不知道究竟哪个消息才是真的。所以，姜维等人在剑阁得知邓艾偷渡阴平并斩杀诸葛瞻攻陷绵竹后，就明白成都已经彻底暴露在邓艾的兵锋之下，而邓艾偷袭蜀汉大后方简直犹如直捣黄龙。

　　姜维当机立断放弃剑阁，率领蜀汉主力部队东行进入巴蜀之地，沿途查明相关情况后打算回援成都。因此，钟会得以率军逾越剑阁，进军抵达涪城。钟会是一个得势不饶人的主，遂派遣胡烈、田续、庞会等人率军在后面对姜维大军穷追不舍。

　　当姜维大军退到广汉郪县一带时，就迎面碰到了使者蒋显。直到这时，姜维才确知后主刘禅已经向邓艾投降，并敕令他率领大军向钟会投降。事已至此，尽管姜维非常不甘心，但他别无选择，只能命令将士们放下武器、解除铠甲，然后到涪城钟会军营前投降，毕竟君命不可违。蜀军主力部队众将士闻此消息十分震惊和愤怒，气得拔刀挥剑怒砍岩石以泄怨气。（《三国志·姜维传》："寻被后主敕令，乃投戈放甲，诣会于涪军前，将士咸怒，拔刀斫石。"）

由此可见，此时蜀军主力部队的斗志依然旺盛，他们还想与魏军决一死战。

但是，"将士守国门，忠臣死社稷，君王降敌国"，不亦悲哉！

随即，姜维将自己的印绶、符节送给尾随在后的胡烈表示投降后，亲率蜀军主力从东道行军至涪城钟会大营投降。钟会见姜维率领大军来降，自然喜出望外。不过，钟会见到姜维后故意问道："你为何来得这么晚呢？"

姜维双眼饱含泪水，神情严肃地答道："我今天来这里，已经算是来早了！"

钟会闻此言肃然起敬，暗暗惊奇姜维虽降而不屈。与此同时，蜀将蒋斌得到后主刘禅的诏令后，打开汉城城门率领五千守军前往涪城归降钟会。

钟会厚待姜维及诸位蜀将，并把缴交上来的印绶、节盖等物都归还给了姜维等人。钟会尤其看重姜维，将之奉为贵宾，出则同车，坐则同席，并对长史杜预说道："用姜伯约（姜维字伯约）来与中原名士做对比，即使公休（诸葛诞的字）、太初（夏侯玄的字）也赶不上他。"

不过，钟会和姜维在不久之前还是一对死敌，而如今却成了亲密无间的好友，这在常理上看似乎是有点不符合逻辑的。

其实，钟会率军伐蜀见识了蜀地的险峻之后，就有了割据蜀地称霸的意图。钟会掌控的魏军原本就有十五万之多，如今又收编了姜维的主力部队四五万人，再加上蜀国其他城池据点的降兵，管辖的总兵力已经不少于二十万了。目前，钟会手中所掌握的兵力，与此时魏国国内留存的二十几万兵力相比较，也是相差无几的。有鉴于此，钟会想凭借强大的军事力量作为后盾，脱离司马昭的控制而割据蜀地。所以，钟会极力拉拢姜维是想将之收为己有，希望姜维能助他一臂之力，顺利霸占蜀地称王称帝。

当然，姜维也看出了钟会的野心，便将计就计委曲求全地为钟会办事，因为他也有着明确的目的——复国。姜维的复国计划是这样的：先说服钟会拥兵造反，然后借助钟会之手收服邓艾，接着教唆钟会杀尽魏将，然后利用混乱局势从中浑水摸鱼趁机杀掉钟会，最后率领蜀军一举解决掉留在蜀地群龙无首的魏军。如此一来，姜维就可以恢复蜀汉政权，重迎后主刘禅为帝。（《华阳国志》："维教会诛北来诸将，既死，徐欲杀会，尽坑魏兵，还复蜀祚。"）

为此，姜维给后主刘禅写密信，其信云："愿陛下忍数日之辱，臣欲使社稷危而复安，日月幽而复明。"

如果这个复国计划能按姜维的设想顺利进行的话，那么理论上来说是可以恢复蜀国的。不过，姜维的这场复兴大业最终竹篮打水——一场空。

二士争功

蜀国灭亡的消息传到洛阳后，魏国举国欢腾，尤其是司马昭更加喜不自胜。

这么多年来，曹魏集团和蜀汉集团始终是一对死敌，它们从来没有真正停息过战斗。如果从它们各自的创建者曹操和刘备开始算起，两个集团之间斗争的时间超过了五十年之久。如今，司马昭凭借魏国之力完成了许多英雄豪杰梦寐以求的事情，他可以凭借此功完成魏晋禅代的最后程序。

屈指一算，司马昭从景元四年（公元263年）八月正式誓师出兵伐蜀，到当年十一月魏军攻灭蜀汉，这场魏灭蜀之战只用了短短几个月，其效率可谓惊人。

当然，司马昭也明白在这场可以载入史册的大胜中钟会和邓艾居功至伟。于是，司马昭授意魏主曹奂下诏嘉奖钟、邓二人。

景元四年（公元263年）十二月，钟会和邓艾分别收到朝廷的嘉奖诏书。根据诏书内容，钟会被任命为司徒，爵位从亭侯升为县侯，增加一万户食邑，并封钟会的两个儿子（养子，原为其兄长钟毓之子）为亭侯，食邑各一千户。邓艾被任命为太尉，增加二万户食邑，并封邓艾的两个儿子为亭侯，食邑各一千户。

实际上，攻灭蜀国的首功之臣应该是邓艾。如果没有邓艾偷渡阴平深入蜀国腹地，打败诸葛瞻得以逼降后主刘禅，蜀国不可能就这么容易被灭掉的。从邓艾增加的食邑比钟会的多这一点来看，司马昭应该明白此中的缘故。

不过，司马昭让钟会和邓艾位居"三公"，绝对不是什么好任命，其背后暗藏玄机。前文说过，"三公"之位早已经有职无权，而从中不难看出司马昭在灭蜀成功后有意剥夺邓艾和钟会的兵权，让他们回朝任闲职。

如果钟会和邓艾按照诏令回朝任职，就意味着他们要放下兵权，相当于告老还乡了。话说邓艾是一个七旬老翁，人到暮年，可能没有什么图谋了。不过，钟会就不同了，他才四十岁，正值壮年，埋藏在心中的非分之想正在显露出来。的确，此时的钟会正在野心勃勃地秘密筹划着一场震惊世人的阴谋。

因此，所谓"二士争功"事件在钟会的挑唆之下拉开了序幕，很快就演变为一场差点改变历史进程的兵变。

姜维知道钟会有谋反之心，认为可以利用钟会的叛乱而趁机恢复蜀汉，便假意对他说道："听闻您自从平定淮南叛乱以来算无遗策，凡事都在您的意料之中。司马氏能有今天的辉煌，应该全依赖您的功劳。如今，您又平定蜀地，其威望和德行已震惊世人。现在，百姓都赞扬您的功绩，而司马昭却畏惧您的谋略。在这种情况下，您还想因此安然而归吗？从前，韩信在楚汉相争中没有听信谗言背叛汉朝，但他最终被主上怀疑而伏诛；文种不听范蠡的忠告退隐泛舟于四海，后来落个拔剑自刎的结局。难道这是因为主上暗昧和臣下愚蠢而导致的吗？其实都不是，这只不过是因为利害关系使得他们如此而已。如今，您大功已成，大德已显，为什么不效仿陶朱公范蠡扁舟泛游功成身退，或攀登峨眉山岭，或跟随古代仙人赤松子去云游四海呢？"

西汉开国功臣韩信当初没有听从蒯通的建议背叛刘邦，后来却被吕后擒杀，一代英豪落个死于妇人之手的凄惨结局。春秋时期谋臣文种辅佐越王勾践灭吴后，不听从同僚范蠡功成身退的劝告，后来为勾践所不容，等来了赐死的命令后只得含泪自刎而死。反观范蠡，在辅助越王勾践灭吴后马上弃官隐退，游历四海，后来经商致富，并且拥有寿终正寝的圆满结局。所以，姜维这段话的意思很明显：他暗示钟会要么趁手中有兵力时脱离司马昭的掌控，自立门户；要么主动放弃权位隐退，落个寿终正寝的结局。姜维这番话列举了很多历史事例，之所以建议钟会退隐以免遭受司马昭的猜忌，其实是试探对方内心的真实想法。

钟会是一个聪明人，当然明白姜维话中之意，便敷衍地答道："您说的这些事情，离我太遥远了吧？我不能这样做。更何况如今的形势也没有发展到您所说的那一步。"很显然，钟会不肯放弃权位，更不会像范蠡那样功成身退彻底远离官场。

姜维又撺掇道："除了刚才我说的退隐之法外，其他您都能想到和办到的方法就不用我再多啰唆了。"其潜台词很明显，即"如果你想起事，我会大力支持你的"。

通过这番"推心置腹"的密谈，钟会对姜维越来越信任，与姜维越发友好亲密，双方的感情迅速升温。

当然，姜维对钟会表达支持，只不过是利用钟会的政治野心来达到帮助蜀汉复国的目的而已，哪里可能真心帮助钟会呢！

在姜维的撺掇之下，钟会下定决心反叛司马昭，从而称雄天下。不过，钟会在动手起事前，有必要先解决掉一个人——邓艾。

对于钟会来说，此时的邓艾已经不是他的同僚，而是他最大的敌人。邓艾夺了灭蜀的首功，使得钟会脸上无光。作为这次伐蜀主帅，钟会率领十几万精锐被姜维挡在剑阁，而邓艾却以区区三万人马成功灭蜀。换另一个角度看，如果没有钟会在剑阁吸引姜维的注意力，邓艾也未必能成功偷渡阴平。如今，钟会已经决定谋反，如果不设计解决掉邓艾并收编其部队，那么邓艾势必给钟会造成巨大威胁。

总而言之，钟会已经把邓艾列入黑名单，非得置对方于死地不可。

建议与诬告

却说邓艾接受赏赐后马上给司马昭上了一道奏章，提出了自己对局势的看法和准备采取的各种措施。邓艾在奏章上是这样写的："按照兵法应该先树立威势，然后再真正进攻，现在凭借平定蜀地的威势乘势伐吴，吴人必定惊恐，可见目前正是平定天下的有利时机。但是大举用兵之后，将士们都已感到十分疲惫，因此我们不能立刻出兵，应该慢慢地图谋。以我之见，先留陇右兵团二万人，巴蜀士兵二万人，煮盐炼铁，储蓄军粮，为军事和农业做准备。同时，建造船只，为顺流而下征讨东吴做好准备。等到做好这些伐吴准备工作后，派出使者将利害关系告知吴国，吴国一定会顺势归降，那样可以不用征讨就能平定江南之地了。现在，我们应该厚待刘禅，以此做样招揽孙休。我认为，安抚百姓可以招揽边远之人，如果立即将刘禅送到京城，恐吴人会误认为是软禁他，那么在劝说他们归顺的事情上就不会顺利了。因此，我们应该暂且将刘禅留下，等到来年秋冬的时候，估计东吴也就可以平定了。我认为，可以敕封刘禅为扶风王，赏赐他财物，派人服侍他。扶风郡内有遗留下来的董卓坞，可以作为刘禅的宫室；封赐刘禅的儿子为公侯，赏郡中一县为食邑，以展示归顺的恩宠。此外，我们应该设置广陵城、城阳城等待孙休归降。如此，吴人会畏惧我们的威势，感怀恩德，望风归顺了。"

司马昭看了邓艾的奏章后心中腾起了一股怒火，这国家大事什么时候轮到邓艾来决策了。之前邓艾擅自做主任命官员，司马昭看在他刚立下大功的分上睁一只眼闭一只眼而没有责备他，但想不到他竟然得寸进尺干涉到国家的大政上来了。于是，司马昭忍不住了，便派遣监军卫瓘进入成都告诫邓艾："这件事情应该上报朝廷，不能立刻实行。"卫瓘替司马昭捎来这句话，相当于口头警告。可惜的是，邓艾不仅没有领悟到司马昭的意思，反而继续上奏陈述他的灭吴之策。

邓艾再次上奏，说道："我奉皇上之命征讨，敌军首领既然已经归服，就应该按照制度给予官职，安抚他们，这才是符合时宜的。现在蜀国举国归顺后，我国的疆土南端接海，东边与吴国接壤，应该早日平定吴国。如果等待朝廷的命令，路上来往的时间很长，将会耗费不少时日。《春秋》里有这样的话，将领守卫边疆，如果遇有保卫国家、有利于国家的事情，独断专行也是可以的。现在吴国没有臣服，其领地又与蜀国相连，就不能拘于常法而失去时机。《孙子兵法》说道：'前进不是为了求得名声，后退也不躲避罪责。'我邓艾虽然没有古人的气节，但也不会自我嫌弃以损害国家的利益。"卫瓘见邓艾不听警告，再次上这样的奏章，便愤怒地离开成都径直回到了钟会大营，并向其陈述邓艾的所作所为。

其实，邓艾这些建议虽然很有道理，但他在无形之中犯了一个致命错误——承制专事。然而，这种事情是权臣做的事情，而邓艾只是一个地方统帅。很显然，此时魏国的权臣是司马昭。意思是，对于魏国的军国大事，司马昭可以一个人说了算，但邓艾绝对不能。因此，毫无疑问的是，邓艾的所作所为严重触犯了司马昭的底线。

要知道，古代的通信方式基本上是靠书信来往的。邓艾这些寄往洛阳的书信，途中是要经过剑阁的。据说，钟会在剑阁派人拦截了邓艾的信使，篡改其书信内容，到处充满居功自夸之辞，把言辞改得傲慢无礼后才重新寄给司马昭。同时，钟会又毁掉司马昭的回信，以司马昭的名义伪造假书信寄给邓艾，离间他们二人的关系。由于钟会的书法能以假乱真，所以司马昭和邓艾并没有看出破绽来，他们互相猜疑对方。

钟会能把这件事干得不露马脚，是因为他非常擅长效仿他人的笔迹。钟会继承了父亲钟繇的潜质，在书法方面极有天赋。钟会是一个颇有造诣的书法家，擅长行书、草书、隶书，其书笔走龙蛇，蕴含着他的凌云壮志。唐人张怀瓘在《书断》中是这样评价钟会的书法的："钟会善书，有父风。稍备筋骨，美兼行草，尤工隶书。遂逸致飘然，有凌云之志……会隶行草章草并入妙。"

钟会曾在淮南三叛期间模仿全辉、全仪笔迹作书，诱使全怿等人投降司马昭，从而导致诸葛诞军心动摇。如今，钟会又故伎重施，伪造司马昭和邓艾的信件，让司马昭更加怀疑邓艾另有企图。于是，钟会趁机暗中上表，诬告邓艾即将谋反。与此同时，卫瓘、胡烈和师纂等人也非常看不惯邓艾在成都滥用职权，纷纷上书报告邓艾的各种悖逆之举，说其已经露出叛乱的征兆。

邓艾居功自傲，做事不考虑别人的想法，终于尝到了苦果。

当前方接二连三的举报信送到司马昭的手中时，邓艾的悲惨结局就避免不了了。

于是，司马昭以魏帝曹奂的名义下诏收捕邓艾，欲将之囚禁起来用囚车押送京都审问。司马昭担心邓艾不服从命令，便让钟会率军进驻成都，以备不测之时动用武力解决邓艾。

与此同时，司马昭先派遣贾充以中护军的身份假节都督关中、陇右诸军事，率领一万人马到汉中、乐城驻守，就近观察钟会的动态。

为了防止钟会收捕邓艾后趁机谋反，司马昭调集洛阳附近的部队准备挟持魏帝曹奂西征。当时，曹魏宗室都被软禁在邺城居住。尽管司马昭已经把魏帝曹奂带在身边，但是他还是忧虑离开洛阳期间有人趁机利用曹魏宗室起来作乱。为了防止出现意外之事，司马昭调派五百名亲兵给山涛，对他说道："西边的事我亲自去处理，后方的事就全委托你了。"然后，司马昭让山涛代理行军司马一职，在邺城监视曹魏宗室的动静。

见此状，邵悌说道："钟会所率领的人马是邓艾的五六倍，只需下令叫他进攻邓艾即可，您就不需要亲自前往了。"

当时，钟会有十五万大军，邓艾有三万士兵，在兵力上钟会是邓艾的五倍，即使是武力收捕邓艾也是绰绰有余的。

司马昭听了邵悌的话后露出狡黠的微笑，答道："先生忘记了之前所说过的话吗？现在，怎么又说不需要我亲自前去呢？虽然这样，但这件事也不可宣扬。我要以信义对待他人，只要他人不背叛我，而我又怎能先对他人疑虑呢？近日贾充问我说：'你很怀疑钟会吗？'我答道：'如果现在我派你外出办事，难道我也怀疑你吗？'贾充对此也无话可说。等我到了长安，事情就自然明了了。"司马昭这番话，直白地说就是这样的：我待人真诚，西巡长安并不是怀疑他人；但假如钟会不识好歹逞强造反，我可以名正言顺地剿灭他。

就这样，司马昭奉魏帝曹奂西征，率领十万大军去长安。

话说钟会在涪城接到司马昭收捕邓艾的密令后，故意派遣卫瓘先到成都去收捕邓艾。这是一个一石二鸟之计。钟会认为卫瓘兵少，想让邓艾杀掉卫瓘，以此坐实邓艾的谋反罪名。

当时，卫瓘麾下直属部队只有一千人，而邓艾的麾下有三万人马。一旦邓艾拒捕，双方打起来则卫瓘必死无疑。假如这样的场景出现，钟会就可以把卫瓘之死作为邓艾谋反的确凿罪证，借机入蜀出兵讨平邓艾。如此一来，钟会不但可以名正言顺地除去邓艾，而且可以借此建立下大功。

不过，钟会借邓艾之手将卫瓘杀死的企图落空了，因为卫瓘已经识破了钟会的诡计，并想出了应对办法。

卫瓘的谋略

自从接到收捕邓艾的任务后，卫瓘就知道钟会想害他，然而他无法拒绝，毕竟军令不可违抗。当然，卫瓘知道不能动用武力去收捕邓艾，只能随机应变抓人。

于是，卫瓘率领本部人马悄悄地往成都方向进发，并在深夜里潜入成都城内。随即，卫瓘派人分头秘密地向邓艾手下的将领们发出檄文，声称奉诏收捕邓艾，其余人一概不予追究，如果诸将主动来卫瓘的军营报到，爵位、赏赐就和之前一样，但谁若胆敢不来投奔就诛灭其三族。

诸将三更半夜被人叫醒，看到这样的诏令，谁人敢不照做？

等到鸡鸣时分，邓艾麾下的将领们纷纷赶来卫瓘军营报到，只有邓艾父子还在酣睡中，并对此一无所知。邓艾连日来在成都忙东忙西，白天不是接待应酬就是办理公务，所以疲惫的他在晚上睡得很沉。邓艾沉睡在巨大的胜利之中，丝毫没有意识到危险已经到来。

天刚蒙蒙亮，卫瓘乘坐朝廷特使的专车直接到了成都殿前，来到了邓艾的居所。此时，邓艾父子尚未起床，还在睡大觉。卫瓘一声令下，随从立即收捕了酣睡之中的邓艾、邓忠父子。

邓艾被人从床上捆绑起来，这才知道大事不好了。但是，没有反抗之力的邓艾，只能仰天长叹道："我邓艾是忠臣啊，今天竟然会有如此下场！从前白起所受的遭遇，在今日又重现了。"

顺便提一下，白起是战国时期的名将，曾为秦国立下赫赫战功，最后被秦昭襄王派遣特使将其赐死。白起一生从未打过败仗，最后却死于谗言与陷害。所以，邓艾想起了白起的故事，才发出了这样无奈的喟叹。

这时，邓艾部队诸将见主将邓艾被抓，他们才缓过神来觉得事情蹊跷，打算武力劫回邓艾。诸将集结一些亲兵后整顿队伍，拿着兵器直奔卫瓘的营地，叫嚣着要卫瓘放人，否则就别怪他们动手。卫瓘见诸将打算武力夺回邓艾，遂轻装出营，满脸笑容地迎接他们。

卫瓘对诸将说道："我知道邓艾是冤枉的，我对他的遭遇也深表同情。现在，我就向朝廷写奏疏，为他申辩。"

于是，卫瓘拿出纸笔，假装草拟了为邓艾申述的奏疏。诸将见卫瓘一副仗义执言的样子，便选择相信他的话而主动散去了。卫瓘在诸将离开后，赶紧派人用囚车将邓艾父子押送京城。

卫瓘混迹官场多年，做事精明老练，说起谎来一点不脸红。相反，这些武将基本上头脑简单、单纯多了，他们冲锋陷阵很在行，但论政治谋略和欺骗手段自然不是卫瓘的对手。

钟会听到邓艾被擒获的消息后，虽然有点失望邓艾未在他的设想中拒捕并杀死卫瓘，但也没有觉得有多大影响。

钟会所忌惮的只有邓艾一人，既然邓艾父子被擒了，自然就没有什么可怕了。于是，钟会立即率领十几万大军，从涪城一路浩浩荡荡地赶到了成都。因此，钟会威震西蜀，声望达到了顶点。

这一天是景元五年（公元264年）农历正月十五日，元宵节。

钟会进入成都后，收编了邓艾部队的三万人马。至此，钟会基本上掌控了全部伐蜀部队十八万人，再加上十万投降的蜀军，名义上管辖的兵力多达二十八万之多。因此，钟会自认为功绩盖世，天下无人能比，如今又兵多将广，遂不愿再屈居人下为人臣。于是，钟会决定起兵反叛，希冀争夺天下。

钟会争夺天下的战略计划是这样的：

一、姜维五万人马作为先锋部队，派其率领蜀军出兵斜谷，而钟会自己带领大军紧随其后进攻关中地区。

二、到了长安以后，让骑兵走陆路、步兵走水路，顺着渭水进入黄河，计划五天到达孟津。

三、步、骑兵部队在洛阳会合后，几十万大军一起围攻洛阳，只要能消灭司马昭的中央军，很快就可以平定天下。

当然，此时的钟会确实已经有资本对抗司马昭。单从兵力来看，钟会手中的兵力与司马昭手中的兵力相比，双方大致差不多。虽然钟会的军事实力（硬实力）很强，但是他的政治背景（软实力）几乎没有，这为他的覆灭埋下了一根导火线，只需等待一点火星来点燃它。

然而，就在钟会野心勃勃地制订他的作战计划时，突然收到了司马昭的亲笔信："我担心邓艾会不服从命令，现在派遣中护军贾充带领步、骑兵一万人径直进入斜谷并让其在乐城驻守，而我自己率领十万人马进驻长安，这样我们两军相见的日子就很近了。"

钟会收到司马昭的书信后，意识到司马昭识破了他的谋反计划。当钟会得知司马昭已经做了周密的预防工作，他惊慌失色地对亲信们说道："仅仅是收捕邓艾，相国（司马昭）知道我是能独立完成这个任务的。现在，他亲率这么多部队前来长安，一定是发觉了我有异心。所以，我们事不宜迟，应当立即出兵。如果事情顺利，就可以夺得天下；如果事情不顺，就退回蜀地据守，也能像刘备一样可以偏安一隅称王称帝。我自从淮南征战以来算无遗策，这是天下都知道的事情，像我这样功高名盛的人物回朝后哪能有好归宿呢？"

第二天，即正月十六日，钟会召请护军、郡守、牙门将、骑督以上的官吏以及蜀国的旧官一起议事。钟会见众官员到齐后，就在蜀国朝堂上宣布为郭太后发丧。钟会伪造郭太后的遗命，说遗命令他起兵废掉专擅朝政的司马昭。仓促之际，众人听到这样的惊天消息，莫不惊恐不安。

值得一提的是，魏明帝曹叡的皇后，即郭太后确实在上个月刚刚去世了。之前，司马氏已经无数次利用郭太后的政治价值来打击政敌，并取得显著的成果。郭太后这个可怜的女人，她的后半生就一直在充当野心家的政治棋子，甚至连死了都还要被人利用。

钟会为了让自己名正言顺出兵讨伐司马昭，因此假托郭太后的遗命。钟会将矫诏展示给众人看，让他们发表意见，并令人将众人的议论记录下来，以此判断他们的政治立场。钟会又派亲信统率各路军队，做好出兵的准备。

为了防止泄密，凡是钟会所请来议事的官员，都被收押在益州的各官府中严加看管。钟会下令将成都城的城门、宫门都关闭，并派遣亲兵严加守卫，以防走漏消息。

钟会囚禁了诸将，单独留下卫瓘谋划商议此事。钟会在木片上写下"打算杀胡烈等人"这句话，举起木片让卫瓘看，但卫瓘不答应。于是，钟会和卫瓘二人互相猜疑。

卫瓘去茅厕的时候，遇到了胡烈的旧部属丘建，遂让他赶紧通报三军，说钟会反叛。丘建得到卫瓘的密告，知道了钟会即将谋反的事情。

丘建原本是胡烈下属，后来胡烈将他举荐给司马昭，因此他很感激胡烈的举荐之恩。后来，钟会见丘建办事得力，便让他跟随自己伐蜀，并对其非常器重——让他做了一名帐下督。丘建同情旧主胡烈无罪被关押的境遇，遂对钟会说道："希望能派一名亲兵为胡烈传送饮食，其他将领官员也应该有一名侍从伺候。"

钟会不假思索就同意了丘建的建议，让他照样去办理。

胡烈得到丘建的照顾后，编造谎言告诉亲信侍从，又写信给他的儿子胡渊说道："丘建秘密地传递消息，说钟会已经挖好大坑，准备了几千根白棒，想叫外面的兵士全部进来，给每人赐一顶白帽，授散将之职。然后，将他们一个个打死埋在坑中。"

很多牙门将的亲兵议论纷纷，大家都在传说此事，一夜之间就传遍了诸营，以至所有魏军都知道了这个消息。

俗话说，"三人成虎"。更何况，现在是十几万魏军以讹传讹呢！因此，所有在成都的魏军都相信这件事情是真的。

这一夜，钟会和卫瓘两人彻夜不眠，他们各自都把刀横在了膝上。钟会逼迫卫瓘做出决定，但是卫瓘始终不吭声。

第二天天刚亮，城外有些得到消息的军队暗地里已经准备要攻打钟会了。不过，因为卫瓘还在里面没有出来，所以诸军未敢先动手。

钟会听见屋外喧哗，担心出现兵变，便让卫瓘去慰劳各军。虽然卫瓘心里非常想离开，但又担心钟会突然改变主意。于是，卫瓘故意推辞道："你是三军主帅，应该亲自去。"

钟会随口答道："你是监军，你先去，我随后到。"

于是，卫瓘下了殿堂，走出了门。钟会想了一会儿后，觉得不对劲，后悔将卫瓘放走，急忙派遣几十个信使去叫他回来。

当时，卫瓘并没有走远，所以钟会的信使很快就追上卫瓘。卫瓘"眼观四路，耳听八方"，他见钟会的信使在后面追赶便"眩晕"起来，脚步一个踉跄假装重重地摔倒在地。卫瓘有气无力地艰难爬起来，一副狼狈不堪的样子。然后，卫瓘以生病为由，说需要住在外面的官舍方便服药。信使们看见这一幕，都认为卫瓘身患重病，便同意了他的请求。

于是，卫瓘回到官舍后趁人不注意之时偷偷地喝了大量盐水，以让自己大吐。卫瓘的身体素质本来就很差，经过剧烈呕吐之后，就显得奄奄一息了。卫瓘这样做，只不过是想以此解除钟会的戒备之心。

当然，钟会有点不相信卫瓘，便派遣亲信及郎中去探视，想近距离观察卫瓘究竟是真生病还是假生病。众人奉命来到卫瓘床边，只见他目光游离、浑身无力，连下床迎客这种简单的动作都做不了，似乎只剩下半口气了。见此情景，大家都相信卫瓘真的不行了。就这样，卫瓘用高超的演技骗过了众人。

钟会听到汇报后大喜过望，认为卫瓘既然病重不起，蜀地所有事情就是自己一人说了算。因此，钟会无所忌惮，准备筹划下一步行动。

钟会之乱

在钟会派来的亲信及郎中离开后，卫瓘从床上一跃而起，振笔疾书撰写檄文。

等到天黑城门关闭之后，卫瓘将写好的檄文通报诸军。于是，诸军纷纷响应卫瓘的号召，约定明天一早就一起出兵讨伐钟会。

正月十七日夜里，成都城内城外各支军队的将士们磨刀霍霍，十几万魏军准备等到天亮就发难。

对于这一切事情，钟会蒙在鼓里。不过，钟会身边的亲信已经有人意识到危险的到来，建议道："可以将牙门将、骑督以上的官吏全部坑杀了，以免夜长梦多。"钟会犹豫不决，拿不定主意。

时间在慢慢地流逝，一夜很快就过去了，天亮了。

正月十八日一大早，驻扎成都的各路魏军开始集结。中午时分，胡烈麾下的士兵在其子胡渊率领之下擂鼓而出，杀向钟会住处。与此同时，其他各路军队的士兵们都不约而同地呐喊着跑出来，一起击鼓跟随胡渊讨伐钟会。一时之间，不计其数的魏军争先恐后地涌出城门……

此时，恰好钟会召见姜维，想给他的部队派发铠甲、兵器。不过，还没等到姜维离开，就有人慌张地跑过来向钟会上报，说外面有吵嚷的声音，好像失火了。

不久，外面锣鼓喧天，杀喊声四起。钟会的亲信面无颜色地跑过来向钟会上报，说大量士兵在胡渊带领下奔向城门，拿着武器气势汹汹地杀过来了。

直到这时，钟会才意识到事情不妙，大惊失色地对姜维说道："将士们这样跑过来，好像是要作乱，我们该怎么办呢？"

姜维说："我们只有抓紧时间组织人马抵挡他们，同时把软禁的诸将杀掉。"

于是，钟会一边组织身边为数不多的嫡系部队抵抗外面"叛军"的进攻，一边派遣亲兵将关押在各官府中的牙门将、郡守全部杀掉。不过，钟会匆忙之间部署的行动很快失败了。

关押的诸将见钟会派人来诛杀他们，马上展开了自救行动。在生死存亡之际，诸将一起动手搬桌子，然后使出吃奶的力气用桌子死死地顶住大门。钟会的亲兵们打不开大门，只能用手中的兵器砍门……

被囚禁在屋内的胡烈等诸将很清楚，一旦钟会的亲兵们破门而入，他们就会被乱刀砍死。不过，由于官府的大门极其厚重，钟会的亲兵们短时间内是不可能砍破大门的。

不久之后，胡渊率领部队前来解救父亲胡烈。胡渊一边指挥士兵们进攻钟会的亲兵，一边架着梯子登上城楼放火烧毁屋顶，想给里面的人打开缺口。屋内诸将看见援军到来，便冲出屋外和他们的部下会合，很快就冲散了钟会的亲兵。

到了这个时候，双方在这场博弈中已经决出胜负了。但是，姜维不甘心就这样失败，他率领钟会的亲兵全力迎击前来进攻的各路魏军。面对团团包围上来的魏军，姜维毫不畏惧，虽然年过花甲但依然神勇无比，一人杀掉了对方五六个人。最终，姜维寡不敌众，以身殉国，时年六十三岁。魏军斩杀了姜维后，对他的复国计策非常愤怒，遂对他开膛破肚，发泄怒气。令人吃惊的是，姜维竟然胆如斗大，众人纷纷感叹怪不得他这么不怕死。（《世语》："维死时见剖，胆如斗大。"）

姜维虽为降将，却一生忠心于蜀汉；他虽身居高位，但生活俭朴，家无余财，勤勤恳恳。姜维继承武侯（诸葛亮）之志，矢志北伐，连年出兵将曹魏的整个西北地区搅得鸡犬不宁。但由于双方巨大的实力差距，姜维的北伐并没有取得实质性的成果，反而因此消耗了蜀汉的国力。即使在大势已去的情况之下，姜维依然不放弃最后一点微茫的希望，企图借助钟会之手复国。为了蜀汉的江山社稷，姜维耗尽心血，不惜抛头颅、洒热血，至死方休而无悔。可惜的是，"大厦既倾，独木难支"，姜维最后只能抱恨而死。可以说，姜维是蜀汉最后一个真正的英雄，他以悲壮的结局为蜀汉的灭亡画上了一个句号。

接着，魏军又去追杀钟会。此时，钟会只剩麾下数百名亲兵跟随在他的身边。钟会知道肯定打不过越来越多的魏军，只得率领亲兵们绕着宫殿逃跑，希冀可以逃得一命。当然，胡烈等诸将是不会放过钟会的。结果，钟会的亲兵全部力战而死，而钟会本人也被杀死，卒年四十岁。

在这场"钟会之乱"中，魏军趁乱烧杀抢掠，洗劫了成都这个繁华的都市。因此，成都死伤满地，一片狼藉。姜维的妻子儿女，蜀将张翼、蒋斌，以及蜀汉太子刘璿等人都被乱兵所杀，很多无辜之人更是死于非命。

钟会死后，卫瓘成为成都的最高长官，出面收拾残局，约束众将士，整顿军纪，稳定局势。过了几天后，纷乱平息下来，成都逐渐恢复秩序。

邓艾之死

就在魏军大肆掠劫之时，邓艾本部将士见成都大乱，趁乱解救了被押送洛阳途中的主将邓艾。于是，邓艾营中的将士自发去追赶邓艾的囚车，打算将他迎接回成都。

卫瓘见邓艾麾下的将士去解救邓艾，知道大事不好了。要知道，卫瓘参与诬陷并收捕邓艾，他最清楚邓艾回来意味着什么：一旦邓艾再次得势，第一个复仇的目标就是他卫瓘。

卫瓘害怕邓艾回来发生事变，又想独揽诛杀钟会的功劳，所以无论如何都不能让邓艾再活着。于是，卫瓘急忙派遣护军田续率军去追杀邓艾。

在出发前，卫瓘对田续说道："你可以报江油受辱之仇了。"

前文曾述及邓艾偷渡阴平偷袭江油城的途中，其部将田续曾抗命逗留不进城。邓艾愤怒欲斩田续，后经众人求情田续才得以免于一死。因此，田续对邓艾怀恨在心，无时无刻不在寻机报仇。

如果卫瓘派遣其他将领去执行追杀邓艾的任务，有可能会慑于邓艾的权威不敢下手，甚至说不定会为了讨好邓艾而释放邓艾父子。这就是卫瓘派遣田续去追杀邓艾的原因了。

如今，田续得到了来之不易的复仇机会，岂能不卖力！

田续率军倍道兼程，一路北上，在绵竹的西面遇上了邓艾一行。此时，邓艾、邓忠父子刚刚被部下从囚车中解救出来，因劫后重生而满怀喜悦。在邓艾毫无防备之时，田续率军赶到，然后借着夜色的掩护在绵竹三造亭夜袭邓艾，成功斩杀了邓艾、邓忠父子。

邓艾死后，他其余在洛阳的儿子都受到连累而被诛杀。此外，魏国朝廷还将邓艾的妻子及其孙辈都流放到了西域。

一代名将邓艾，在功成名就之后却落个家破人亡的结局，真的令人唏嘘不已！

邓艾出身寒微，小时候放牛，成年后做了屯田客。邓艾的前半生在默默无闻中度过，后来时来运转遇到了人生中的贵人司马懿。邓艾通过几十年的奋斗，靠着自身努力和抓住机遇而得以成功，从一个家徒四壁的穷汉成为一个镇守一方的大将。邓艾是一个智勇双全的名将，他在军事方面的智谋武功无可挑剔，无论是平定国内的叛乱，还是抵御敌国的进攻，都有极其出色的表现，甚至多次击败姜维。魏灭蜀之战后期，邓艾毅然决然地率军偷渡阴平，通过了七百多里人迹罕至的险道，进行了一次极为艰险的军事冒险行动。结果，邓艾成功了，击败了不晓军事的诸葛瞻，逼得蜀汉后主刘禅举国投降，建立了旷世奇功。

攻灭蜀国后，邓艾夺得伐蜀之役的首功，建立了彪炳史册的功绩。不过，此后邓艾伐功矜能，做事考虑不周全，完全不顾忌司马昭，以致功高震主又岂能长久。因此，邓艾被人抓住把柄，被诬为谋反。

邓艾虽然是一个极其出色的军事家，但不是一个合格的政治家。邓艾的政治智商是不及格的，他从来不懂得什么叫作"功高震主"。

总的来看，邓艾是被冤死的，主要是被人算计合伙谋杀的。同时，邓艾居功自傲的一面也要为其死亡负一定的责任。

姜维死了，钟会死了，邓艾也死了，而最大的赢家无疑是司马昭。虽然魏国取得了有史以来最大的胜利，但是魏帝曹奂的心里说不出滋味来，因为这场大胜是在司马氏的领导之下打的。如此，司马氏可以凭借这场胜利积累足够的资本，然后"名正言顺"地取代曹魏。尽管曹奂心中有很多憋屈，他也不得不为此下诏嘉奖司马昭。

于是，曹奂下诏加封晋公司马昭为晋王，增加封邑十个郡，连同之前十个郡的封邑，其封邑达到惊人的二十个郡。这无形之中创造了一个纪录——司马昭成为三国时代封邑最多者。

这一次，司马昭没有任何"固让"，而是直接接受了魏帝的封赏。由此可见，司马昭之前三番两次拒绝魏帝的封赏是何其虚伪。

当年七月，晋王司马昭奏请司空荀颛制定礼仪，中护军贾充修正法律，尚书仆射裴秀议定官制，太保郑冲总领裁定。司马昭开始建立五等爵位，筹建国中之国——晋国。当时所有人都知道，这是司马氏取代曹魏的前奏。

乐不思蜀

成都之乱平息后，后主刘禅奉命举家东迁到魏国都城洛阳居住，并被封为安乐县公，赐一万户食邑，一万匹绢帛，一百名奴婢。虽然刘禅的帝王生涯结束了，但他在洛阳的生活还是贵族待遇。

蜀将霍弋在得知司马昭善待刘禅后，才率领南中六郡投降。司马昭赞赏霍弋能保全一方，举郡内附，仍然对其委以重任。于是，霍弋官拜南中都督，全权管理南中地区的事务。

却说司马昭将刘禅软禁在洛阳后，仍对他有点不放心。有一天，司马昭有意设宴邀请刘禅和一班蜀汉旧臣，借口为他们接风洗尘。司马昭作为魏国的实际统治者发出邀请，因此大家都不得不按时前来参加宴请。

在酒宴上，司马昭故意嘱咐属下演奏蜀中乐曲，一群歌女伴随着音乐表演蜀地歌舞。这是一个不怀好意的安排，司马昭想以此探明蜀国君臣们归降后的态度。

蜀汉旧臣们看见这一幕后想起了亡国之痛，一股刺痛的感觉涌上心头，他们个个或掩面或低头，哭泣流涕不已。唯独刘禅怡然自若，谈笑如常，没有丝毫悲伤的样子，并饶有兴致地看着歌舞表演。

司马昭将刘禅的一举一动看在眼里，转头对其亲信贾充说道："一个人的无情，竟然可以达到这种程度。就算是诸葛亮在世，他也无法长久辅助刘禅保全蜀国，何况是姜维呢？"

贾充笑道："如果不是这样，丞相岂能轻易吞并蜀国。"

过了几日，司马昭召见刘禅，问道："安乐公还想念蜀地吗？"

谁想到，刘禅竟然脱口而出一句——"此间乐，不思蜀"。后来，此句流传千古，并演化成了成语——"乐不思蜀"，比喻乐而忘返或乐而忘本。

蜀汉旧臣郤正闻此言，觉得刘禅的回答很不得体。郤正回到府中后，秘密求见刘禅，对故主说道："如果司马昭下次再问同一个问题，陛下应该流泪伤心地答道：'先人的坟墓远在蜀地，我心里很难过，没有一天不想念啊！'然后闭眼沉思，如此司马昭就会让陛下回蜀地了。"刘禅听了郤正的话后牢记在心。

过了一阵子，司马昭果然再次问刘禅同一个问题。这一次，刘禅按照郤正所教的从头到尾复述了一遍，以此回答司马昭的提问。

司马昭听了刘禅的回答，笑道："这话好像是郤正说的啊！"

司马氏的耳目爪牙遍布洛阳，他们负责监视有可能对司马氏产生威胁的人和事。当然，郤正求见刘禅这件事情自然逃不出他们的眼睛，所以司马昭很清楚这话是谁说的。

刘禅故作惊讶，答道："您怎么知道啊？"

刘禅此言一出，哄堂大笑。司马昭见刘禅如此老实忠恳，想到他近日来的所作所为，从此再也不怀疑他会另有企图了。

因此，刘禅得以全身而退，躲过了司马昭的夺命鸩酒。从此以后，刘禅在洛阳做一个手无寸权的"贵族"，饮酒奏乐，妻妾相伴，安度余生。

泰始七年（公元271年），刘禅在洛阳去世，享年六十五岁，西晋朝廷将其谥为"思公"。

后世，许多人将刘禅称为"扶不起的阿斗"，说他是一个懦弱无能、傻里傻气的弱智之人，"烂泥扶不上墙"。其实，这种说法是不太准确的。说实话，刘禅肯定是一个智商正常的人。例如，在诸葛亮去世之后，刘禅马上取消了丞相职位，开始恢复君权。为了避免大臣权势过重而不好控制，刘禅巧妙地安排了蒋琬和费祎的职务，让他们二人的权力相互牵制。在蒋琬去世后，刘禅借机夺回君权，总理国家政事。由此可见，刘禅是一个精通帝王之术的人，也懂得如何驾驭群臣。

平心而论，刘禅并非庸碌无能之人，他在诸葛亮去世后还能将蜀汉江山牢牢掌控在自己手里长达二十九年，而且蜀汉没有出现威胁帝王的权臣，可见他是有一定手腕和能力的。刘禅也曾想有一番作为，多次同意姜维北伐，奈何实力不济，以致北伐战争并没有取得实质性的成果。后来，刘禅被奸邪小人迷惑，逐渐丧失了进取之心。蜀汉灭亡之时，刘禅不战而降最是被后人诟病。

永安之战

在蜀国正式灭亡后，还不得不提到一次与之有关系的战役——永安之战。前文提到，刘禅在魏国大军压境之际，急忙遣使入吴求救。吴主孙休接到后主刘禅的求救信后自然不敢怠慢，详细向蜀使询问了相关情况。为了避免陷入唇亡齿寒的困境，孙休急忙调兵遣将救援蜀国，因为救蜀国其实就是救吴国自己。

孙休迅速做出了以下军事救援部署：

一、派遣大将军丁奉率领诸军向魏国军事重镇寿春挺进，做出救援蜀国的姿态，企图迫使魏军伐蜀部队撤军回援寿春；

二、派遣征西将军留平前往荆州南郡面见朱绩（施绩），商议进兵方向；

三、派遣将军丁封、孙异等人率领水军从汉水进入汉中试图救援，希冀配合蜀国作战以击退魏军。

这是公元263年农历十月吴国做出的军事救援部署。可惜的是，吴国的救援速度赶不上后主刘禅投降的速度，当年十一月刘禅就举国投降了。由于后主刘禅不战而降，所以吴国的援军还在半路上就听到了蜀国灭亡的消息。

既然蜀国灭亡已经成定局，吴军只能在半路上停止救援行动。孙休得知蜀国灭亡的消息后，重新调整国防战略部署。要知道，以前蜀、吴两国结盟共同抵抗曹魏，而今吴国只能单独对抗强大的曹魏。为了争取战略上的主动权，孙休再也不用顾忌蜀、吴两国签下的盟约，遂密令吴军攻打蜀、吴两国边界的永安城。于是，吴国的救援大军趁火打劫，转而进攻蜀汉军事重镇永安（今重庆奉节）。

当年，刘备夷陵之战败退永安后，为加强永安地区的防御能力，曾经修建永安宫城，严加防备孙权派兵经永安入侵蜀地。不久之后，病重的刘备在永安白帝城托孤。托孤重臣李严负责留守永安后，结合当地的地形修筑大量小型堡垒，完善了永安的军事防御措施。此后，历任永安都督又在前任的基础上修筑军事工程。因此，永安城有着坚固的防御工事体系。

由于蜀、吴两国曾经有过多次军事冲突，所以蜀国在重新与吴国结盟后也不敢完全对吴国放心，万一"奇袭荆州"的戏码又重新上演一遍呢。永安作为蜀汉东线的军事重镇，自然是担负着防备吴国的重任。诸葛亮病逝后，孙权曾经在吴、蜀两国边界增兵，而蒋琬立即做出回应，增兵永安严阵以待。经过这件事情后，吴国也不敢再打蜀国的主意了。不过，现在形势不同了——蜀国灭亡了，如果处于长江上游的永安城向魏国投降，就会威胁到处于长江中下游的吴国的安全。所以，孙休想在永安城投降魏国之前抢占这座极具战略价值的城池。

于是，吴国要了一个诡计，派遣将军盛宪率军向西进军，表面上假称救援蜀国，实际上欲袭击永安城。（《晋书·罗宪传》："吴闻蜀败，遣将军盛宪西上，外托救援，内欲袭宪。"）

此时，永安城的守将是罗宪，即被黄皓赶出成都贬为巴东太守的那位。后主刘禅在成都投降的消息传到永安城后，引起永安城中骚动，许多人惊慌失措打算逃亡。当时，长江沿岸许多城池的官吏都弃城逃走，永安城的官民们也想逃离家园外出避难。罗宪当机立断，将一个带头者斩首示众，遂使百姓安定下来。

当然，罗宪也非常清楚吴国的意图，他见盟国竟然趁乱进攻自己的国家已然气极，怒道："我国倾覆，吴国与我国本是唇齿之邦，但它不抚恤我们的灾难，却想趁机求利、背盟弃约。况且蜀汉已亡，吴国又岂能久存？我宁可向魏国投降，也不做吴国的俘虏。"

于是，罗宪向麾下的将士们发表动员陈辞，激励士气，整顿军队，修整铠甲，做好随时迎战吴国的准备。

不过，当初魏国大举伐蜀之时，蜀汉朝廷命令右大将军阎宇率兵西还救援。为了救援成都，阎宇带走了永安城的大部分兵力，只留下二千守军给罗宪让其负责守卫永安城。

及至钟会、邓艾等人死于成都兵变后，蜀国百城无主，吴国遂有吞并蜀国的志向。由于巴东地区固守，吴军不方便通过，便打算从永安城入蜀地。孙休又派抚军将军步协领兵西征，想与盛宪联手集中优势兵力占领永安城，并在打通通往川蜀腹地的道路后长驱直入蜀地攻占成都。其实，吴国这种行为，无疑是趁火打劫。

永安城兵力薄弱，形势危急，难以长久抵抗吴军。因此，罗宪一边派遣参军杨宗带着城内文武官员的印绶作为信物出城突围北上向魏国安东将军陈骞求援，一边组织部队抵抗吴军的进攻。蜀汉将士对吴国背信弃义的行为极为气愤，又联想到当年吴国也是这样单方面撕毁盟约偷袭荆州，所以将士们都拼死作战，把亡国之怒的一口气撒到了吴军身上。就这样，在罗宪的正确指挥之下，蜀军凭借坚固的城池和不屈的勇气以少胜多，击败了步协等人。

在吴军的败讯传到孙休的耳中时，他大怒之下又派遣镇军将军陆抗率军增援步协等人，誓要攻克永安城。于是，驻扎西陵（今湖北宜昌）的陆抗奉命率领三万大军离开驻地，与步协等人会师后一起进攻永安城。

面对数十倍的吴军，罗宪依然无所畏惧，指挥为数不多的士兵严防死守永安城，并凭借蜀汉几十年来苦心经营的防御工事，多次打退了吴军的进攻。

就这样，数万精锐的吴军攻不下只有两千守军的永安城。吴军有着绝对的兵力优势，虽然他们攻城受挫，但也不想就此放弃而罢兵回家。在吴军看来，这座兵微将寡又极其重要的城池，即使是多花一点代价，也有必要将之收入囊中。所以，吴军在陆抗等人的指挥下，锲而不舍地围攻永安城，丝毫没有罢手的迹象。由于留守永安城的部队人数实在太少，经过长达六个月的攻守战后，罗宪手中只剩一千兵力可用了。

此时，永安城的抵抗能力快到极限了，而魏国的援军却迟迟不到。"屋漏偏逢连夜雨。"永安城内瘟疫开始流行，粮草匮乏，城中军民处境更加艰难，差不多到了弹尽粮绝的地步。

在这种绝境下，守军的守城意志动摇了。有人劝罗宪突围向南逃到南中地区的牂柯郡避难，也有人提议向北直奔上庸地区投降魏军。因为，破城已是一件在所难免的事情，只有弃城突围才可以保全性命。

"与其做毫无价值的牺牲，不如保存剩余士兵的性命"，这不仅是提建议者的看法，也是城内大多数人的想法。如果罗宪弃城突围的话，吴军或许会看在昔日盟友的情分上，不会对弃城逃跑的蜀军赶尽杀绝。

不过，罗宪严词拒绝了部下突围的建议，坚决地说道："我作为一座城池的镇守者，是百姓所仰慕倚仗的人。既然不能保全城池，到危急之时却又抛弃百姓，这是君子不屑去做的事情。我宁愿死在这里，也不会放弃百姓。"

罗宪决心坚守到底，誓与城池共存亡。罗宪抱着必死之心，日夜坚守在城头，身体力行地鼓励士兵们抵抗到底。

就在罗宪苦苦支撑着的时候，魏将陈骞终于将永安城的情况报告给了司马昭。司马昭接到告急军情后，命令荆州刺史胡烈率领两万人马进攻吴国军事重镇西陵，以解永安之围。这是"围魏救赵"之策，以此逼迫吴军回师自救。

陆抗听闻胡烈直捣老巢，担心西陵有失，又见永安城久攻不下，不得不下令全军撤退。

至此，永安之战正式结束。在陆抗退兵后，罗宪归顺了魏国。

司马昭非常欣赏罗宪，对他孤军保全城池的壮举赞不绝口，遂加封他为陵江将军，持节监督巴东军事，并兼任武陵太守。

魏国得到川蜀之地和军事重镇永安城后，等于控制了长江上游，而这让吴国一直以来所倚重的长江天险荡然无存。以前，吴国对抗曹魏，经常凭借长江天险和水军优势成功抵御魏国的进攻；如今，魏国占据了人口兵力和地理战略优势，只要他们在合适的时机从长江上游顺流而下，吴国是很难抵抗的。

不过，此时魏国的实际掌权者是司马昭，而司马氏一定会在不久的将来凭借灭蜀之功完成魏晋禅代的程序。所以，以后只能由司马氏来统一天下了。

第十二章　血腥的吴宫

吴军从永安撤军回西陵后，孙休因急火攻心而病倒了。在吴军没能成功援救蜀国后，吴国退而求其次准备抢占战略重镇永安，却被蜀将罗宪打得灰头土脸，而这事自然让孙休很是不好受。要知道，蜀国被灭后，以后吴国就要独自对抗强大的魏国，而孙休明白其中的利害关系。所以，孙休这么一急一气，他的身体就挺不住了。

重病卧床的孙休很快就意识到自己的大限快要到了，于是急忙写了一道手诏宣召丞相濮阳兴入宫。当然，濮阳兴接到皇帝孙休的手谕，自然是三步并作两步急赶到皇宫。孙休见濮阳兴到来，令太子孙䔮前来拜见丞相。

如此情景，孙休是准备向濮阳兴托孤并交代后事了。此时，孙休因病重而无法开口说话，只能紧握濮阳兴的手臂用手指指着孙䔮，把太子托付给了濮阳兴。

永安七年（公元264年）七月二十五日，孙休驾崩，年仅三十岁，谥号"景皇帝"。

孙皓继位

孙休暴病而亡后，其时正值蜀国刚刚灭亡，而且交州又发生叛乱。吴国形势危急，内忧外患，生存处境极其不利。因此，吴国百姓既震惊又害怕，希望有一位年纪较长的英明君主来带领国家走出困境。

由于孙休英年早逝，他指定的继承人孙𩅿又太年幼，于是群臣们对国家未来的命运感到十分忧虑。谁都清楚，如果孙𩅿继承帝位必然不会处理朝政，但现在又是国家生死攸关的关键时刻，因此群臣都不想拥立一个完全没有执政能力的孩童当皇帝。

左典军万彧见群臣忧心忡忡，按捺不住心中的喜悦，因为他意识到自己飞黄腾达的机会到来了。为什么这样说呢？

原来，万彧过去曾经担任过乌程县县令，与封在此县的乌程侯孙皓很要好，因此他打算借机拥立孙皓为帝。如果孙皓顺利当上了皇帝，万彧必然会因"拥立之功"而受到重用。

于是，万彧对群臣说道："乌程侯孙皓聪慧有才，断事明智，很有当年长沙桓王（孙策）的风采。同时，他勤奋好学，遵守法度，是一个储君的好人选。"

当时，掌控国家权力的人是丞相濮阳兴和左将军张布，但他们对是否拥立太子孙𩅿为帝这件事犹豫不决。万彧知道濮阳兴和张布难以做出立君的选择，故多次向他们进言极力称赞孙皓，劝说他们拥立年长聪慧的孙皓为帝，这样才能使吴国走向强盛之路。

在万彧的多次推荐和忽悠之下，濮阳兴和张布做出了错误的判断，误认为孙皓是一个好的储君人选。孙皓是孙权的废太子孙和之子，他聪明伶俐，小时候颇得祖父孙权的喜爱。其实，孙皓虽然是一个聪明的人，但他绝对不是什么良善之人，更不是一个好的储君。

濮阳兴和张布采纳了万彧的建议，决定拥立孙皓为帝。于是，濮阳兴和张布进宫觐见朱太后，告诉她将改由孙皓来继承皇位。

其实，朱太后就是孙休的皇后，即孙鲁育与朱据之女。在孙休死后，群臣尊其为皇太后，故史书亦称其为朱太后。

朱太后听了濮阳兴和张布的话后，平静地说道："我是一个深居宫中的寡妇，怎么会知道社稷大事呢？只要你们做出的抉择不会使吴国灭亡，宗庙祭祀有依靠就行了。"

濮阳兴和张布见朱太后没有反对，便废黜孙休的嫡子而迎立孙皓为帝。这一年，孙皓二十三岁。

孙皓登基成为新君后，自然是按照惯例改元、大赦，并对有功之臣封官赐爵。于是，孙皓下诏更改年号为元兴，大赦全国，加授濮阳兴为侍郎，兼任青州牧；张布被提拔为骠骑将军，加授侍中；上大将军朱绩（施绩）为左大司马；大将军丁奉为右大司马、左军师；陆凯被提拔为征西大将军、巴丘都督，兼任荆州牧；其他所有官员都多加赏赐，官职保持不变。

由于孙皓从小失去父亲孙和，他是在母亲何姬含辛茹苦的抚养下长大的，因此对母亲的感情很深。所以，孙皓登基为帝后，马上追谥其父孙和为文皇帝，尊奉其母何姬为太后，贬朱太后为景皇后，并立滕妃为皇后。

据《江表传》记载，孙皓初立为帝时，下诏颁布惠民政策，抚恤人民，开仓救济贫民，并将后宫中多余的宫女许配给没有妻子的将士，放生宫内多余的珍禽异兽。吴国百姓见孙皓做了这些好事后，对这位年轻的皇帝顿生好感，纷纷赞扬他。一时之间，大家交口称誉孙皓。因此，孙皓被时人誉为"明主"。

如果孙皓能一直这样关心民瘼，他可能就能保境息民，成为一代明君。可惜的是，这一切都是孙皓伪装出来的假象而已。为什么孙皓要这样做呢？

暴君治国

从后来孙皓的所作所为来看，我们可以得出一个结论：他当时这样做只不过是笼络人心的一种手段而已。

要知道，孙皓是在重臣濮阳兴和张布拥立下一夜之间就从一个手无寸权的诸侯变成君临江南的皇帝的，虽然他坐在皇帝宝座上，但他的皇位并不稳固，所以他必须采取一些惠民政策以博取百姓的支持，从而巩固他的帝位。

经过一段时间后，孙皓表面上看起来治国有成，再加上他善于伪装，因此得到了臣民的拥护。孙皓在大权在握后，其本性便显露出来了：暴虐阴狠，骄奢淫逸，沉迷酒色，完全是一个堕落的暴君形象。对此，吴国上下感到非常失望。（《三国志·孙皓传》："皓既得志，粗暴骄盈，多忌讳，好酒色，大小失望。"）

濮阳兴和张布见孙皓这副样子，暗地里万分后悔不该拥立孙皓为帝。遗憾的是，世上没有后悔药。此时，濮阳兴和张布已经没有能力改变既成的事实了。

这个时候，有人趁机向孙皓进言谮毁濮阳兴和张布，说他们悔恨原先迎立其为帝，打算换人另立新君。

孙皓听了谗言后异常愤怒，对濮阳兴和张布动了杀心。当年十一月初一日上朝之时，孙皓抢先下手，在濮阳兴、张布毫无防备之时借机将他们收捕。

孙皓是一个阴狠狡诈的人，他并没有直接当众杀死濮阳兴和张布，而是给他们判了一个流放罪名，并将其流放到广州。当然，孙皓并不打算放过濮阳兴和张布。就在濮阳兴和张布离开建业流放广州途中，孙皓派遣杀手追杀他们，并夷其三族。孙皓这样暗中偷偷除掉对他产生威胁的朝廷重臣，可以最大限度地消除他们的死带来的消极影响。

濮阳兴和张布被诛后，孙皓加封岳父滕牧为高密侯，任命他为卫将军，总领尚书台事务。在孙皓看来，将处理政务的权力交给自己的岳父总比交给外人可靠些。此外，孙皓爱屋及乌，厚待母亲何姬的娘家人，敕封舅父何洪为永平侯、何蒋为溧阳侯、何植为宣城侯。外戚何氏倚仗着孙皓为他们撑腰，何洪等人为非作歹，其子弟们也横行霸道，百姓们均以他们为祸患。（"吴末昏乱，何氏骄僭，子弟横放，百姓患之。"）

元兴二年（公元265年）四月，人们传言蒋陵（孙权陵寝）天降甘露。孙皓认为这是一个吉兆，于是将当年改为甘露元年，大赦全国。同年七月，孙皓逼杀景皇后朱氏。由于朱氏没有死在正殿，其丧事只能在宫廷园林的小房子中办理，以至众人都知道朱氏并非死于疾病，没有人不为此感到悲痛哀切的。孙皓谋杀了朱氏后没有罢手，还将先帝孙休的四个儿子赶出了京都建业，并遣送到吴郡的小城中软禁起来。随后，孙皓又派人追杀了其中较年长的两个儿子。

孙皓一边不遗余力地清除能够威胁到他权位的人，一边肆无忌惮地纵情声色。据史料记载，孙皓是一个好色之徒。为了满足个人私欲，孙皓让近侍到全国各州郡去当探子，为他广采美女充盈后宫。吴国后宫本来已有数千美女佳丽，而孙皓还不断地选拔民间女子入宫，使得国人深受其苦而民怨沸腾。孙皓还规定凡是俸禄两千石以上的官员必须年年将其女儿的情况上报给朝廷，以供其挑选。孙皓每年都在皇宫里举行盛大的选美仪式，尤其喜欢挑选大臣们那些十五六岁且有姿色的女儿，并将之纳为嫔妃。在孙皓挑选剩下后，她们才得以出宫允许另嫁他人。

就这样，经过孙皓不断的"努力"，吴国各地无数美女都被他搜罗到吴宫，后宫佳丽不计其数。随着吴国后宫人员数量的不断扩大，便产生了一个新问题——宫室居住问题。于是，孙皓大兴土木，修建新宫室。陆凯见孙皓大兴土木，急忙劝谏，说了一大堆要勤俭节约的话。但是，孙皓没有听从陆凯的建议，依然我行我素。

为了加快工程进度和提高工程质量，孙皓下令凡是俸禄两千石以下的官员都要到山林里监督伐木。

这是一个大型的皇家工程，占地规模宏大。为了腾地方建宫室，周边的营房被拆除，并将新宫室建得豪华无比。

当然，这些新宫室是修建给皇帝和嫔妃们居住的，不仅要修建得无比豪华，而且要配备齐全。经过能工巧匠的努力，高大辉煌的新宫室建成了。新宫室内的亭台楼阁雕栏玉砌，极尽奢侈之能事。这项穷尽国力修建而成的大型工程，花费的钱财以亿万计。

孙皓和各位嫔妃搬到了新宫室居住，夜夜笙歌，纵情游宴，过着奢靡的生活，真可谓"春宵苦短日高起，从此君王不早朝"。

此外，孙皓每次宴请群臣，没有一次不强令他们全都喝醉，并且还设置十名黄门郎专门作为检查群臣醉酒过失的官员。每当宴会结束后，孙皓令黄门郎们上奏大臣们的过失，凡是眼神不敬者、言语不尊者没有一个不受到检举——大的过失立即施加严刑，小的过失即被记为罪过，以至于有的吴国大臣每次接到孙皓的请柬后都会在入宫前写好遗书并流泪与家人告别，害怕一去不再复返。孙皓创立的这种独具特色的"酒桌文化"，在三国历史上是独一无二的。

孙皓为了一己私欲，搜刮了无数民脂民膏供其享乐，全然不顾国家的安危。孙皓不仅荒淫无度、虚骄恃气，而且生性多疑、残酷无情。为了平息国内的反对声音，孙皓经常采取严刑峻法来处罚反对者和进谏者，如剥面皮、挖眼睛、锯舌头、下毒药等，酷刑多种多样，惨不忍睹。因此，许多人惨遭杀害，如忠直之臣王蕃、贺邵等人因直言谏诤而被孙皓残忍处死。

在孙皓的暴力统治之下，吴国上下处于一片恐怖气氛之中，臣民们敢怒不敢言。

就这样，吴国政坛危机四伏，其国祚已经进入了倒计时。

第十三章　魏晋禅代

咸熙二年（公元265年）五月，魏帝曹奂下了一道封赏诏令，给予晋王司马昭皇帝般的待遇。

根据嘉奖诏令内容，司马昭可以佩戴只有皇帝才能戴的前后有十二根玉串的冠冕，使用天子的旗帜，出入有御林军沿途警卫并禁止路人通行，乘坐皇帝专用的六匹马拉的金根车，并配备五彩从车跟随。同时，又特许晋王宫殿中可以设置悬挂钟磬的木架，可以演奏皇宫中的"八佾"乐舞，乐队编钟可以用四列。

经过这次封赏，司马昭的禄位皆在燕王曹宇之上。顺便提一下，曹奂是曹宇之子。曹奂虽名为皇帝，但他没有一点权力，实为司马氏的傀儡。所以，曹奂唯一拥有的权力就是不断下诏封赏司马氏。

这一个月，司马昭在其封国里设置御史大夫、侍中、常侍、尚书、中领军、卫将军诸官职，标志着晋国已经有一套完整的文武班组，可以独立运行处理国事。同时，司马昭立长子司马炎为晋国世子，作为晋国未来的继承人。

这一年农历八月初九日，司马昭在洛阳病逝，享年五十五岁。司马昭去世后，他的政治遗产自然由其长子司马炎来继承。于是，司马炎全面继承其父司马昭的权位，担任相国，袭封晋王，统领百官，所有的用度、礼节都像司马昭生前一样。

就这样，世族公子司马炎全面掌握魏国军政大权，一夜之间成为天下最有权势的政治人物。

司马炎

在司马炎正式登上历史最高舞台之前，有必要介绍一下这位即将成为西晋开国皇帝的人物。

司马炎，生于公元236年，字安世，司马昭的嫡长子。司马炎为人宽惠仁厚，深沉有度量，善于拉拢群臣，深得众人拥戴。司马炎凭借门荫入仕，历任给事中、奉车都尉、中垒将军、中护军等职。甘露五年（公元260年）五月，高贵乡公曹髦被弑后，司马炎奉其父之命出京到东武阳迎常道乡公曹奂回洛阳即位。这一趟回来后，司马炎因"此功"被升迁为中抚军，晋封新昌乡侯。

此时，曹魏皇室已日薄西山，谁都知道以后司马氏必定将取曹魏政权而代之。鉴于弑君所造成的恶劣影响，司马昭也可能知道自己不能直接篡魏当皇帝，因此司马昭有意在诸子中物色一个儿子作为自己的权位继承人，到时候再由儿子效仿上演当年曹丕逼迫汉献帝禅让的故事。

司马昭最喜欢、最疼爱的儿子并不是嫡长子司马炎，而是幼子司马攸。司马攸从小就十分聪明，是一个非常好学的孩子。司马攸爱好阅读典籍，能写文章，尤其擅长写作书信，加之他生性温和、礼贤下士、心地善良、喜好施舍，因而成了当时的社会模范人物。在社会上，司马攸的才气、名声远超兄长司马炎，甚至连祖父司马懿都很器重他。

由于司马师无子，司马昭便把儿子司马攸过继给了司马师当作继嗣。由于司马师是司马懿的继承人，司马昭在继承司马师的权位后有感于兄长去世早而无后，便把作为司马师后嗣的司马攸看得与众不同。司马昭特别爱护司马攸，非常欣赏这个极有才气的儿子。司马昭打算在自己百年之后让司马攸继承自己的职位和封爵，因此经常对别人说道："这是景王（司马师）的天下，我是不会参与其事的。"

当这话传到司马炎的耳中时，司马炎暗呼不妙，担忧父亲司马昭将弟弟司马攸当作继承人。司马炎在发现自己的地位不稳后，在父亲司马昭还没确定继承人时就马上做出了应对措施——争取朝臣的支持。

于是，司马炎去拜见尚书仆射裴秀，向其开门见山地问道："世上有没有相貌决定命运之说？"还没有等到裴秀答话，司马炎就将自己一头乌黑发亮的长头发垂挂下来，并将长手臂展示给对方看，以示自己相貌奇特。

对于司马炎的暗示，裴秀自然心知肚明，当场表示其是人中龙凤，愿意助其一臂之力。

司马炎是一个有心计的人，他告别裴秀后又马不停蹄地去游说其他朝臣，以争取他们的支持。就这样，司马炎暗中拉拢了许多司马昭身边的心腹、亲信，组建了一个强大的政治联盟。

等到要议定晋国世子之时，司马昭想立司马攸，就此征求众人的意见。何曾等人坚持异议，异口同声地答道："中抚军（司马炎）聪明神武，有超世之才。他头发拖地，手臂过膝，这不是做人臣的相貌啊！"

司马昭听了众人的话不置可否，向裴秀问道："大将军（司马师）创建大业未成而亡，我只是继承他的事业罢了。因此，我想要立司马攸为世子，以归功于兄长，你看这样行吗？"

裴秀摇了摇头，坚决地答道："中抚军（司马炎）声望高，又有帝王的仪容，这肯定不是人臣之相。所以说，他才是您最好的事业继承者。"

司马昭听了裴秀的话，一时难以做出抉择，又以此事询问山涛。山涛答道："废长立少，这是违背礼制的不祥之举。国家的危难，经常由此而起。"

中国古代继承法中有一条很重要的原则——"立嫡以长不以贤"。按照惯例，司马炎是嫡长子，具有优先继承权，并且历朝历代因"废长立少"所引起的祸患确实不少，所以司马昭不能不慎重考虑。

贾充见司马昭已经在众人的劝说下动了立司马炎为世子的念头，更是不失时机地力挺司马炎，称赞其宽厚仁慈且又是长子，有做君王的德行，应该让其继承王位以奉社稷。

司马昭见这么多人都意见一致，似乎他也明白了些什么。

当年，曹操久久不确定继承人，导致曹丕、曹植兄弟展开夺储之争，甚至大臣们纷纷站队出谋划策，过程可谓惊心动魄。所以，司马昭绝对不允许出现几十年前的那一幕。如今，司马炎已经得到大批元老重臣的支持，并且又有嫡长子的身份，所以他继承司马昭的权位已名正言顺。事已至此，司马昭即使不愿意立司马炎为世子，迫于形势也不得不立其为继承人了。

不过，后世也有一些人认为司马昭更希望传位给自己的长子司马炎，因为此前他曾对外透露立司马攸只不过是做样子给别人看的。

总之，司马昭接受了亲信们的建议，正式确定司马炎为晋国世子。

司马炎在父亲司马昭死后，自然而然地接管了魏国的朝政。就在司马炎全面掌控曹魏政权的当月，襄武县向朝廷汇报说出现了身高三丈多、脚印长三尺二寸的巨人。这个巨人满头白发，穿戴黄色衣巾，拄着拐杖，对平民王始说道："现在天下太平了。"

这个谣传就像一阵风一样传开了，一时之间传遍了魏国，并说得有板有眼好像是真的一样。为此，民间舆论沸腾，百姓互相传播神人下凡暗示即将改朝换代。

当然，这实际是一个人为制造出来的消息，其背后所想要表达的意思不言而喻。

此时，司马氏获得了广泛的社会支持，魏晋禅代的时机已经成熟。

晋朝建立

司马炎在为父亲司马昭举办完葬礼后，便秘密谋划取代魏国。群臣们知道司马炎的心思，何曾与裴秀、王沈等人趁机劝说司马炎尽快称帝代魏。当然，这些司马氏的亲信并不是说说而已，他们自发行动起来纷纷上表朝廷暗示曹魏王朝运数已经终结，天道运转将移于晋室。骠骑将军石苞和车骑将军陈骞更是不甘人后，多次上表魏帝曹奂称曹魏气数已尽，天命在晋，应该顺应天时禅让帝位给晋王司马炎。文臣武将们争先恐后上表向魏帝曹奂阐述晋王司马炎天命所在，实际上是不断向曹奂施加压力。

这一幕情景，与当年曹丕派人逼迫汉献帝刘协禅让帝位又何其相似！

曹奂看了这些奏疏，表现得很平静，并没有产生一丝愤怒。很显然，曹奂自从登上帝位那一刻起，就知道这一天迟早会到来，已经做好了充分的心理准备。

对于这种无法改变的事实，曹奂能认清现实，不会像他的前任高贵乡公曹髦那样做无谓的牺牲。所以，曹奂马上下诏召集群臣前来议事，详细讨论在京城南郊举行祭天禅让仪式事宜，并派遣特使捧着皇帝的玉玺、绶带和诏书呈献到晋王府，顺水推舟地向司马炎禅让了帝位。这一禅让程序，与当年汉献帝刘协将皇位禅让给曹丕如出一辙。

司马炎接到曹奂的禅让信物，面露惊讶表情，连连推辞，表示自己德不配位。当然，司马炎以礼辞让，只是对外做做样子而已。何曾、王沈等人见状，坚决请求晋王即天子位，并称上天旨意不可违背。在众人的苦劝之下，司马炎才"勉为其难"答应即位，表示同意接受曹奂禅让帝位的请求。

公元265年农历十二月十三日，魏帝曹奂将皇位禅让给晋王司马炎，标志着曹魏正式灭亡。

当年十二月十五日，司马炎派遣特使给曹奂送去接受禅让的正式文书，并即时把曹奂迁置到了金墉城居住。就在曹奂带着随从即将去金墉城时，八十多岁的司马孚颤巍巍地过来向他拜辞。司马孚泪流满面，一脸痛苦的表情，拉着曹奂的双手叹息道："老臣到死的那天，也一直是大魏最纯粹的忠臣。"虽然司马孚口口声声说他是大魏的忠臣，但他终生却没有做出一件拯救曹魏的事情。其实，司马孚扮演的角色，只不过是司马家族的"形象代言人"，对外显示他们的所谓"忠厚纯洁"罢了。可以说，司马孚是一个杰出的"道德表演家"，用他精彩的表演换来了人们对司马家族的好感。

当然，一个王朝灭亡了，另一个王朝顺其自然地出现了，这是中国王朝的历史规律。当年十二月十七日，司马炎在洛阳南郊设坛祭天，登基称帝，并宣布大赦天下，定国号为晋，改元泰始。

这一天，南郊聚集了文武百官及匈奴南单于等四方少数民族共计数万人。从此，中原大地上正式出现了一个新王朝——西晋。

就这样，司马炎靠着祖父辈遗留下来的丰厚政治遗产，成功篡夺曹魏政权并建立了一个新王朝，成为晋朝开国皇帝，史称晋武帝。

司马炎晋位为皇帝后，马上颁布了一系列惠民政策，如凡是鳏寡孤独不能自养者，政府给予每人五斛谷米。与此同时，司马炎下诏免征天下租赋及关市之税一年，过去的旧债不再征收，旧的嫌疑禁锢都解除，失去官爵者都给予恢复。此外，司马炎优待曹魏宗室，封魏帝曹奂为陈留王，食邑万户，让其居住在邺城；其他的魏氏诸王，一律封为县侯。

当然，司马炎敕封了曹魏宗室，也不会忘记封赏自家的叔伯兄弟们以及拥立自己上位的功臣们。于是，司马炎下诏追尊祖父司马懿为宣皇帝，伯父司马师为景皇帝，父亲司马昭为文皇帝。鉴于当年曹丕禁锢曹魏宗室导致帝室孤弱而被外人所篡的历史教训，司马炎决定大力重用自己的家族成员，给予他们实权以保卫司马氏的长治久安。因此，司马炎敕封叔祖父司马孚为安平王，叔父司马幹为平原王，司马亮为扶风王，司马伷为东莞王，司马骏为汝阴王，司马肜为梁王，司马伦为琅邪王；弟弟司马攸为齐王，司马鉴为乐安王，司马机为燕王；堂伯父司马望为义阳王；堂叔父司马辅为渤海王，司马晃为下邳王，司马瑰为太原王，司马圭为高阳王，司马衡为常山王，司马子文为沛王，司马泰为陇西王，司马权为彭城王，司马绥为范阳王，司马遂为济南王，司马逊为谯王，司马睦为中山王，司马陵为北海王，司马斌为陈王；堂兄司马洪为河间王；堂弟司马楙为东平王。

司马炎大封宗室，一口气敕封了几十个王。诸王以郡为国邑，其中二万户为大国，设置上、中、下三军，拥有五千人的军队；一万户为次国，设置上军、下军，拥有三千人的军队；五千户为小国，设置一军，拥有一千五百人的军队。诸王作为晋朝宗室，他们有自己的封国和军队。换言之，这些藩王就是有一定军事实力的武装地主。

其实，刚分封时司马炎并没有命令诸王去封地就任，而是给他们授予官职，留其在京师洛阳以辅翼皇室。不过，后来司马炎受到外戚杨氏的逼迫，忧虑万一皇室受到威胁之时没人勤王，遂分遣诸王假节去封地就任，使其镇守全国要害之地，都督全国各地诸军事，即所谓"宗王出镇"。司马炎这样做，目的就是巩固中央政权，形成内外呼应之势，万一京师出事，而藩王们可以带兵前来勤王。当然，这只不过是司马炎的一厢情愿罢了，因为在巨大的利益和权力面前人性是经不起考验的，"忠诚"也是很难用实际行动去阐述的。要知道，许多坏事一时没有做，不代表以后就不会做，只是诱惑还不够大而已。

就这样，司马炎恢复了周朝的分封制，将皇室成员分封到全国各地当藩王以拱卫皇室。虽然司马炎的愿望是美好的，但是后来事情的发展却出乎了他的意料，而晋朝的祸根也就此埋下了。这些手握兵权的藩王，将在日后为争夺中央政权而引发一场影响空前的内乱——"八王之乱"。

说实话，司马炎让宗室成员坐镇要地是有点矫枉过正了。虽然司马炎总结了曹魏覆亡的历史教训，但他并未意识到这样做更容易埋下隐患：那些心怀不轨的藩王，他们会拥兵自重而专制一方，成为实际上的独立小王国。

想当年，汉高祖刘邦称帝后实行郡国并行制，诸侯国凌驾于郡县之上。这样，诸侯王们拥有了强大的武装力量，后来他们不满中央政权而产生了叛乱——"七国之乱"。

接着，司马炎大肆封赏功臣，任命骠骑将军石苞为大司马，封为乐陵公；车骑将军陈骞为大将军，封为高平公；卫将军贾充为车骑将军，封为鲁公；尚书令裴秀为巨鹿公；侍中荀勖为济北公；太保郑冲为太傅，封为寿光公；太尉王祥为太保，封为睢陵公；丞相何曾为太尉，封为郎陵公；御史大夫王沈为骠骑将军，封为博陵公；司空荀𫖮为临淮公，镇北大将军；卫瓘为菑阳公。其余文臣武将增封晋爵不等，普遍晋位二等。石苞、何曾、贾充等这些人，他们本来身为曹魏公卿，却拥立司马炎篡魏称帝，而如今他们都得到了丰厚的回报，相应地摇身一变都成了晋朝开国元勋。

蜀国和魏国先后灭亡了，剩下苟延残喘的吴国是无论如何都无法避免被灭掉的命运了，而三家归晋已然成为定局，统一只不过是时间上的问题而已。

第十四章　司马炎治国

作为一个新王朝的开国皇帝，司马炎自然是风光无限，受到群臣万民的景仰。此时，司马炎才三十岁，年富力强，意气风发，雄心勃勃，意欲有所作为。西晋立国之初，司马炎非常渴望建立下名留史册的功绩，因为他的心中有一个宏伟的理想——统一南北大地，开创太平盛世。

泰始初年，司马炎先后颁布多条诏令，推行各种政治措施。现在，让我们看看司马炎是怎样治理这个庞大的国家的。

施政方针

刚坐上皇帝宝座的司马炎，就立即下了一条颇有现实意义的诏令，诏曰："昔日王凌密谋废掉齐王（曹芳），而齐王最终没有能够守住帝位；邓艾虽然恃功骄傲有失臣节，然其俯首认罪。如今，朕赦免这二人的家属，让他们回故乡立后嗣，使灭者复兴，使绝者有继，简法省刑。解除对曹魏宗室的禁锢，给予他们人身自由。诸将士官吏遭丧者，遣其回故乡守丧三年。百姓有三年丧者，服丧期免除徭役。废除部曲将及长吏以下人员以家属做人质的制度，俭省各郡国向京师调运物资，禁止乐府、靡丽的百戏技艺及雕饰华丽的游猎器具。朝廷广开言路，设置谏官掌管此事。"

司马炎禀性宽容，一上台就推行宽仁之政，因此王凌和邓艾生前所犯下的罪过都得到了宽恕，并赦免了他们的后人。当年，王凌与其外甥令狐愚密谋另立新君，企图拥立楚王曹彪为帝。司马懿在成功镇压淮南一叛后，害怕别有用心的地方将领利用曹魏宗室造反，就将曹魏藩王们全部迁居到邺城，并命令对他们严加看管。就这样，身份高贵的曹魏宗室一下子沦落成了没有人身自由和安全保障的"囚犯"。如今，司马懿的孙子司马炎解除了对曹魏宗室的禁锢令，并给予他们优厚待遇。因此，曹氏一族的王公们反而过得比曹丕时期更好。司马炎为了进一步贯彻实行"以孝治天下"的政治纲领，下诏给予官吏和将士们三年丧假，而百姓在服丧期间也可以免交徭役赋税。这项政治措施，确确实实给予臣民们巨大的恩惠，对树立司马炎的形象作用不小。

以前，当曹魏军队出征时，统治者担忧众将士们作战不卖力或叛逃，规定他们要在后方留下家属做人质。针对这种不近人情的做法，司马炎毅然决然地废除了留取人质的制度，选择充分信任将士们的忠诚。

话说魏明帝曹叡在一生之敌诸葛亮病逝后，就以为魏国再无祸患了，遂变得贪图享乐起来并大兴土木，于是一股侈靡之风开始自上而下刮遍魏国。因此，司马炎代魏称帝后决定遏制这股侈靡之风，大力提倡勤俭节约的传统美德。更难能可贵的是，司马炎恢复了被曹魏废止的谏官制度，广开谏言之路，任命清正敢言、有才能的官吏为谏官（如傅玄、皇甫陶）。

此时，蜀汉刚灭亡后不久，蜀地依然还存在着不稳定因素。为了稳定巴蜀人心，司马炎又任用了一批原蜀汉官吏和功臣之后为朝官。例如，司马炎重用诸葛亮的孙子诸葛京，让诸葛京出任地方实权职位，后来官至江州刺史。司马炎毫无猜忌地提拔诸葛京，当然是有着更深层次的政治目的的。想当年，诸葛亮和司马懿是一对死敌，双方都恨不得将对方置于死地。如今，司马懿的孙子司马炎重用诸葛亮的孙子诸葛京，这无疑对外界释放出了一个强烈的信号——晋朝是一个宽容大度的王朝。司马炎采取拉拢与安抚蜀汉旧臣的策略，不仅化解了世仇恩怨，而且赢得了社会的广泛好评，有利于吸引吴国的臣民前来归降。

此外，司马炎还颁布了许多惠民政策。例如，要求郡守每三年巡行属县一次，观察风俗，协调礼律，慰问老人，处理冤案；下令地方政府开垦荒地，兴修水利，劝课农桑，大力发展农业生产，减轻徭役，让百姓安居乐业。司马炎励精图治，鼓励农桑，劝勉学子，甚至还多次亲率公卿下田犁地，为天下百姓做表率。司马炎采取各种措施收买人心，稳定各级官吏，以确保社会稳定有序过渡。

西晋初年，司马炎为百姓干了很多好事，也赢得了全国百姓的肯定与赞扬。在司马炎的施政措施中，不能不提到一部极具历史影响力的法典——《泰始律》。

《泰始律》

泰始四年（公元268年）正月，司马炎下诏将新订律令颁布天下。因为这部法典颁行于泰始年间，故称《泰始律》。

其实，早在司马昭执政期间，有感于前代律令本注繁杂，虽然陈群、刘邵等人曾经改革刑律，但依然不够完善。当时，司马昭怜悯百姓陷于细密的法网，遂命令贾充主持修订律法，即后来的《泰始律》。

贾充有舞文弄墨的才能，擅长法理，对刑律方面有着独特的见解。所以，贾充接到修订律法的任务后，与著名学者羊祜、杜预等十四人一起负责修订工作。他们在汉朝《九章律》和曹魏《新律》的基础上进行删改，简化条例，减少酷刑，使之更加适合统治需要。

相较之下，之前的律法的特点是刑罚苛碎、法令细密、条目繁多，而修订后的律法突破了秦汉以来的传统旧律，其体系严密、篇目清晰、条文简要得体，摆脱了礼律混杂的痼疾。可以说，这是我国古代律法编纂史上的一大进步。

这部修订后的律法，刑罚宽松，禁令简化，更加人性化，是中国历史上第一部儒家化的法典——《泰始律》。

《泰始律》共计20篇，620条，27 657字，其主要特点是"峻礼教之防，准五服以制罪"（《晋书·刑法志》），以"宽简"著称。由于《泰始律》内容过于精简，律学家张斐、杜预还对律法条文进行了注释具体论述刑法理论，使法律概念得以进一步规范化。他们对罪与非罪的区别做了比较科学的划分，尽可能避免律法运用时产生歧义，使之更加完善。同时，注释与律文具有同等法律效力，因此《泰始律》又称为《张杜律》。

《泰始律》"纳礼入律""礼律并重"，第一次把"五服"制度纳入法典之中。所谓"准五服以制罪"是指九族以内亲属之间的相互侵害行为，其定罪量刑的原则是：亲属相犯，以卑犯尊者，处罚重于常人；若以尊犯卑，则处罚轻于常人。"五服"制罪原则的确立，使得儒家的礼仪制度与律法的适用完全结合在一起。《泰始律》的实施，有助于缓和阶级矛盾和统治阶级内部的矛盾，有利于巩固司马氏的江山社稷。

在中国古代的法制史上，《泰始律》占有一席之地，它对后世历代王朝的法典制定具有重要影响。《泰始律》是一部里程碑式的法典，对后世律法的创建产生了深远影响，后来的东晋和南朝均承用，乃至隋唐的律法无不打上它的烙印。

羊祜

泰始五年（公元269年）二月，司马炎对西北地区的州郡重新进行合并划分，下诏将雍州陇右五郡、凉州的金城及梁州的阴平合并为一个新的行政区域——秦州，并让猛将胡烈出任秦州刺史。司马炎将较难管理的郡县进一步划分，从中不难看出西晋中央政府有意加强对西北地区的管控。

此时，西晋和东吴一强一弱，形成了南北对峙的局面。毫无疑问，西晋王朝最主要的任务无疑是平定江南地区，从而统一天下。司马炎称帝后，素有吞吴之志，并积极筹划灭吴事宜，待时机成熟即可下令出兵一举灭吴。司马炎的军事战略部署如下：

一、尚书左仆射羊祜从中央空降地方，都督荆州诸军事，坐镇襄阳；

二、征东大将军卫瓘出任青州牧，都督青州诸军事，坐镇临淄；

三、东莞王司马伷出任镇东大将军，都督徐州诸军事，坐镇下邳。

在司马炎的军事部署中，羊祜负责的任务是最为繁重的。当时，西晋和东吴各有一个荆州，晋、吴之间的边界线以荆州为最长，所以羊祜的辖区是灭吴战争的关键地区。在之后的数年时间里，羊祜扮演着极其重要的角色。

羊祜，生于公元221年，字叔子，泰山郡南城（今山东新泰）人。羊祜出身官宦世家，家中多人做过郡守之职，其祖父羊续在汉末曾任南阳太守，其父羊衜在曹魏时期任上党太守，皆以清廉有德著称。羊祜的母亲蔡氏是汉代名儒蔡邕的女儿，而他的姐姐羊徽瑜嫁给了司马师为妻。由此可见，羊祜的家族背景是非常惊人的。

在羊祜十二岁那年，其父羊衜去世。羊祜是一个孝顺懂事的孩子，他在为父亲服孝期间的孝行哀思就超过了常礼。羊祜幼年丧父，后由叔父羊耽抚养成人。

羊祜长大后博学多才，善于作文，尤其擅长论辩。羊祜是一个美男子，仪度潇洒，须眉秀美，一表人才，盛名于世。泰山郡将夏侯威对羊祜十分欣赏，认为他不是一个平常人，前途不可估量，遂牵线把兄长夏侯霸之女嫁给了羊祜。夏侯威之所以主动放下身段去做媒人向羊祜提亲，可以看作一种政治投资：如果日后羊祜飞黄腾达了，自然不会忘记夏侯威的恩惠。

由于名声在外，羊祜被荐举为上计吏，而且兖州的行政长官甚至四次征辟他为从事。对这些送上门的官位，羊祜不为所动，因为他并不想进入仕途做官。羊祜拒绝官位的事情在社会上传开后，他的人气和声望更高了。

有一次，社会名流郭奕见到羊祜后，由衷地赞叹道："你真是当代的颜回啊。"颜回是孔子最得意的门生，居于孔门七十二贤人之首。由于颜回身居陋巷，安于贫穷，故后世常用颜回比喻道德模范和安贫乐道之士。

魏明帝曹叡驾崩后，曹爽与司马懿受遗命辅政。曹爽上台执政后任用了一大批名士，而有名望的羊祜自然也在他的征召名单之中。尽管当时曹爽权倾朝野，但羊祜拒绝应征，不肯出山为官。其时，曹爽和司马懿面和心不和，双方明争暗斗，而羊祜洞察到了微妙的政治形势，已经预判到了曹爽终不是司马懿的对手。因此，为了避免以后被人清算，羊祜勇敢地拒绝了曹爽的征召令。果然不出羊祜所料，曹爽后来倒台了。司马懿成功发动高平陵之变后，无情地诛灭了曹爽集团，而许多与曹爽有关系的人均遭到株连，或被诛杀，或被罢免。羊祜由于不依附曹爽，故而没有受到责罚，并幸免于难。通过拒绝应征这件事情来看，羊祜当是一个有胆量、有见识、有政治头脑的人。

高平陵政变之后，羊祜的岳父夏侯霸担忧留在魏国国内会遭到杀戮，果断抛弃一切投奔蜀国。对于夏侯霸这种行为，从魏国来说无疑就是叛国投敌，而夏侯霸留在魏国的亲戚朋友害怕受到牵连，于是纷纷对外发表声明与其断绝关系、划清界限。唯有羊祜没有这样做，他不仅对自己的妻子更加恩爱、有礼，而且跑到岳父家安慰体恤。不过，由于羊祜的姐姐羊徽瑜嫁给司马师为妻，与司马氏有姻亲关系，所以他并没有因岳父夏侯霸降蜀而受到处罚。

不久之后，羊祜的母亲蔡氏和长兄羊发相继去世。羊祜在家居丧，守礼哀悼十余年，以操守纯朴自居，诚信得像个儒生。人们见羊祜的人品很好，至纯至孝，纷纷对其赞不绝口。前文述及由于司马氏巧取豪夺了曹魏政权，自然无法明面上要求别人忠诚，于是便用"以孝治天下"为政治纲领。当时，执政者是非常看重孝子的，所以大将军司马昭派人征召羊祜为官。直到此时，羊祜依然没有为官的念头，因此没有奉命应征。司马昭见羊祜死活不肯出来做官，便让魏帝曹髦派公车征拜羊祜为中书侍郎。这样一来，羊祜没辙了，只能接受公车征辟，不情愿地坐上朝廷的车去做官了。再说，此时天下形势已经十分明朗，司马氏当政根基稳固，并且一再礼遇羊祜，如果他再不出山为官恐有生命之忧。

就这样，羊祜才正式踏进了仕途。不久之后，羊祜被提拔为给事中、黄门郎，成为魏帝曹髦身边的近臣。

魏晋禅代前夕，羊祜升迁中领军，在宫中当值，统领禁军，兼管内外政事。自此，羊祜进入重要的决策层，可以参与决策国家大事。

司马炎受禅登基后，大力任用贤才，以至对羊祜越发器重，将其提拔为中军将军，加散骑常侍。随后，司马炎下诏任命羊祜为尚书右仆射、卫将军，并配置军队，委以重任。司马炎让羊祜掌管军权，其目的就是想让他来参与谋划灭吴之战。不久后，司马炎果然任命羊祜出镇荆州，让其全面负责荆州军政事务。

羊祜治荆

羊祜到任荆州襄阳后，发现当地的形势不容乐观。其时，西晋在荆州地区的统治并不稳固，而且当地百姓贫穷，生活不够安定，甚至连戍兵的军粮也不充足。面对这种情形，羊祜实施多种施政方针，并开始大刀阔斧地治理荆州。例如，大量开办学校教育，大力发展农业生产，力求百姓安居乐业。经过一段时间的恢复，西晋治下的荆州地区重现了繁华景象。

由于西晋管辖的荆州与东吴管辖的荆州接壤，双方的军事冲突难以避免，发生战争更是家常便饭。因此，羊祜在加强防务的同时，还非常注重外交策略。例如，羊祜贴出公告：凡是前来投降的人，想什么时候离去都听随其便。

此时，吴国在暴君孙皓的统治之下，横征暴敛早已将百姓压得喘不过气来，许多吴人更是处于饥寒交迫的状况。如今，羊祜这个招降政策无疑是非常有吸引力的。于是，边境的吴人可以随时到西晋这边来蹭饭吃，即使吃饱了就跑回家也没人前来阻拦。这样，羊祜向吴人表示了极大的诚意，而他的名德已经远播到了吴国国内。

当时有一风俗，即长吏如果死于任上，下一任长吏接任后忌讳前任，经常拆毁旧官府另行修建新官府，以至于造成了不必要的浪费。不过，羊祜对这种浪费行为深恶痛绝，认为死生自有定数，与居室没有任何关系。于是，羊祜向镇守地下达文书，加以禁止官吏们私自毁坏官署，如有发现则严惩不贷。

吴国石城驻军尽管距离襄阳有七百多里，但他们时常前来袭扰羊祜镇守的荆州，对西晋的边境安全造成了很大的威胁。对于吴军侵扰边境，羊祜深以为患，便巧用计谋使吴国撤销了石城守备。然后，羊祜把襄阳的军队分为两部分：一部分执行巡逻戍守的军事任务，另一部分负责开荒种田生产粮食。羊祜还实行军屯，共垦田八百余顷，收获了大量的粮食。

要知道，羊祜刚到襄阳上任时，军队连一百天的存粮都没有，很多物资需要从外地调拨供给。经过羊祜数年的励精图治后，西晋所辖荆州地区的面貌发生了翻天覆地的变化，军队的粮食积蓄可用十年之久。同时，荆州百姓安居乐业，许多人摆脱了贫困的生活。羊祜的这些有效措施，迅速地安定了荆州的社会秩序，不仅促进了当地的繁荣与发展，而且增强了军队的自信心和战斗力。羊祜实施仁政，兴学屯田，发展经济，以德服人，深得民心，因此经常有吴人因不堪孙皓的暴政而偷越边境前来归降羊祜。在羊祜坐镇荆州这些年中，他以"怀柔为主，军事为辅"的策略感化了吴人，赢得了人心。

为了表彰羊祜的功绩，司马炎下诏罢黜江北都督的建置，授予羊祜南中郎将的职务，让其负责指挥汉东、江夏地区的全部军队。司马炎对羊祜的信赖程度，由此可见一斑。

却说吴主孙皓骄奢淫逸，实施暴政，滥用刑罚，信赖小人，尤其宠信殿上列将何定，从而导致吴国国内民不聊生、怨声载道。何定受宠专权，为非作歹，扰乱朝纲。对此，左丞相陆凯当面斥责何定："你看历朝历代侍奉君主不忠诚、倾覆混乱国政的人，有哪一个能善终天年的？你为什么专门干那些佞媚奸邪的坏事，堵塞君主的视听？你应当自我勉励改正，不然你就会有无法预料的灾祸！"因此，何定十分痛恨陆凯，经常中伤对方。但是，陆凯却不以为意，始终不放在心上，正义之气仍然见于言辞。陆凯是吴国后期重臣，位高权重，以忠恳正直及屡谏孙皓而闻名于世。由于陆凯上疏敢直接指责国事而不作讳饰，忠恳之言发自内心，因此经常惹得孙皓不满。

陆凯曾经多次直言劝谏孙皓，劝其"亲贤臣，远小人"。但是，孙皓对这些良言忠告置若罔闻，认为陆凯冒犯了自己的尊严并违逆旨意，再加上何定多次谗毁陆凯，所以孙皓对陆凯非常愤恨。孙皓考虑到陆凯是国家重臣，难以对他施行惩罚，又因为陆凯的族弟陆抗是镇守国防的大将以及陆氏一族势力极其强大，故此孙皓考虑再三后还是容忍下去而没有处罚陆凯。不过，在陆凯和陆抗相继去世后，孙皓就不客气地马上将陆凯的家属赶出了京都建业，将其迁往建安郡。

当时，夏口都督孙秀是吴大帝孙权的侄孙，因其拥兵在外而颇受孙皓猜忌。于是，孙皓派遣宠臣何定率领五千人马到夏口狩猎，并打着狩猎的幌子欲除掉孙秀。在此之前，民间流传着孙秀将会被人谋害的传言，而此时何定奉命率领大队人马从建业远道而来夏口狩猎，使得孙秀更是惊惧不已。孙秀害怕自己会遭到诛杀，当夜便带着妻子儿女及数百名亲兵越过边境去投奔西晋。当然，这则事例也足以说明吴国政治的混乱和黑暗：一个佞臣何定依仗着皇帝孙皓的撑腰可以作威作福，而孙秀作为东吴宗室竟然没有立足之地，吓得逃往敌国去避祸。由此可见，孙皓的暴政已使得吴国朝野上下人人自危、朝不保夕，即使是宗室成员也不例外。

东吴宗室前来归降，对于西晋来说是一件值得宣传的政治事件。于是，西晋朝廷任命孙秀为骠骑将军、开府仪同三司，敕封其为会稽公，借此以优厚的待遇吸引更多吴人前来归降。

由于羊祜的业绩非常突出，司马炎又下诏加封羊祜为车骑将军，给予其开府治事的特权和"三公"待遇。羊祜接到加恩诏书后，上表坚决辞让，表示自己出仕才十几年，而且现有的官职已经足够显赫，为国家效力是自己的荣幸，不宜再接受这些特殊待遇。不过，司马炎不同意羊祜的辞让。

羊祜坐镇襄阳密切关注着吴国的动态，并着手做好了各项准备工作，耐心地等待最好时机的到来，到时候就可以趁机发动灭吴之战了。

第十五章　西北风云

司马炎制定了一系列政治措施治理国家，雄心勃勃地谋划着统一天下。不过，就在司马炎准备大展宏图之时，想不到西北地区在这个节骨眼儿上出现了大规模的叛乱。

自古以来，中原政权与西北的游牧民族冲突不断，双方时常发生战争。其实，西北地区历来就不是一个容易管理的区域，当地胡汉混杂居住，少数民族众多，民风彪悍。如果当地的行政长官为政举措稍有不当，很容易就会激化民族矛盾而引起羌胡部族的不满，从而引发叛乱。

秦凉之变

西晋泰始四年至泰始五年（公元268年—公元269年）间，河西、陇西地区遭遇大旱，一场空前的自然灾害使得当地民众深受其害。许多人颗粒无收，饥寒交迫，几十万人食不果腹。司马炎担忧秦州地区出事端，遂任命猛将胡烈出任秦州刺史治理当地。

不过，胡烈到任后并不能妥善处理当地的各种问题，未能有效安抚灾民，反而使得民族矛盾日益尖锐。其实，胡烈只是一个孔武有力的武夫，他并没有足够的政治智慧，因此处理问题的手段简单粗暴，并由此更加加剧了灾民们的痛苦。这些灾民原本眼巴巴等着政府发救济粮，想不到胡烈却采取高压手段处理问题，导致他们对朝廷极度失望。

在胡烈的高压政策之下，当地民众的需求得不到满足，不满之情在人群中酝酿着。

河西鲜卑族首领秃发树机能极度不满西晋朝廷的民族政策，趁机率部发动叛乱。在河西走廊的鲜卑诸部中，以秃发部落的实力最为强大。在秃发树机能的带动之下，许多饥民也揭竿而起，加入了反抗西晋的队伍之中。

泰始六年（公元270年），秃发树机能起兵反晋，正式向朝廷宣战，就此掀起了"秦凉之变"的序幕。胡烈作为当地的主政官员，马上率领官军围剿这群叛军，想扑灭当地的叛乱。

值得一提的是，秃发树机能英勇善战，颇有谋略，史称其"壮果多谋略"（《晋书》）。

秃发树机能听闻官军前来围剿，遂不慌不忙地部署军事行动，并决定采用"诱敌深入"的计谋引诱胡烈孤军深入敌境。当年六月，双方相遇于万斛堆，一场大战就此展开。

俗话说，"仇人相见，分外眼红"。官军与叛军相遇后，双方自然是免不了恶战一场。胡烈率领官军主动进攻秃发树机能的部队想一举将其剿灭，而秃发树机能则按照预定作战计划指挥鲜卑部众包围官军。

一场混战下来，胡烈部队由于人数比较少，兵力损失严重，处于不利境地。胡烈见形势不妙，立即派人向扶风王司马亮求援，请求兵力支援。司马亮是司马炎的四叔，当时西线的最高军事长官（"都督关中雍、凉诸军事"），他听说胡烈部队作战不利后便派遣将军刘旃率军前往救援。

此时，胡烈所部已经陷入叛军的重围之中，危在旦夕。要知道，羌胡人历来作战凶悍勇猛，而刘旃是一个胆小鬼，他见叛军实在凶猛便胆怯了，遂观望不进前。最后，胡烈部队因孤立无援、寡不敌众而全军覆没，而胡烈也在这次恶战中力战而死。胡烈部队在万斛堆之战中被灭后，鲜卑军队士气大振，而秃发树机能率部乘胜一举攻下高平。

当胡烈因没有援军救援而兵败阵亡的消息传到洛阳后，司马炎震怒，立即下诏追究相关人员的责任。一番调查后，朝廷认为司马亮虽然派人去救援胡烈，但用人不当，对这次战败负有次要责任，贬为平西将军；而刘旃率军执行救援任务却畏敌不进，见死不救，对这次战败负有主要责任，判处其斩首示众的责罚，以儆效尤。

司马亮见刘旃被判处死刑，便向朝廷上奏为部下求情。司马亮在奏疏中指出，这次救援失败是自己的过失，请求免去刘旃的死罪。司马炎是一个宽容大度的人，下诏回复叔父司马亮："高平围困危急，考虑到城中以及刘旃的实力足以相救胡烈，即使不能迅速到达，也应该尽力前进。但刘旃却奔走逃避，坐视胡烈部队覆灭，所以对其治以重罪。如果你认为罪责不在刘旃，那么现在应该有人站出来承担此罪。"

于是，有人上奏免去司马亮的官职和爵位，以作为这次战败的处罚。不过，司马亮在家赋闲没过几天，又被司马炎起用担任抚军将军一职。

胡烈以身殉职后，司马炎下诏任命尚书石鉴代理安西将军一职，都督秦州诸军事，与奋威护军田章一起率军征讨秃发树机能。司马炎有感于鲜卑实力强大，又任命杜预为安西军司，给其三百名兵士和一百匹坐骑以协助石鉴平叛。杜预到达长安后，改任秦州刺史，兼任东羌校尉、轻车将军。

值得一提的是，石鉴在司马炎称帝后曾经做过一段时间的司隶校尉，而他与河南尹杜预的关系处得很差。石鉴怨恨杜预，便利用职务之便弹劾对方，因此杜预被免职。不过，司马炎知道杜预是一个人才，不久后便改任其为秦州刺史。

如今，石鉴以安西将军之职都督秦州诸军事，而杜预是秦州刺史，即石鉴是杜预的上级。石鉴是一个心胸狭窄的人，忌恨心很强，见杜预来做其副手，便命令杜预率领麾下的兵马出击叛军。此时，杜预麾下只有三百名士兵和一百匹坐骑，而但凡有点常识的人都知道用这样的兵力主动去进攻鲜卑主力无异于以卵击石——白白去送死罢了。很明显，石鉴此举是公报私仇，想借秃发树机能之手杀死杜预。

杜预识破了石鉴不可告人的阴谋后便据理力争，认为现在叛军兵强马壮而官军与其相较力量悬殊，因而我军应当养精蓄锐，集中兵力等待好时机，等到来年春天再进兵讨伐。杜预陈述了"五条不可、四条不须"的意见，认为现在如果鲁莽出兵，其结局必败无疑。

其时正值六月，恰好是水草丰茂的时候。鲜卑部队刚打了胜仗，士气极其旺盛，其马匹又得到水草的喂养，更是如虎添翼、势不可当。然而，反观晋军的情况，他们刚吃了败仗，士气低落，兵源给养严重不足，需要时间来备战备粮以恢复军队的元气和重塑信心。因此，此时晋军根本不适合同鲜卑人作战，而杜预将交战时间定在次年的春天无疑是正确的。

杜预严词拒绝出兵却激怒了石鉴，于是石鉴找了个罪名向朝廷告状说杜预对此预态度消极、违抗军令，并派遣御史用槛车将其交给廷尉治罪。

当年，司马昭将自己的妹妹嫁给了才能出众的杜预为妻。司马炎建立西晋后，敕封姑母即杜预的妻子为高陆公主。因为杜预的妻子是高陆公主，与西晋皇室有姻亲关系，因此杜预在减轻刑罚的"八议"范围内，只能按以侯赎罪论处。就这样，杜预靠着姻亲关系才保住了一条性命。

在杜预被免职押解回京后，石鉴为了证明自己的"英明决策"，只能自己率军讨伐秃发树机能。果然不出杜预所料，急功近利的石鉴盲目出兵，很快就尝到了苦果。在一次战斗中，石鉴被秃发树机能打败了。吃了败仗的石鉴为了掩盖自己的无能，竟然向朝廷虚报战功，将一场败仗美化成了一场胜仗。毕竟纸包不住火，很快这件事情就被人曝光了，石鉴因此被免官，成了一介平民。

秃发树机能连打胜仗，气焰非常嚣张，以致关中民心动荡。对此，司马炎不得不重新换帅前去镇压叛乱。

血战西北

这一次，司马炎任命汝阴王司马骏为镇西大将军，都督雍、凉二州诸军事，坐镇关中指挥各路军队平叛。此外，司马炎又任命猛将牵弘出任凉州刺史给司马骏做副手，让他们联手围剿叛军。

牵弘是曹魏名将牵招的次子，史称其"勇猛果断，颇有父风"。牵弘曾经以陇西太守的身份跟随邓艾参加魏灭蜀之战，并在灭蜀之战中立下军功。西晋建立后，牵弘出任扬州刺史，曾经击退东吴大将军丁奉的进犯。所以，司马炎非常看好骁勇善战的牵弘，认为其定能战胜秃发树机能，故将其调任凉州刺史。牵弘历经炮火的磨炼，打仗不怕死，经常身先士卒，冲锋陷阵不落人后。总而言之，牵弘是战场上的一个猛将。

不过，牵弘有一个致命的缺点——刚愎自用，过于自信。正是由于这个致命缺点，牵弘注定不是多谋善战的秃发树机能的对手。

泰始七年（公元271年）四月，秃发树机能联合北地郡的胡人侵扰金城郡。牵弘见羌胡人竟敢前来进犯，决定马上出兵平叛。此时，自信满满的牵弘不仅低估了秃发树机能的实力，同时还忽视了内部的不稳定因素——以前归降的胡虏在牵弘率兵出战之后趁机在内部叛乱。

就这样，羌胡联军将牵弘部队围困于青山。牵弘是一个血性汉子，即使战局对他极其不利，他依然誓死不降，血战到底。最后，牵弘兵败被杀，成为一名为国牺牲的将士。

胡烈和牵弘相继战死震惊朝野，而西北地区局势更是非常糟糕。在此后一年多的时间里，晋军和叛军经过了多次交战。不过，叛军不但没被消灭，反而在战斗中越来越强大。秃发树机能联合了氐、羌、匈奴等部落，煽动许多部落起来反抗西晋朝廷，共同举起了反晋大旗。因此，西北地区的局势更加恶化，各少数民族相互策应，并肩战斗，攻城略地。

其时，西线晋军损兵折将，疲于应战，焦头烂额，根本无法应付。

第十六章　宫廷斗争

官军连吃败仗的军情传到洛阳后，司马炎寝食难安，并对此非常头疼，谁承想派出去镇压叛乱的精兵猛将却连连遭遇失败。

如今，司马炎实在不知道该派谁去收拾西北地区的烂摊子了。

朋党之争

就在司马炎一筹莫展之时，太子少傅任恺乘机献计道："官军在秦、凉覆没，关右骚动，这的确值得国家深思。我认为，陛下应当迅速派人镇守安抚当地，使人心稳定。如果不派遣有威望、有计谋的朝廷重臣出镇，是无法收复西北地区的。"

司马炎问道："谁可担当此重任？"

任恺答道："贾充可以。"

司马炎拿不定主意，又向中书令庾纯询问意见。庾纯随声附和，也说贾充这种有威望、有谋略的朝廷重臣出镇雍凉必定能马到成功。

其实，任恺和庾纯大力推荐贾充出镇雍凉，其意并不是寄希望于对方能平定西北叛乱。任恺和庾纯为人忠诚刚直、坚守公正，非常看不惯贾充这种专靠谄媚而登上高位的人，又因为贾充的女儿做了齐王妃，恐怕日后贾充的势力更加强盛，于是他们借此机会想把贾充赶出京师，以让其远离权力中心。

司马炎不知道任恺和庾纯的动机，看见他们一致推荐贾充便同意了，于是下诏命令贾充持节都督秦、凉二州诸军事，坐镇长安指挥诸军平叛。

贾充虽然有些小才能，但他没有正直公正的操守，不能端正自身为下属做表率，专门靠谄媚取悦于人。（《晋书·贾充传》："充无公方之操，不能正身率下，专以谄媚取容。"）

因此，朝中的贤良之臣都很厌恶贾充，他们听闻此诏令都庆幸贾充离京调任，期望朝廷的教化能焕然一新。

贾充接到司马炎的调任诏令后惊呆了，知道这时候让他坐镇长安负责平定雍凉叛乱，简直就是要了他的老命。贾充从来没有独立带兵打过仗，如何能在瞬息万变的战场上战胜秃发树机能，况且连胡烈和牵弘这种猛将都没能打赢秃发树机能反而相继丢了性命。其实，现在让贾充去和身经百战的秃发树机能正面交锋，说白了差不多就是让他去送死，即使贾充能在西线战场上保住性命，但打了败仗回朝也是免不了处罚的。

尽管贾充非常怨恨任恺和庾纯设计陷害他，但他又没有办法推辞掉司马炎的任命。对此，贾充无计可施，一脸愁容，闷闷不乐。

当荀勖听闻贾充即将离京出镇雍凉，心知不妙，对冯纮说道："如果贾公远放外任，我等在朝中就会失势。现在太子的婚事尚未定下，如果想办法让贾公的女儿成为太子妃，那么贾公自然会留在京师任职了。"

其时，西晋朝廷已经形成党派之争，任恺和贾充分别是两派的首领，他们代表着不同政治集团的利益。任恺这一派的主要成员有庾纯、张华、温颙、向秀、和峤等人，而贾充的死党则是荀勖、荀颤、杨珧、王恂、华廙等人。这些年来，任恺和贾充相互看对方不顺眼，双方一直在明争暗斗。任恺非常讨厌贾充的为人，不想让他久执朝政，总是想方设法压制贾充。当然，贾充也非常记恨任恺，却拿对方没办法。后来，贾充找准机会向司马炎进言，说侍中任恺忠贞正直，宜在东宫照顾太子司马衷。当然，贾充提此建议绝对不安好心，其用意只不过是想把任恺从司马炎身边赶走。

司马炎同意贾充的看法，任命任恺为太子少傅。不过，司马炎并没有撤销任恺的侍中职务，而任恺也得以继续留在司马炎的身边。就这样，贾充的阴谋并未得逞，气得他差点骂人。如今，双方的关系更加恶化了。

贾充即将离京出镇长安之时，朝中百官在洛阳近郊夕阳亭为其饯行。荀勖见贾充愁眉苦脸，私下与他交谈。贾充把自己的忧虑告诉了荀勖，请求为他支招儿。荀勖笑道："您是朝廷的宰辅，如今竟然被任恺这个匹夫所约束，难道不是太轻视人了吗？然而，您这次外出任职，想推辞皇帝的诏命实在太难了。唯有与太子结成婚姻，您不用费事就自然可以留下了。"荀勖的意思是让贾充的女儿嫁给太子司马衷，这样贾充与司马炎就成了亲家。如此，贾充就可以凭借外戚身份留在京城，得以逃避去往西北的结局。

贾充听了荀勖的计策喜上眉梢，问道："这个主意不错，谁可以传达我的心意呢？"

荀勖答道："请让我去说合此事。"

荀勖毛遂自荐，亲自去做媒人撮合这桩婚事。与此同时，贾充回家后马上指使妻子郭槐用金钱财物贿赂后宫的女人们，让她们帮其在司马炎面前说好话。为了能让女儿当上太子妃，贾充不惜重金行贿皇宫，甚至派遣郭氏偷偷进入皇宫贿赂司马炎的皇后杨艳。（《晋书·武元杨皇后传》："贾充妻郭氏使赂后，求以女为太子妃。"）

俗话说得好，"有钱能使鬼推磨"。杨艳得到贾充大量的财物后遂答应帮忙，一定会尽力为贾家之女谋取太子妃之位。于是，杨艳经常在司马炎耳边吹枕头风，不遗余力地夸奖贾充的女儿贤良淑德。

不久，荀勖进宫侍奉宴饮，与司马炎议论太子司马衷婚事。荀勖口才很好，在司马炎面前称道："贾充的女儿才色绝世，如果纳入东宫，必然能辅佐未来君主，就像《诗经·关雎》所歌颂的后妃之德一样。"冯𬭎也在旁边随声附和，大力称赞贾充的女儿花容月貌、贤惠善良，是世间少有的美女，应婚配在皇储宫中。

虽然荀勖等人大力吹捧贾充的女儿，但司马炎并不想为太子司马衷娶贾充的女儿为妻，因为他的心中已经有了太子妃的人选——卫瓘的女儿。司马炎含笑地听着，拒绝道："卫公的女儿有五点可取，贾公的女儿有五点不可取。卫家的后代贤良而且多子女，容貌美丽而且身材修长、肤色白皙；贾家的后代生性嫉妒而且子女少，容貌丑陋而且身材矮小、皮肤粗黑。"从这句答话中不难看出，司马炎是非常想为太子司马衷迎娶卫瓘的女儿的。相较之下，无论是从遗传基因还是从外貌品行来比较，贾充的女儿都不具备一点优势。

俗话说，"吃人嘴软，拿人手短"。意思是，得了别人的好处，就要为别人办事。之前皇后杨艳已经接受了贾充的贿赂，所以她极力盛赞贾家的女儿有美德，适宜聘娶为太子妃。同时，皇后杨艳又密令太子太傅荀颛进言相劝司马炎同意迎娶贾充的女儿。经过多人轮番劝说，司马炎终于招架不住，无奈之下妥协，最终同意为太子司马衷迎娶贾充的女儿。

司马炎妥协后，打算为太子聘娶贾充幼女贾午。不过，当时贾午才十二岁，还没有完全发育成熟，而且她长得过于矮小，甚至连结婚礼服都穿不起来。

当然，贾充花费了无数努力才让司马炎同意聘娶他的女儿为太子妃，他自然是不会就此放弃的。于是，贾充又推出自己的另一个女儿贾南风，决定由其代替妹妹出嫁。当时贾南风十五岁，虽然她是一个丑女，但身体已经发育成熟了。

就这样，司马炎为太子司马衷改娶了贾南风。

泰始八年（公元272年）二月，贾南风正式被册立为太子妃。

贾南风不仅容貌丑陋而且心灵更加丑陋，她是一个嫉妒心极强、权力欲极强的女人。司马衷既畏惧自己的妻子又被她妖言迷惑，因此宫中其他的嫔妃很少有受到太子宠幸的机会。（《晋书·惠贾皇后传》："妒忌多权诈，太子畏而惑之，嫔御罕有进幸者。"）

司马衷是一个懦弱且智商不高的人，他曾经说过一句流传千古的傻话——"何不食肉糜"，从而成了一个千古笑柄。

其实，司马炎经常怀疑太子司马衷不聪明，有点犹豫是否适宜立其为储君以继承大统，毕竟皇位继承关系到晋朝以后的命运。同时，朝中官员和峤等人多次以此制造话题，他们纷纷在司马炎身边说司马衷担当不起储君之责，不能亲理政事。

此时，卫瓘在东宫兼任太子少傅，负责教习太子司马衷，非常清楚这个学生以后是不能承担得起国家重任的。作为司马衷的老师，卫瓘秉性刚直，他为了江山社稷着想屡次想向司马炎陈述情况，并欲奏请废黜司马衷另立储君。但是，卫瓘没有胆量当众说出口。后来，有一次司马炎与大臣们在陵云台聚会宴饮。卫瓘趁此机会假装酒醉，跪在司马炎御床前说道："老臣有本想上奏。"

司马炎问道："你要说什么呢？"

虽然卫瓘表面看起来醉眼蒙眬，但他的头脑非常清醒，三次想开口说话却又强行忍住了，然后用手抚摸着御床叹道："可惜这个座位了！"卫瓘只能以此隐晦地提醒司马炎，不要让没有治国能力的太子司马衷做储君，免得以后误国，白白可惜了皇帝宝座。

当然，司马炎看了卫瓘举动心中也明白他话中所指，故意装作不懂的样子问道："你真的喝醉了吗？"从此以后，卫瓘不再劝说司马炎废黜司马衷的太子之位。

如今，朝臣们又不断进言太子司马衷的智商不正常，甚至连他的老师卫瓘都曾这样暗示，所以司马炎想测试司马衷到底是一个正常人还是一个傻子。

智商测试

司马炎在心中议定好后，便派人把东宫上下大小官属全部召来参加宴会，然后派遣使者把密封的考题带给太子司马衷作答。司马炎这样做是为了防止司马衷身边的人帮忙答题作弊，想以此测试司马衷的真实智商。

见此状，贾南风非常恐慌，知道自己的傻子丈夫司马衷必定不能作答。

此时，东宫的智囊团成员都被司马炎请出去喝酒了，司马衷身边除了几个不识字的奴仆再也没有其他人了。不过，贾南风毕竟是一个有心计的女人，于是重金聘请外人代笔作答。代笔者在回答"御题"时引经据典，引用了很多经史子集的内容作为依据，洋洋洒洒写了大量让人拍案叫绝的答案。对于这样高水平的答案，非才华横溢者是不能答出来的，而拿这样的答卷给司马炎看是很容易露馅的，毕竟司马衷肚子里有多少墨水大家都很清楚。

给使张泓看了这张博士才能答出来的答卷暗呼不妙，急忙对贾南风说道："太子不读书，但答题却引经据典，一定会被识破是代答的。如此，圣上必定会下令追查代答者，这样后果就会非常严重，倒不如直接根据意思作答吧。"

贾南风听了张泓的话非常高兴，对他说道："你立刻替我妥当回答，将来我若能富贵，一定与你共享。"

张泓素来有些小才，当下便拟好了草稿，让太子司马衷照着他的答案抄写一遍。虽然张泓的答卷水准不高，但也正是如此才不会被人识破其中的猫腻。司马衷把抄好答案的试卷上交给了司马炎，而贾南风则怀着忐忑不安的心情等待着结果。

尽管司马衷的答论不高明（实际是张泓的答论），但至少证明他是一个正常人，其智商也是正常的。所以，司马炎审阅了司马衷的试卷后非常高兴，并拿太子的试卷给太子少傅卫瓘观看。卫瓘看了这张试卷惊呆了，不安地一时说不出话来，不知所措。这时，众人才知道卫瓘暗中说过太子的坏话。其实，司马炎给司马衷出这些"智商测试题"，只不过是想测试太子是不是一个智商正常或接近正常的人而已。

就这样，司马衷靠着张泓提供的答案顺利通过了司马炎的"智商测试"。

报复政敌

经过这件事情之后，贾充依然心有余悸，因为他非常明白其中的利害关系。如果这次太子司马衷不能顺利过关，卫瓘等人若再在司马炎身边煽风点火说太子的智商有问题，司马炎再次确认司马衷是傻子后就很有可能会废掉他的太子之位而另立他人。因此，贾充非常怨恨卫瓘，并秘密派人带了一句满怀怨气的话语给女儿贾南风："卫瓘这个老奴仆，几乎毁坏了你的家庭。"（《晋书》："充密遣语妃云：'卫瓘老奴，几破汝家。'"）

因此，贾南风恨死了卫瓘，总想找机会报复对方。

贾南风生性暴虐，曾经亲手杀死数人，如曾用手戟掷击司马衷其他有身孕的姬妾的腹部，致使胎儿随着戟刃落地而流产。（《晋书·惠贾皇后传》："妃性酷虐，尝手杀数人。或以戟掷孕妾，子随刃堕地。"）贾南风这样无人性的暴行，很容易就造成一尸两命的人间惨剧，简直让人不忍直视。

司马炎听闻儿媳贾南风的暴行后非常生气，准备废掉她的太子妃之位，将其囚禁在金墉城。不过，司马炎的妃嫔赵粲为贾南风求情，说道："贾妃年纪轻轻，做事不知道轻重。况且妒忌是妇人的常情，年长之后就会改正的，希望陛下明察。"

随后，杨珧也为贾南风求情，说道："陛下难道忘了贾公闾（贾充）的功劳了吗？"当年，司马炎能击败弟弟司马攸成为晋室继承人，在此过程中贾充可是出力不少，况且之前贾充还鞍前马后帮了司马家族很多忙。杨珧的问话，意在提醒司马炎不应该忘记贾充这些功劳和苦劳，更不能翻脸不认人。与此同时，荀勖更是四处奔走，到处打点，大力相救贾南风，并竭尽全力去保住她的太子妃之位。杨珧、荀勖等人非常清楚，如果贾南风被废了太子妃之位，那贾充就有可能会受到牵连而倒台。倘若如此，到时候政敌就会群涌而出趁机落井下石，那么杨珧、荀勖等人也会跟着倒霉，毕竟他们是同一个政治集团的人，"一荣俱荣，一损俱损"。如果杨珧、荀勖等人帮贾南风保住了太子妃之位，以后待司马衷即位登基了，她自然就会成为母仪天下的皇后，而到时候她自然不会忘了杨、荀等人的恩情，并给予他们丰厚的政治回报。

经过贾充集团骨干成员的不断努力，贾南风的太子妃之位没有被废，最终得以保全。

然而，西晋朝堂上的斗争并未停止，朋党相争越来越明显。对于这些情况，司马炎是有所耳闻的。所以，司马炎决定充当一回和事佬，试图令贾充、任恺和好。

有一天，司马炎在式干殿宴请贾充、任恺，对他们说道："朝廷应当统一，大臣应当和睦。"贾充和任恺闻此言大吃一惊，知道司马炎已经知道他们不和的事情了。于是，贾、任二人互相对拜道歉，在司马炎面前做了深刻的自我检讨，一致表示以后要和睦共处。

司马炎是一个宽容大度的皇帝，很少处罚大臣，如今见贾充和任恺"握手言和"了觉得很满意。殊不知，大臣们的斗争方式是多种多样的——既然明里斗争不行了，那就暗中斗争。

贾充和任恺认为司马炎虽已经知道这些不和之事却不责备他们，所以他们更加有恃无恐，结怨反而越来越深。因此，他们二人在表面上互相推崇敬重，内心深处却对对方极度不满。

有人给贾充出主意道："任恺总是主管朝廷的重要部门，得与圣上亲近，您应该启奏圣上令他主持官员选举之事。如此一来，圣上便会渐渐疏远他，何况九品人物难以弄清，这样您就有机可乘了。"

前文曾详细述及魏晋时期的选官制度是九品中正制，中正官根据家世、行状、定品三项内容评判士人的品级并将其分为九等，经过一系列的审查后，最后由吏部给予相应的官职。

如今，贾充听了献计者的计谋后连称妙计。于是，贾充向司马炎称赞任恺有才能，应当由任恺来主持官员选举之事。司马炎没起疑心，还以为贾充秉公无私，赞扬他为朝廷推荐了合适的人选。第二天，司马炎就下诏任命任恺为吏部尚书，加奉车都尉。

其实，贾充大力推荐任恺出任吏部尚书完全是假公济私，对其来说好处很多：一则能顺利将任恺调离司马炎的身边，而时间一久其与皇帝的感情就会变得淡薄了；二则贾充得到一个推举贤才的美名，对他公众形象的修复大有好处；三则吏部尚书这个职位不好做，这样贾充集团能相对容易地找到任恺的失误。

任恺在吏部尚书任上选举公平，尽心尽力地为朝廷选拔人才，克尽厥职。不过，由于任恺与司马炎见面的机会少了，政敌们便得到了攻击他的机会。

贾充为人虚伪，与荀勖等人结党营私、打击异己，他们岂能错过这样的好机会。于是，贾充与荀勖、冯统乘机进谗言，不遗余力地攻击抹黑任恺，并有板有眼地说任恺生活奢侈且私自偷用皇帝的餐具。为了彻底打倒任恺，贾充还指使尚书右仆射、高阳王司马珪弹劾任恺。在贾充等人的诬告陷害之下，任恺被免官。

司马炎在得到贾充等人大量的举报信后，也命令有关部门核查情况。后来查证时发现，任恺家中的那些御用器皿其实都是其妻齐长公主（魏明帝曹叡之女）在曹魏时获赐的。不过，尽管任恺已被免了官，但诽谤却越来越多。在贾充等人的攻讦之下，司马炎渐渐疏远了任恺。但是，山涛明白任恺为人旷达、机敏有才智，遂推举其为河南尹。不久之后，任恺因治贼无功又被免官。

任恺向来能品鉴人物，加上对公务尽心尽力，所以他得到了朝野一致称赞。这意味着任恺虽然被免官了，但他会凭借名声和能力获得起用。

贾充见任恺还没有被整死，也害怕司马炎会据民意重用自己的政敌，又到处搜罗罪名弹劾任恺。于是，贾充和他的朋党又指使一干人上奏弹劾任恺与立进令刘友互相勾结，朋比为奸，并诬蔑任恺在暗中搞阴谋。对于这样子虚乌有的指控，任恺当然不服。

尚书杜友、廷尉刘良都是忠于职守的人，知道任恺被贾充压制，想要上表替他申辩。贾充见廷尉刘良迟迟不派人收捕任恺来受审，反而准备上表向皇帝申诉。大怒之下，贾充和他的朋党又向司马炎上奏，诬蔑刘良等人徇私枉法、玩忽职守。于是，杜友、刘良都被免官，与任恺一样成了一介布衣。

任恺几次三番被免官，心情非常郁闷，恨透了官场的黑暗，便开始纵酒享乐，尽尝山珍海味。例如，任恺一顿饭花费一万钱，还说没有可吃之菜，嫌弃无法下筷子吃饭。就这样，任恺开始用奢侈的生活麻醉自己，纵情于酒乐之中。

后来，司马炎起用任恺为太仆，不久又将其改任为太常。太仆，掌管皇家车马；太常，掌管礼仪祭祀。尽管太仆、太常这两个职位都是"九卿"之一，不过都是有名无实而没有什么权力。由于受到贾充及其朋党多番诬陷和中伤，任恺终生没能登上"三公"之位。因此，任恺郁郁不得志，而许多人也为任恺的境遇打抱不平。

任恺被贾充集团整得半死不活，而庾纯也难逃一劫，因为贾充也同样恨死了他并总想找机会报复。

有一天，贾充宴请朝中官员，而庾纯也在邀请名单之中。当时，其他人都早早到来赴约，只有庾纯姗姗来迟。见此状，贾充认为庾纯故意来迟，对自己不尊重，便阴阳怪气地问道："你以前都是走在队伍前面的，今天怎么落到了后面呢？"当然，这是一句讽刺庾纯的话，因为庾纯的祖先当过军队中的小官，站队时总是站在队伍前面。

庾纯听了贾充的嘲讽之话，神情自若地答道："因为市场上有件小事需要处理，所以我来晚了。"庾纯的答话也是一句讽刺之语，因为贾充的祖先当过管理市场的小吏，官位卑微。

贾充自认为位高权重、声名远扬，因此他听了庾纯的挖苦之语后愤愤不平。轮到庾纯敬酒时，别人都喝了他的敬酒，唯有贾充对其不理不睬，坚决不喝对方的敬酒而想给其难堪。

庾纯诘问道："我年纪比你大，你怎么这么没礼貌呢？"

贾充毫不示弱，没好气地嚷道："你有什么资格说我不敬老，你父亲都八十多岁了，你咋不回家奉养尽孝呢？"

双方的争斗还在继续，火药味越来越浓。

庾纯一听这话就火冒三丈了，指着贾充说道："贾充，现在天下这么乱，都是你一个人引起的。"不畏权贵的庾纯敢当众指责贾充，别人听了这话后都捏了一把汗。

贾充一脸骄傲，反问道："我贾充辅佐过两位皇帝，平定了巴蜀之地，立下了汗马功劳，我有什么罪过而让天下大乱？"

当年，魏灭蜀之战后，钟会野心膨胀，企图拥兵谋反。司马昭为了防止钟会收捕邓艾后趁机谋反，便派遣贾充率领一万人马进驻汉中监视钟会。实际上，平定巴蜀之地主要是钟会、邓艾等人的功劳，与贾充没有直接关系。

庾纯终于忍不住了，撂出一句狠话："现在高贵乡公在哪里？"

这句话一下子揭开了贾充内心最深处的伤疤，让贾充的虚伪狡诈和不忠不仁暴露无遗。当年，魏帝曹髦不甘忍受屈辱，率领一群奴仆讨伐司马昭，结果被人在光天化日之下杀死，而现场指使弑君的人就是贾充。就是说，贾充是靠着溜须拍马和敢把皇帝拉下马的勇气而获取了司马氏的信任，从而飞黄腾达。

高贵乡公曹髦被弑事件，在当时是一个极其敏感的话题，使得许多人对此讳莫如深。如今，庾纯当众揭开了贾充的弑君罪行，如何不惹怒对方呢？

贾充被驳得哑口无言，气得说不出话来，恨不得当场杀死庾纯。贾充左右之人听见庾纯这样贬损贾充，打算动手将庾纯抓起来。中护军羊琇、侍中王济不想把事情闹大，一致为庾纯讲情。因此，庾纯得以安全离开宴席回到家中。

宴会后，贾充恼羞成怒，上表请辞。其实，这是贾充的以退为进之计，以暗示司马炎重罚庾纯，毕竟庾纯所说的话关系到天子（司马炎）的声誉，因为弑君的最大罪人实际上是司马炎之父司马昭。当时，如果贾充没有得到司马昭的暗中授意，那贾充就是吃了一百个豹子胆也不敢叫成济当众杀死魏帝曹髦。

庾纯回家后头脑冷静下来，非常害怕，知道自己闯祸了，马上将河南尹、关内侯印绶上交，并上表弹劾自己犯了错误，应该给予处罚以严肃朝廷伦理。结果，庾纯被免去官职。

在历朝历代，宫廷都是一个隐藏着巨大利益的场所，因此明争暗斗不断。实际上，宫廷虽非战场，但却胜似战场。在这场旷日持久的朝臣斗争中，贾充集团大获全胜，取得了辉煌的"战绩"。

第十七章　龙争虎斗

立国之初，西晋王朝内外的形势并不好——兵败于外，党争于内，可谓内忧外患。就在司马炎还在为西北地区的乱局头疼时，又传来了一个坏消息——交州得而复失了。

这是怎么一回事呢？

收复交州

关于三国末年交州争夺战的来龙去脉，要从公元262年开始说起。这一年，吴主孙休派遣察战官到交州征调孔雀和大猪。次年，交趾太守孙谞征调郡里一千多名手工匠人送到建业。

这些事情表面看来微不足道，但实质上触动了当地人敏感的神经，并由此引发了一场持续多年的争夺战。

公元263年，吴国朝廷派遣邓荀为察战官巡视交州。邓荀到达交州后，擅自征调了三千只孔雀遣送建业。当地百姓们见再次受到征调，遂对吴国朝廷的横征暴敛产生了不满。当年五月，交趾郡吏吕兴纠合豪杰，借此煽动当地的士兵、百姓，并招诱各少数民族部落造反，乘机杀死孙谞和邓荀，宣布交州脱离吴国的统治。

吕兴知道，他杀死了当地的行政长官和朝廷特使，必定会引来吴国朝廷的报复。当然，区区一个交州必然挡不住吴国大军。于是，吕兴派人到北方的曹魏朝廷请降——举交趾郡而降，并要求派兵接管整个交州地区。交州境内的九真郡、日南郡亦响应附和吕兴的号召，纷纷投降曹魏。当时适值司马昭发动魏灭蜀之战，吴国无暇顾及交州，所以曹魏乘机夺取交州三郡，并派官吏及军队南下接管了交州。

为了表彰吕兴举郡而降的功绩，曹魏朝廷任命其为南中大将军，都督交州诸军事。不过，吕兴还没有等到曹魏朝廷的任命文书送达，就被其功曹李统所杀。

不久之后，司马炎建立西晋，已归降曹魏的交州三郡顺其自然成为晋朝辖地。

司马炎很重视交州，将交州之事委托于南中都督霍弋。随后，霍弋奏请任命爨谷为交趾太守。不久，爨谷去世，马融代之出任交趾太守。马融在任上没有多久，病卒。然后，霍弋便派遣杨稷出任交趾太守，让他与将军毛炅，九真太守董元，牙门将孟干、孟通、李松、王业、爨能等人自蜀地出兵支援交趾。

却说吴主孙休还来不及派兵收复交州就病逝了，而继位的孙皓自然就肩负起了收复失地的重任。其时，蜀汉已被平灭，吴国陷入两面被围的局面，生存处境非常艰难。一旦交州沦陷，吴国就会陷入从两面被围变成三面被围的危局，这样就更加岌岌可危了。所以，吴国必须将西晋的势力赶出交州，并不惜一切代价夺回交州的管辖权。在此后数年时间里，晋、吴两国在交州一带不断爆发争夺交州的战争。

公元268年，孙皓派遣交州刺史刘俊、前部督修则等人率领军队进击交趾。

杨稷与毛炅等人合军反击，在古城击败吴军，并成功斩杀刘俊、修则。吴军溃败退还合浦，宣告第一次交州之战失败。

孙皓不甘就此失败，重新部署了新的进兵方案。

公元269年，孙皓决定兵分两路进击交州：派遣监军虞氾、威南将军薛珝、苍梧太守陶璜由荆州出发，走陆路进入；派遣监军李勖、督军徐存率军从建安海道出发，约定两军会师于合浦后联合进击。

不过，吴军水陆两路大军出发不久后，水路这一路军队就返回了。这是怎么回事呢？

原来，李勖认为从建安海路率军征战交州，千里作战胜算不大，况且一路要经历大风大浪，弄不好就会在征途中被大风吹入大海身亡。再说，即使率军安全抵达合浦，也不一定能打败晋军，因此李勖不想领兵去交州作战。于是，李勖找了一个借口杀了向导冯斐，私自领兵返回。

李勖违令率军返还后，殿中列将何定对孙皓说道："李勖枉杀冯斐，擅自撤军退还，请陛下严惩！"

何定是吴国后期的佞臣，行事邪僻，善于献媚。何定知道孙皓喜欢养狗，便投其所好，下令诸将向皇帝进献名犬。于是，京师建业附近的名犬很快便被抢购一空，有的将领甚至不得不花费大量钱财从千里之外购买名犬进献，以至于一只戴着冠缨的皇家御犬便值一万钱。这种皇家御犬非常名贵，每一只都由一位士兵专职看护，精心照料。当然，皇宫里饲养这么多名贵的御犬，自然是耗费了不少钱财，因此吴人都把罪责归咎于何定。不过，孙皓却认为何定忠实勤恳，封他为列侯。

何定靠着溜须拍马、阿谀奉承的本领，把孙皓伺候得非常舒服。因此，孙皓十分信任何定，对其委托众事。何定仗着孙皓对他的信任玩弄权柄，作威作福，打击政敌。何定之所以想置李勖于死地，是因为他们有私怨。何定曾经为儿子求娶李勖的女儿，但李勖看不起他的为人，故没有答应这门婚事。

从此，何定对李勖怀恨在心。如今，何定岂能放过可以害死李勖的机会？

何定是孙皓身边的宠臣，很得孙皓的信任。所以，孙皓听信了何定的谗言，下令处死私自退军的将领。

就这样，李勖、徐存及其家属全部被处死。

吴军的水军撤退回国后，只能由陆军这一路军队去完成收复交州失地的任务了。

虞汜、薛珝、陶璜等人率军抵达交州后，被养精蓄锐的晋军打败。陶璜作战失利，见形势不利后立即率部退保合浦。此前吴军已经被晋军斩杀两员大将，如今又遭遇失败，因此新任主帅薛珝愤怒不已，责怪陶璜指挥不当，并责骂道："你自己主动上表讨贼，而如今丧失两名将帅，谁该为此负责？"

陶璜驳斥道："下官不知道他们的行军消息，导致诸军不能配合作战，因此遭遇失败。"陶璜言外之意是，吴军的失败是因为诸将各自为战，这不全部是他一个人的责任。

对于陶璜的辩解，薛珝仍感恼怒，打算撤军退还。

陶璜很清楚，如果这次远征无功而返，回朝后薛珝就会把全部罪责都推到他的身上，到时候自己就会成为替罪羊。倘若如此，孙皓绝对会处罚陶璜，而李勖等人的结局有可能就是陶璜的结局。所以，陶璜为了自己的人身安全和个人前途着想，必须尽快打胜仗才能阻止薛珝退军。

遇事要沉着冷静，处变不惊，方能理智应对，改善处境，转败为胜。陶璜经过深思熟虑后，决定采取偷袭之计出其不意地袭击晋军。

当夜，陶璜率领麾下数百名士卒从海道登陆偷袭晋军。在夜色的掩护之下，陶璜夜袭董元部队，大胜而归。陶璜缴获了大量的金银财宝，然后用船只装载运送回营。

薛珝见陶璜满载而归才转怒为喜，肯定了陶璜的军事才能。于是，薛珝任命陶璜为前部督，代理交州事务。

其后，陶璜率军从海道进兵，出其不意直达交趾郡。董元吃过陶璜的一次亏后，这次他学精明了，想出了一条破敌之策——先佯装溃败引诱陶璜追击，然后用伏兵击败对方。

于是，董元率军出城迎战陶璜。在两军交战后不久，董元就佯装溃败，想引诱陶璜追击以掉进他精心设好的圈套里。

不过，陶璜技高一筹，识破了董元的伏兵之计，将计就计带兵追杀董元部队。陶璜之所以明知有诈还敢追击董元，则是因为他早已经想好了破敌的办法——布置了一批长戟兵隐藏在自己部队后面。

董元见陶璜"上当"了，马上下令伏兵出击围剿吴军。见此状，陶璜令旗一挥，吴军前队变后队，长戟兵马上从后面冲了出来。晋军的伏兵为了便于隐藏使用的是短兵器，而吴军的长戟兵使用的是长兵器，所以吴军轻松打败了晋军。

董元中了陶璜的"计中计"后，知道自己的计谋不如对方，所以退回城中后固守不出。陶璜见董元在城中龟缩不出，知道凭借自己的力量是不能攻克坚城的。于是，陶璜用之前偷袭董元所缴获的数千匹锦缎贿赂当地的扶严部族首领梁奇，拉拢土著居民协助。梁奇收了陶璜的重礼后，组织了一万多人马为陶璜助战。

不过，梁奇部队是乌合之众，他们的战斗力并不强，所以陶璜数次攻城都被董元打退了。攻城受挫后，陶璜得知董元麾下有一名勇将叫解系，此人有万夫不当之勇，而正是有此人的协助才使董元得以稳守城池。可以说，只要解决了解系，董元就不足为虑了。

于是，陶璜用重礼利诱解系的弟弟解象，让他写信给其兄解系，并故意泄露书信内容给董元。此外，陶璜又安排乐手奏响乐曲，让解象乘坐装潢豪华的璜辂车从城下招摇而过。

见此情形，董元生气地说道："解象尚且这样风光，解系必定会禁不住诱惑而投敌。"

就这样，董元中了陶璜的离间计，将解系抓起来处死了。

董元自毁长城，很快就被薛珝和陶璜联手攻破了城池。

陶璜立下大功后，被孙皓任命为交州刺史，负责收复交州事宜。

此后，陶璜再接再厉，率军相继攻克日南、九真二郡，俘虏了晋将杨稷、毛炅等人，成功收复交州失地。

喜讯传到建业后，孙皓任命陶璜为前将军、交州牧，都督交州诸军事。陶璜成为交州最高行政长官后，相继平定偏远地区的武平、九德、新昌等地。陶璜又开置三郡，继续加强对九真属国三十余县的统治。

不久之后，孙皓打算调任陶璜为武昌都督，让合浦太守修允出任交州牧。但是，在交州数千民众的苦苦请求之下，孙皓考虑到陶璜熟悉当地情况，便收回了成命。因此，陶璜得以继续在当地做官。自此以后，陶璜一直坐镇交州，守卫着吴国的南大门。

陶璜将西晋的势力彻底赶出交州后，吴国加强了在交州地区的统治。虽然交州争夺战以吴国获胜而告终，但实际上并未改变晋、吴两国的实力差距。

最后的名将

凤凰元年（公元272年）八月，孙皓下诏征召西陵都督步阐进京担任绕帐督。想不到，这个看似平常的调令，却引发了三国末年的一场著名战争。

步阐，东吴重臣步骘次子、抚军将军步协之弟。赤乌十年（公元247年）步骘逝世于西陵后，步骘长子步协继承爵位，统率父亲所领军队。孙权加授步协为抚军将军，让他镇守西陵，看守吴国的西大门。步协去世后，其子步玑继承侯爵，其弟步阐则继承父兄之业为西陵都督，继续坐镇西陵。

步阐一家自父亲步骘开始，家中几代人镇守西陵长达四十余年。如今，步阐突然被孙皓征召，要其离开西陵回京任职。步阐接到诏令后无比恐慌，害怕自己是不是犯了什么过失而被征召回京，更害怕回朝后受到谗害。况且孙皓本就喜怒无常，性情残暴，好听谗言，经常无缘无故杀戮大臣。步阐非常明白自己回朝后没有丝毫反抗能力，是死是活只能全凭孙皓的一句话。

当然，步阐不能拒绝皇帝的诏令，但回京任职又恐凶多吉少，于是再三思虑下决定举城投降西晋。

为了表示归降诚意，步阐将自己的侄子步玑和弟弟步璿遣送到晋国首都洛阳做人质，以此请求西晋出兵接应。

对于西晋来说，毫无征兆之时就有敌国将领前来举城归降，这真是天上掉下馅饼了。司马炎大喜过望，任命步阐为卫将军，都督西陵诸军事，加任侍中，假节兼任交州牧，赐爵宜都公，享受"三公"待遇；任命步玑为左将军，监督江陵诸军事，加任散骑常侍，兼任庐陵太守，改封为江陵侯；任命步璿为宣威将军，加任给事中，封爵都乡侯。不过，当时交州、江陵、庐陵等地都是吴国的地盘，因此这些官职、爵位都是虚封。

此时，吴国将才凋零，吕蒙、陆逊等人早已离世，就连见证整个吴国兴衰荣辱的老将丁奉也已经去世了。尽管吴国曾经名将辈出，但如今那些叱咤风云的将领几乎都死了，尚存的优秀军事人才已经寥寥无几。

派谁去交州平叛呢？这是一个摆在孙皓面前的问题。

不过，孙皓很快想到了一个能平定西陵叛乱的人选，因为吴国还剩下一个完全不逊色于先辈名将的将才，这个人被誉为吴国最后的名将——陆抗。

陆抗，生于公元226年，字幼节，陆逊的次子、孙策的外孙。赤乌八年（公元245年），陆逊在武昌去世后，二十岁的陆抗被孙权任命为建武校尉，统领陆逊麾下的五千名亲兵。随后，陆抗护送其父陆逊的灵柩东归埋葬。

赤乌九年（公元246年），陆抗被提拔为立节中郎将，与诸葛恪互换防区，奉命去驻守柴桑。陆抗临走前派人将武昌城墙全部修整好，房屋也作了修缮，甚至下令军民不许擅自损坏城池周围的桑树、果树。

不久后，诸葛恪前来武昌赴任，发现武昌城内城外一切俨然若新，井然有序。然而，诸葛恪的柴桑旧营却毁坏得颇为严重，如此形成了鲜明的对比，因而诸葛恪还为此深感惭愧。由此可见，陆抗治军严谨，严于律己。

太元元年（公元251年），陆抗从驻地柴桑回到京城建业治病。病愈之后，陆抗即将离开建业之时，孙权流泪与他告别，伤感地对其说道："我过去听信谗言，认为你的父亲在君臣大义上不笃厚，因此亏待了你。我前后责问的罪状，你一把火将之烧灭干净，不要让其他人再看到它。"

当年，鲁王党为了打倒太子党，孙霸指使其党羽杨竺诬告陆逊，制造了所谓"罪状书"二十条向孙权告状。赤乌八年（公元245年），陆抗护送其父陆逊的灵柩东归埋葬后，进京向孙权谢恩。孙权却乘机将这些"罪状"拿出来，以此责问陆抗。陆抗不畏君威，有理有据地逐条对答，为父陆逊辩白并洗清了冤屈。因此，孙权心中的不满渐渐消退，对陆抗更是刮目相看。

此时，年老体弱的孙权已经知道自己的时日并不多了，悔恨自己当年错怪了陆逊，所以说这样的话希冀能消减陆抗心中的芥蒂。其实，这是孙权期盼陆抗不要心存芥蒂，能尽心尽职辅佐后世君主而已。

建兴元年（公元252年），孙权去世，孙亮即位，陆抗被任命为奋威将军。

太平二年（公元257年），魏将诸葛诞发动淮南三叛，献寿春城归降吴国。陆抗被授任为柴桑督，率军前赴寿春救援。由于吴军总指挥孙綝指挥不当，导致吴军在救援淮南的军事行动中失败了。不过，陆抗这一路军队凭借正确指挥还是打败了魏国牙门将和偏将军，取得了一些小胜利。战后，陆抗被擢升为征北将军。

永安二年（公元259年），陆抗又被任命为镇军将军，都督西陵，负责自关羽濑至白帝城的军事防务。次年，陆抗被授予假节权力。

孙皓即位后，加授陆抗为镇军大将军，遥领益州牧。

建衡二年（公元270年），大司马朱绩（施绩）去世后，陆抗奉命都督信陵、西陵、夷道、乐乡、公安诸军事，治所设在乐乡（今湖北江陵西南）。

陆抗虽然在外任职，但他很关心朝政。当时，吴国内部混乱不堪，国力衰弱，宦官干政，小人当道。陆抗听说朝廷政令多有失误之处而深为忧虑，列举了十七条治国纲要呈献给朝廷，并多次上疏劝谏孙皓黜退小人，远离奸邪之臣。

不久之后，何定奸邪污秽的事迹败露被人举报。孙皓意识到被骗，大怒之下判处何定极刑。一代佞臣，最终得以伏诛，真是罪有应得！

通过这些事情，孙皓深知陆抗是一个做事周密、军事能力极强的杰出人物。如今，孙皓听闻步阐举城投降西晋后，马上派遣乐乡都督陆抗督率诸军围攻西陵，务必将叛将步阐绳之以法。

西陵之战

与此同时，司马炎派遣八万多人马兵分三路前去西陵救援步阐。晋军的军事救援行动是这样部署的：

一、车骑将军羊祜率领五万人马攻打吴国军事重镇江陵，企图牵制陆抗主力部队而不得进攻西陵；

二、荆州刺史杨肇率军深入吴境，径直去西陵接应步阐；

三、巴东监军徐胤率领水军从巴东郡顺流而下攻打建平郡，配合杨肇部队的军事行动。

在这三路大军中，羊祜这一路是主力，兵力多达五万人。从中不难看出，晋军是想用"围魏救赵"之计来逼退陆抗。不过，司马炎低估了陆抗的军事水平和胆量、魄力。

陆抗接到孙皓的旨令后当日部署各军，急遣将军左奕、吾彦、蔡贡等直接率军进围西陵。陆抗命令赶赴西陵前线各军赶紧加修坚固高峻的围墙，自赤溪一直延至故市。陆抗修建这么长的军事防线，可谓好处很多：对内可以围困步阐，防备对方突围而逃；对外则可以防备敌军，以此抵御西晋援军。此外，陆抗部队还能避免腹背受敌。

为了赶工，陆抗日夜催促督责众将士构筑高墙，就好像敌人已经来到眼前一样。吴军不分白天黑夜地不停筑围，异常辛苦。对此，吴军将士们感到非常困苦，到处发牢骚。

吴军诸将见此状便一起劝谏陆抗，说道："现在我们应趁三军士气旺盛之时急速进攻步阐，如果等到晋军援兵到来，西陵一定被攻克了。何必劳累修筑围墙，让士兵和百姓困苦不堪呢？"

陆抗答道："这座城池城墙坚固、地势险要，城内粮草又充足，况且西陵城所修缮的防御工事和配置的防御器械都是以前我在西陵任职时详细规划安排的。现在，我们反过来去攻打它是不可能很快攻克的，而且晋军一定会赶来救援步阐的。如果敌人到来后我们没有防备，到时候我们则里外受敌，拿什么抵抗他们呢？"

尽管陆抗说得很有道理，但诸将不以为然，都急于攻打步阐。陆抗拒绝，没有答允诸将的请求。

宜都太守雷谭的请战言辞极为恳切，坚决要带兵攻打步阐。诸将纷纷附和雷谭，表示他们是来平定叛贼的，而不是来前线修筑工事的。诸将急功近利的心态暴露无遗，而陆抗都看在眼里。

为了使众将信服，陆抗答应让他们尝试去攻打一次。

果然不出陆抗所料，雷谭等人的进攻不利，被步阐击退了。攻城受挫后，诸将心服口服，愿意听从陆抗的指令。于是，吴军开始齐心协力筑围防守，因而防御围墙得以顺利完工。

这时，羊祜按照既定计划率军向江陵进发，企图逼迫陆抗率领主力回援。陆抗等人得知军情后，诸将皆请主帅陆抗至江陵督战，不宜再率军去西陵。

陆抗分析道："江陵城池坚固，兵力充足，没有什么可担忧的。假如敌人攻占江陵，也必然守不住，但我们所受损失很小。如果晋军与步阐联合起来占据西陵，那么南山夷人诸部族都将骚动叛乱。这样的话，祸患就不可估量了！这是我所忧虑之事，并非三言两语一下子就能说得清楚的。我宁愿放弃江陵而奔赴西陵，何况江陵还十分牢固呢！"

其实，西陵就是夷陵。当年，孙权在夷陵之战中战胜刘备后，就下令将夷陵改名为西陵。三国时期的西陵，其地理位置位于今湖北宜昌，属于兵家必争之地。西陵是吴国西部的一座军事重镇，周边有许多少数民族部落。如果吴国失去西陵的控制权，那么对西部的统治就会大为削弱。倘若如此，夷人也会乘势"揭竿而起"，纷纷脱离吴国的统治。

陆抗看出了问题的严重性，毅然决然地带领主力亲赴西陵前线督战。

当初，江陵地势平旷，道路通畅，不利于御敌。于是，陆抗命令江陵督张咸修造大堰阻断水流，浸润平地以断绝敌人进攻和内部叛乱。羊祜想利用大堰的水域用船运送粮草到江陵，于是故意扬言要毁掉大堰让步兵通行。

陆抗听闻此消息后识破了羊祜的诡计，命令张咸立即毁掉大堰。对此，诸将迷惑不解，多次劝谏陆抗不要毁掉大堰。陆抗坚持己见，张咸只能执行命令。

当羊祜行军至当阳时，听说大堰已毁，不得已只能改船运为车运。如此一来，晋军耗费了大量的时间和精力，以致主力不能速进。直到这时，吴军诸将才佩服陆抗的先见之明。

当年十一月，徐胤率领水军进至建平，杨肇率领陆军抵达西陵，一场精彩纷呈的战役即将正式拉开序幕。

陆抗命令张咸固守江陵，坚守大本营；公安督孙遵巡视长江南岸抵御羊祜，防备晋军主力部队南渡；水军督留虑、镇西将军朱琬率军拦截西晋水军顺流东下，共同抵御徐胤这一路晋军；陆抗则亲自统率三军，凭借高峻的围墙对抗杨肇这一路晋军。

就在陆抗与杨肇对峙之时，吴将朱乔营中的都督俞赞畏敌逃跑投降杨肇。陆抗接到报告后说道："俞赞是我军中的老办事人员，知道我方虚实底细。我经常担心夷兵素不精练，如果敌人攻围，必定先从夷兵防守处下手。"

于是，陆抗立即撤换夷兵，连夜调整部署，把该地防军全部换上了骁勇善战的精兵。次日，杨肇在俞赞的指引下，果然开始进攻原来夷兵防守的薄弱处。

陆抗下令守军反击，一时之间箭镞如雨下，因此杨肇部队的兵卒死伤累累。吃了败仗的杨肇，灰头土脸地逃回了驻地。

对峙一个月后，杨肇无计可施，只能连夜逃遁。陆抗打算追击杨肇，但又担心步阐积蓄全力伺机出兵进击吴军要害之处。由于兵力不够分配，陆抗告诫全军将士只击鼓伴作要追击晋军的样子。

不过，杨肇部队由于此前吃过败仗导致士气低落，如今听闻吴军要追击他们不由得心生恐惧。要知道，败逃之军中一旦出现"恐惧症"马上就会传遍全军，所以杨肇麾下的众将士全都丢盔弃甲争相逃命。

陆抗派出轻装部队随后追赶，将杨肇部队打得落花流水。羊祜等晋将得知杨肇大败，只得率领各军主动撤退。

晋军惨败后，步阐孤立无援了。因此，陆抗得以指挥诸军全力围攻西陵。不久之后，西陵城被攻克。陆抗进城后，步阐部众弃械投降。随后，步阐及其同谋者几十人被夷三族，以儆效尤。杀了首恶步阐后，陆抗张榜安民，并向孙皓上书请求赦免被步阐胁迫作乱的几万兵众。

接着，陆抗修治西陵城墙和防御工事，随后还军东归乐乡。不过，陆抗取得这么大的胜利后依然毫无骄矜之色，谦逊如常，深得将士衷心拥戴。为了表彰陆抗的战功，孙皓在此战后加拜陆抗为都护。次年，孙皓又下诏任命陆抗为大司马、荆州牧，让其全面负责荆州军政事务。

在西陵之战中，陆抗杰出的军事才能得到了淋漓尽致的展现。在开战前，陆抗就做出了正确的军事部署，预判到了敌军的动态与意图，让己方自始至终都牢牢掌握了战争的主动权，从而成功打破了晋军的分兵合击之势。然后，陆抗围城打援，运用自己出色的指挥能力击退了进犯之敌，从而集中兵力一举攻克西陵城，将叛将步阐等人绳之以法。此一战，陆抗在天时、地利、人和方面几乎都不占优的情况下却能做出精准的判断，以少胜多地打了一个非常漂亮的胜仗，从而奠定了他的名将地位。

公元222年，陆逊在夷陵之战打败刘备，建立下不世出之功业；公元272年，陆抗在西陵之战中击败叛军及其援军，同样建立下了彪炳史册的功绩。陆逊、陆抗父子皆为东吴政权的中流砥柱，拯救国家于危难之中。更加令人惊叹的是，陆逊、陆抗父子时隔五十年竟然在同一个地方取得了载入史册的胜利。

以德服人

西晋劳师动众救援西陵却全线失利败退，因此领兵的众将帅必须承担战败的罪责。于是，有官员上奏道："羊祜率领八万多人马救援西陵，而敌军不过三万人。羊祜在江陵调军迟缓，以致敌军得以充分设防。羊祜只派杨肇这支偏师深入险地，兵少粮缺，致使我军失利。羊祜违背诏命，没有大将节操，应免去官职，但保留侯爵身份令其回家闲居。"

不过，羊祜有外戚背景，后台强硬，况且西晋朝廷一开始制定的军事救援行动就存在不足之处，所以这次失败并不只是他一个人的过失。司马炎又考虑到羊祜治荆有功，所以最后只是象征性地处罚了羊祜，将其贬为平南将军，依然留任镇守荆州。不过，杨肇就没有这样"幸运"了，他因战败之责被削职为民。

羊祜是一个善于总结教训的统帅，他在西陵救援失败后深刻地认识到：尽管吴国的国力已经衰退，但仍有一定的实力，特别是对方尚有陆抗这样杰出的名将主持军国大事，故而灭吴战争不宜操之过急。如今，西晋应该积蓄力量，瓦解对方，等待最好的战机到来后才能发动大规模的灭吴战争。

羊祜根据实际情况决定对吴国采取"怀柔与兼并"的政策：一方面军事蚕食对方领土，另一方面提倡信义诱降吴人。如此，西晋就能削弱吴国的实力，最终达到统一天下的目的。

于是，羊祜挥军挺进，逐步蚕食吴国边境土地，占据了荆州以东的战略要地，并先后修筑了五座城池。羊祜以此为依托，占据肥沃土地，掠夺吴人资源，因此石城以西的土地全归西晋所有。从此，前来归降的吴人络绎不绝。羊祜又注重宣扬德行信誉，以此安抚初来依附之人，慨然有吞并吴国的志向。

羊祜非常讲武德，每次与吴人打仗，都与对方预先约好时间公开交战，从来不要阴谋诡计进行突然袭击。有的晋将向羊祜献计，认为实施偷袭之计可以获取更大的收益。对于主张偷袭的部将，羊祜直接用美酒将他们灌醉，让他们不能再"说话"。

有一天，羊祜部队在荆州边界俘虏了两名吴国孩童。羊祜知道后，马上命令部下遣送孩童回家。不久之后，吴将夏详、邵颛等前来归降，而那两个孩子的父亲也率家属一起来降。

羊祜调整对吴策略，软、硬两手都抓。当吴将陈尚、潘景带兵越过边境进入西晋侵扰，羊祜派兵将其追杀，然后又将他们厚礼殡殓。此消息传回吴国后，陈尚、潘景的家属前来迎丧，要求将遗体归还给他们。羊祜以礼送还，丝毫不为难对方。

有一次，吴将邓香带兵前来进犯，攻略夏口。羊祜得到军情后，率军活捉了邓香。令众人吃惊的是，羊祜捉到邓香后却好酒好菜招待对方，然后又放他回家了。邓香刚开始被抓时，以为必死无疑，谁想到竟然受到了上宾般的待遇。因此，邓香对羊祜感恩戴德，回去后马上率领部属前来投降。

羊祜推行以仁德服敌的策略，取得了显著的效果，正如《孙子兵法·谋攻篇》所云："是故百战百胜，非善之善也；不战而屈人之兵，善之善者也。"

羊祜治军严谨，命令将士们不得骚扰百姓，即使对方是敌国的百姓。羊祜的部队行军路过吴国边境，收割田里稻谷以充军粮，但回去后都要根据收割稻谷的数量用绢布等物按照市价折算偿还。羊祜每次与部众打猎的时候都约束部下不许越过边界线，仅限制在西晋的地域里；如有禽兽先被吴人打伤而后被晋兵所获，羊祜都派人还给吴人。羊祜这些做法令吴人心悦诚服，因此吴人不称呼羊祜的名字而只称"羊公"。羊祜道德修养深厚，平易近人，很有人格魅力，无论是敌人还是自己人都对他特别尊崇。

对于羊祜收买人心的做法，陆抗心中很清楚，他经常告诫将士们："羊祜专以德服人，如果我们只用暴力侵夺，长此以往就会不战而被对方征服的。我们只需保住边界就行了，不要为了小利而越境侵扰对方。"陆抗谆谆教诲众将士不要被小利益遮障双眼，随意发动军事行动侵扰对方边境，否则到时候只能被对方的心理战术所征服。

由于双方主帅都不想开战，因此晋、吴两国的荆州边界线处于和平状态，甚至牛马逃跑进入对方的领地也可以越境过来认领。双方和睦相处，相安无事，并派遣使者互相往来。

逢年过节时，陆抗和羊祜还互相赠送礼物。陆抗曾经将几坛密封的上好佳酿赠送给羊祜，而羊祜收到陆抗的美酒后丝毫不怀疑对方的诚意，当着使者的面就开坛痛饮。因此，陆抗非常赞赏羊祜的德行和度量，认为即使是乐毅、诸葛亮也不能超过。

有一次陆抗生病了，羊祜听说后便将自己配制好的药物派人送过去，并交代道："这是最近我自己配制的良药，我还没有服用，听说您生病了就先送给您治病。"

吴将害怕其中有诈，都力劝陆抗不要服用，毕竟谁能保证羊祜不乘机在药中下毒呢。

不过，陆抗丝毫不起疑心，笑道："羊祜岂能是下毒害人的人！"言罢，仰而服之，不久就药到病除了。

陆抗和羊祜友好交往的事迹在社会上传开后，当时许多人都说这可能就是春秋时期华元、子反又出现在今天了。不过，也有人认为陆抗和羊祜有失大臣节操，不能各为其主，并在私下说一些风言风语讽刺他们。

孙皓听说陆抗在边境的做法后很不理解，便派遣特使过来责问陆抗。陆抗答道："一城一乡，不能没有信义，何况大国呢！如果我不这样做，正是宣扬了羊祜的美德，对他没有任何伤害啊。"

陆抗和羊祜以礼相待，使得荆州地区保持了难得的一段和平时期，而两国边境的百姓也因此得以安居乐业。当然，凡是恩惠泽及百姓的事情都是莫大的善举，因此"陆羊之交"在历史上留下了一段让后人传颂的佳话。

第十八章　生死决策

西陵之战后，吴主孙皓自认为得到了上天的佑助，志向益发显扬。这次久违的大胜，让孙皓变得更加骄傲自满。于是，孙皓让术士尚广为他占卦是否能取得天下。尚广手占一卦，答道："吉。庚子年，青色的车盖将会驶进洛阳。"

孙皓听了这话后大喜过望，既然庚子年他的銮舆能驶进西晋首都洛阳，自然是说他能灭掉西晋。当然，这只不过是孙皓个人的想法而已。殊不知，孙皓能进入洛阳还有另一种可能，那就是被别人当作战利品送往洛阳。

孙皓本来就好大喜功，现在术士又这样说，他自然是深信不疑，自认为能统一天下，遂雄心勃勃地谋划着兼并天下的事情。于是，孙皓不断发动侵略战争，多次命令吴军入侵西晋，妄想着灭掉西晋。要知道，军队频繁出征，带来的后果只能是劳民伤财，让百姓疲惫不堪。

陆抗见孙皓屡次命令军队对西晋发动攻势，增加了百姓的负担，便向孙皓上表指出穷兵黩武有弊无利，动辄耗费数以万计的钱财只能使军民困苦，这不是治国之策。现在，实在应暂停出兵征战的计划，用仁义安抚百姓，勤勉农耕广积粮食，积蓄军民的力量，然后静待时机，顺承天命，才能席卷天下。

不过，孙皓没有采纳陆抗的意见，仍然频繁发动对外战争徒耗国力，而这无疑加速了吴国的灭亡。

王濬

孙皓精力充沛，到处乱折腾，依然我行我素，极大地削弱了吴国的实力。当然，孙皓的所作所为自然也被羊祜看在眼里。羊祜修整兵器，训练士卒，为将来的灭吴战争做着充分的准备。羊祜之所以直到现在还没有上表司马炎发动灭吴战争，那是因为陆抗还活着。

羊祜认为，攻伐吴国必定要凭借长江上游的优势，从蜀地放船顺流而下容易获得事半功倍的效果。恰好，当时吴国社会上又广泛流传着一首童谣："阿童复阿童，衔刀浮渡江。不畏岸上兽，但畏水中龙。"

羊祜听到这首童谣后，对众人说道："这一定是说水军可以建立下不世出之功业，我们应当考虑如何对应上'阿童'这个名字。"

古代人比较讲究迷信，谶纬之学、传说、童谣之类很有效用。因此，羊祜在暗中寻找一个叫"阿童"的人，想借助其名进行灭吴事宜。其实，羊祜所寻找的人就是王濬。

王濬，生于公元207年，字士治，小名阿童，弘农郡湖县（今河南灵宝）人。王濬出身官宦世家，不仅遍览古籍、博学多闻，而且姿容潇洒、相貌俊美。一般来说，王濬既有才华又有相貌，还是大家族出身，其仕途理应一路顺畅。不过，王濬实际上却不是这样。由于王濬不拘小节，不注意修养品行以博取名声，所以他并不怎么受人待见。因此，王濬早年未能顺利踏进仕途。

后来，王濬修行节操，注重个人形象，心怀大志，立志干出一番大事业。

王濬曾经为自己修建宅第，却吩咐工人在门前开了一条足足有几十步宽的路。有人问他，路太宽有何用？

王濬答道："我打算让我的门前能容纳下长戟幡旗的仪仗队。"言外之意是，他以后肯定要做大官，出行都有仪仗队开路。

众人听见王濬大放厥词，都嗤笑他不知天高地厚。此时，人们谁也没有想到王濬以后竟然能建立下灭吴之功，开府仪同三司，名留史册。

王濬认真地答道："陈胜曾经说过，'燕雀哪能知道鸿鹄的大志呢？'"

州郡长官听闻王濬的名声后，征辟他为河东从事。王濬为人严正清峻，以至河东郡一些贪官听说他到任，害怕自己受到处罚，皆自行离去。

凉州刺史徐邈有个淑贤有才的女儿，但到了出嫁年龄还没有找到称心如意的夫君。作为父亲，徐邈看在眼里急在心上。为了帮助女儿挑选丈夫，徐邈举行了一个盛大的宴会，邀请下属官吏前来参加。参加宴会的人员到齐后，徐邈让女儿在暗处观看他们，看看中意哪一个。

徐邈的女儿一眼相中了英俊潇洒的王濬，指着对方告诉母亲说这个人就是女儿的终身之人。徐邈也觉得这个年轻人极有潜力，前途不可估量。于是，徐邈便把女儿许配给了王濬。

征南将军羊祜听闻王濬的名声和才能后，征辟其为军事参谋人员。羊祜深知王濬多谋善战，便将他当作知己来对待。羊暨看到王濬受到羊祜的厚待，便对叔父羊祜说道："王濬为人志向太高，生活奢侈不节制，不能过于信任他。我看王濬不能单独担当大事，您对他应该有所抑制。"羊祜答道："王濬有大才，定将会实现他的愿望。我认为他是可以任用的。"

羊祜做了车骑将军后，又大力提携王濬。于是，王濬转任车骑将军从事中郎，对此有见识的人都说羊祜能为朝廷推举良才。

不久之后，王濬出任巴郡太守，成为主政一方的长官。由于巴郡与吴国边境接壤，当地百姓因为苦于战争而不想承受繁重的徭役，故而重女轻男。于是，巴郡人生了男孩儿大多不愿养育，经常有人抛弃男婴。面对这种有违人伦道德的社会陋习，王濬制定了严格的法规条款以遏制，同时又减轻徭役课税，并以免除徭役等措施鼓励生育男孩儿。正是得益于王濬的政策，巴郡有数千名男婴才被保全存活下来。

泰始八年（公元272年），王濬转任广汉太守，实施仁政，对百姓广施仁德。因此，百姓非常爱戴王濬，愿意为其效力。当年夏天，益州地区汶山白马胡与周边部族发生冲突，从而引发了一场叛乱。益州刺史皇甫晏打算出兵征讨叛乱者，益州从事何旅劝谏道："胡夷之间相互攻伐是常有的事情，暂时并未成为大患。如今，如果我军盛夏出兵进入蛮地讨伐，必然发生疾疫，不如等到秋冬之季天气凉爽了再计议。"皇甫晏不听从何旅的建议，依然在酷热的夏天出兵平叛。当皇甫晏部队抵达观阪时，牙门将张弘觉得汶山道险，并且害怕羌胡部族人多势众，因而在一天深夜里率领麾下士兵发动兵变趁乱杀死了皇甫晏。军中惊扰，兵曹从事杨仓率部奋战，力战而死。张弘兼并了皇甫晏部队，并纵容士兵到处抢掠。

随后，张弘将皇甫晏的首级传送到洛阳，并上表诬蔑皇甫晏居心不良胁迫他叛乱，因而他率兵奋起抵抗并杀死了皇甫晏。

当时，皇甫晏的主簿何攀在家居丧，听闻此事变后急忙赶到洛阳上奏朝廷，证明皇甫晏并没有谋反，而是张弘恶人先告状，并指出张弘纵兵四处抢掠的相关情况。因此，皇甫晏的冤情得以申雪。

与此同时，广汉主簿李毅对王濬说道："皇甫晏出身平民，如今他已官至州郡长官，还会有什么非分之想吗？广汉和成都紧密相连，一般统领梁州（南郑，在今陕西汉中）都兼领益州，正是为了防备像现在这样的乱事。现在，益州发生叛乱，这也是我们广汉郡的祸害。张弘只不过是一个胸无大志的匹夫，百姓都不肯归附他。所以，您应该立即率军前往征讨张弘，不要犹豫而错失最佳的平叛机会。"

王濬打算先上表请示朝廷，得到批准后再出兵征讨张弘。

李毅劝道："春秋时期，大夫领兵在外，如果遇上对国家有利的事，自作主张会被视为贤明的行为。何况现在我们出兵讨伐的是杀主之贼呢？现在情况紧急，不应拘于旧制。"

王濬觉得李毅说得很有道理，便听从了他的建议。于是，王濬出兵与牙门将满泰等共同进军讨伐张弘，一举将其斩杀，迅速稳定局势。事后，朝廷下诏嘉奖王濬，封其为关内侯，并接替皇甫晏的职位。就这样，王濬成为新任益州刺史，坐镇一方。

王濬广施仁政，能很好地安抚羌胡人，尊重不同部族的风俗，用威严和信用对待他人，因此境外异族大多前来归降。

由于王濬政绩突出，西晋朝廷打算征召王濬回京担任大司农。羊祜深知王濬胸有奇谋，而且其小名叫"阿童"正应了吴国的童谣，便暗中给司马炎上了一道密表。羊祜在密表指出，应该让王濬留任益州参与灭吴计划，并密令其大造战船、训练水军为顺流而下的灭吴计划做准备。

司马炎接受了羊祜的建议，重新任命王濬为益州刺史，监督益州诸军事，加授龙骧将军。

王濬奉诏留在蜀地后，便秘密命人打造战船。王濬制造连舫大船，船身长达一百二十步。这种战船的容纳量非常惊人，一艘可以装载两千多名士兵。大船周边以木栅为城，修建城楼望台，有四道大门供人出入。士兵们可以在楼船上骑马驰骋，从容地进行军事训练。王濬又命人在船头上绘画鹢鸟的头及怪兽，用以震慑江神。

王濬在蜀地打造的船舰规模之大、数量之多，自古未有，真可谓是"无敌舰队"。这些战船高大威风，设备齐全，性能极好，可以看作古代当之无愧的"航空母舰"。由此可见，王濬为我国古代的造船行业做出了杰出的贡献。

对于晋军来说，只要伐吴时机一到，在长江上游放船顺流而下，吴国所依仗的长江天险也就不复存在了。

当然，这样大规模地造船，必然产生大量的碎木片。在造船的过程中，晋军砍削下的木片碎料布满长江，遮盖了江面，并向下游漂流而去。

吴国建平太守吾彦捡到这些顺流而下的碎木片后心知不妙，赶紧将这些木片送往建业，并对孙皓说道："晋国一定有攻打吴国的谋划，应该增加建平的兵力。只要建平不被攻下，晋军最终不敢渡江而下。"

可惜的是，孙皓再一次不听取良言忠告。孙皓闭目塞听，不断犯错却自作聪明，真可谓"不见棺材不落泪"。

吾彦请求朝廷增加兵力守备建平得不到回应后，只能命人打造铁锁链横锁长江断绝水路，又做了一丈多长的铁锥暗置在江中，用以阻止西晋的战船从蜀地顺流东进。

在伐吴以前，羊祜抓获了吴国间谍，完全了解了吴国的布防情况。况且王濬在经营益州期间多次派人查访吴国的情况，至于吾彦的举动当然逃不出西晋密探的眼睛。王濬得知吾彦的防备措施后，想出了一条绝妙的对策。在不久的将来，王濬楼船下益州，完全不惧铁锁横江，而西晋的水陆大军将会浩浩荡荡一路畅通无阻地开进吴国首都建业。

陆抗的遗疏

凤凰三年（公元274年）夏，荆州牧陆抗身患重病，自知时日已不多。

出于对吴国未来命运的担忧，陆抗强撑病体给朝廷上了一道奏疏，分析道："西陵、建平是我国边防屏障，它们地处长江下游，受到魏、蜀两地威胁。如果敌人战船顺江而下，千里之行如风驰电掣，顷刻即至。倘若如此，我们无法依靠别处援军来解危救难。这是国家安危的关键之处，并非仅为边境被侵扰的小患。我的父亲陆逊从前镇守西部边界，曾经上书阐明己见，认为西陵是我国的西大门，虽说容易防守，但也容易丢失。如果西陵失守，不只是丢失一郡之地，则整个荆州也将不属于吴国所有了。如果西陵有所不测，应当倾尽全国兵力前往争夺。我过去驻守西陵，得以遵行父亲陆逊的做法。我之前乞请用三万精兵严守此地，而主管军务的官员按照常规不肯派遣那么多兵力前往。自从步阐叛乱事件以后，西陵的兵力消耗得更多。如今，我所统的千里之地四处受敌，对外要抵御强敌，对内要镇抚各蛮夷部族，而手下现有兵员、军资却仅几万之数。其实，这种赢弱疲困的情况存在很久了，到时候是很难应付事变的。我以为诸位王子年纪尚幼，尚未管理过国事，应当设置傅相辅导教育他们成才，不应给其配置兵马，以妨碍国家当前应该急切办理的事务。黄门宦官等内臣开创私自招募的制度，导致兵民怨愤服役，纷纷逃亡。我乞请特诏精简考选，一切重新根据需要来安排，将其中多余兵力补充前方常受敌侵扰之处的军队，使我所辖地域的部队能补足八万兵力。陛下应该节简政务、赏罚有信，倘若如此则敌国即使有韩信、白起复生，也无法施展他们的巧计。如果军队不增强，宫中制度不改变，却想成就大事，这是我深以为忧的事情。在我死之后，请求陛下以西部边境为重。希望陛下考虑我的意见，我则死而不朽。"

陆抗在这道奏疏中详细指出了西陵是吴国国防的重中之重，此地关系到国家的生死存亡，所以一定要派遣重兵严加防守，以应急变。陆抗深知西晋一旦发动灭吴战争，对方一定是从长江上游放船顺流而下，而西陵必然是首当其冲之地。要知道，以前吴国尚且受到魏、蜀两国的威胁，如今西晋合并魏、蜀两地之力量，势力无疑更加强大了。况且，如今吴国的实力与以前相比更是今非昔比。在晋、吴对决中，吴国已然全面落于下风，仅有的长江之险在蜀国灭亡后也几乎不存在了。

陆逊生前非常看重吴国西部军事重镇西陵，而陆抗也一直遵循其父的防守策略来抵御外敌。其实，吴国辖区的荆州事务，全凭陆抗一个人苦苦支撑。

接着，陆抗又指出荆州千里防线至少需要用八万兵力来防守，现有的兵力不足以守住吴国辖区内的荆州地区，应该增兵对付内外敌人。此外，陆抗就朝政弊端提出了很多有益的建议，劝孙皓施仁政治国。

孙皓之前不听吾彦的建议，现在自然也不会听陆抗的建议。在这样关系到国家生死的决策上，孙皓一次次犯下了致命的错误，并终将铸成大错。

尽管陆抗在这道奏疏中将军国大事分析得非常清楚，但孙皓一律置之不理。其实，孙皓并不是一个低智商的人，相反他拥有较高的智商，甚至在小时候就备受祖父孙权的喜爱。令人叹息的是，孙皓登上帝位后却迅速堕落了，并一直为吴国的覆亡之路"添砖加瓦"。

值得一提的是，孙皓在凤凰二年（公元273年）大封宗室，一口气敕封了十一个王，每个王给予三千兵力的配置。然而，陆抗苦苦请求增加三万兵力防守西陵，却一直到死都得不到回应，这是何等悲哀呢！

孙皓不采纳陆抗的建议，错失了拯救国家的最后机会。在不久的将来，西晋水陆大军沿江而下，所到之处所向披靡、攻无不克，其作战方略正如陆抗生前所料的完全一样。

陆抗上完这道奏疏的当年秋天，带着遗憾和无奈离开了人世，终年四十九岁。

陆抗病逝后，吴国再无良将。陆抗死后，吴国已经没有可以支撑危局的大臣，也没有独当一面的统帅可以抵御西晋了。

可以说，陆抗是吴国最后一根救命稻草，正如后世东晋重臣何充所云："所谓陆抗存则吴存，抗亡则吴亡者。"

第十九章　灭吴策略

羊祜坐镇襄阳治理荆州，备战备粮，开展政治攻势，对吴国实行分化瓦解政策，以动摇其军民之心，并取得了卓越的成绩。

这些年来，羊祜最念念不忘的一件事情就是灭掉吴国从而统一天下，而他所做的一切也就是为此服务的。

如今，陆抗死了，吴国再也没独当一面的良将镇守荆州边境，而孙皓又昏庸残暴地实施高压统治，国内各种矛盾日益激化。此时，东吴政权已日薄西山，犹如将死之人只剩下最后一口气。换言之，西晋发动灭吴战争的条件和时机已经成熟了。

当然，西晋朝廷也已经意识到了这一点，尤其是羊祜已经谋划好了灭吴作战的具体方案。

羊祜的灭吴计谋

咸宁二年（公元276年）十月，司马炎改任羊祜为征南大将军，授予开府治事权力，让其可以自行辟召僚佐。司马炎恢复羊祜贬降前的一切职权，目的就是让其做好最后的备战工作，随时准备发动灭吴之战。

当然，羊祜充分领悟到了司马炎的旨意，不失时机地上疏请求伐吴。其奏疏分析道："先帝（司马昭）顺应天时，在西部平定了巴蜀之地，在南部与吴国讲和，海内百姓得以休养生息，人心安乐。然而，吴国违背信义，致使边境战事不断。国家气数虽是天定，而功业必靠人为，如不大举扫灭吴国，百姓就无法得到安宁。完成统一大业，也是为了使先帝的勋业更盛，以完成无为而治的教化。所以，尧讨伐丹水、舜征战三苗都是为了天下安宁，制止战争，达到民众和睦的目的。

　　"当年平定西蜀之时，天下人都说东吴应一同灭亡，而灭蜀至今已十三年，经过了这个周期后灭吴的日子就是现在了。议论此事的人常说吴楚在盛世最后被征服，在乱世最先强盛，这说的是诸侯纷争时代的事情。如今，统一天下是不能和古代相提并论的。有些说法只适用于大道理而不知权变，所以出的谋略很多，而可以作为决策的就很少了。凡是凭仗险阻得以生存的国家，那是指敌对双方实力相差不多，力量足以自守。假如双方力量轻重不齐，强弱相差很大，那智士的计谋也无法施行，再险阻的地势也不能保全它。

　　"蜀国地势不是不险要，高山耸入云端，深谷不见日光，在关隘险道里只有束马悬车方能通过，以至人们都说这里是'一人当关，万夫莫开'。然而，我们进军灭蜀时，蜀国几乎没有屏障的限制。我军斩将拔旗，杀敌数万，乘胜席卷巴蜀之地，一直打到成都，然而汉中一带的蜀军却都龟缩不敢出动。这也并非蜀人不愿出战，实在是力量不足与我军相对抗。到刘禅投降时，蜀地各营垒中的官兵都一哄而散。如今，江淮的难打程度不会超过剑阁，山川的险要不会超过岷山、汉水。孙皓的暴虐超过刘禅，吴人的困苦更是比巴蜀严重，而我国的军队多于前朝，资储器械强于过去。如果不趁此机会平定吴国，还待何时？屯兵据险继续相守，使士兵役夫日夜辛苦于战争徭役，但是这种状况不能长久维持。因此，陛下应当及时定夺，统一天下。

　　"如果率领梁、益二州的军队水陆并进而东下，荆楚军队进逼江陵；平南、豫州军队进攻夏口；徐、扬、青、兖等州军队进军秣陵击鼓摇旗，布置疑军迷惑敌人。如此，多方齐进，使敌军虚实难辨，以至做出错误判断。偏居一隅的吴国，抵挡天下大军必然分散兵力，到时候就会人心慌乱，各种军需紧急难备。这时，巴、汉军队顺流而下攻打吴国的空虚之处，一处陷落则全境震动。吴国沿江而守，没有前线后方之分，东西数千里防线处处都得设防，战场广大令其不能休养生息，永无宁日。

"孙皓性情放纵，肆意妄为，对部下多猜忌，名臣重将失去信心，因此孙秀这类人都害怕威胁而向我们投降。吴国将帅在朝廷受到怀疑，士卒困顿于战场，他们没有保国安民之计，没有坚定的信念。他们平时即有叛离之意，一旦兵临城下，必然有人响应而前来投降。最终，他们是不会齐心协力为吴国朝廷献身的，这是现在已经可以知道的了。

"吴人作战的习惯是速战速决，不能持久作战。他们的弓弩戟盾等兵器不如中原大国，唯有水战是他们的长处。一旦我军攻入吴境，那么长江就不是吴军专有的险阻了。到时候，吴人只能撤兵保卫城池，这样一来就失去了长处而暴露出短处。然而，我军深入敌境，人人都有早日完成大业的志向，但吴人在境内作战只有据城守备之心。这样看来，战争不会拖延得太久，灭吴之战是可以很快取胜的。"

羊祜的这道请战奏疏就是历史上著名的《请伐吴疏》，堪比诸葛亮的《出师表》。

羊祜在奏疏中主要列举了三个要点——伐吴原因、进军方略、必胜理由，并从天时、地利、人和以及两国实力、作战部署、勇气谋略等方面详细分析，最终结论是晋军无论从哪一方面看都有压倒性优势。因此，只要司马炎下令大军出征，必定能一役平定江南之地，实现统一大业。

司马炎完全赞同羊祜的看法，采纳其灭吴计谋。不过，贾充、荀勖、冯紞等人都强烈反对羊祜的观点，他们认为西北地区的叛乱还没有平定，不应该两线作战，目前不宜讨伐吴国。在西晋文武百官之中，只有度支尚书杜预、中书令张华赞成羊祜的计划。因此，司马炎只得暂时不批复羊祜的奏疏。

其实，此时西北地区的局势不容乐观。当年，鲜卑首领秃发树机能因不满西晋的民族政策，掀起了一场声势浩大的叛乱——秦凉之变。其时，秃发树机能将西北地区搅得翻江倒海，先后杀死了秦州刺史胡烈、凉州刺史牵弘等西晋朝的大将。同时，晋军多次被叛军击败而损兵折将，以致西北地区的局势差不多已经失控。毫无疑问，秃发树机能已经成为西晋的心腹之患。在绝大多数朝臣的潜意识里，朝廷想要发动灭吴战争，必须先要解决掉秃发树机能，否则一切免谈。

羊祜久久等不到司马炎的批复，遂再次上表陈述己见："我们只要平定吴国，胡人就自然平定了，应当快速完成统一大业。"

羊祜的奏疏送到洛阳后，依然遭到绝大多数朝臣的反对，尤其是以贾充为首的反战派更是多次劝说司马炎不要伐吴，并不断施加压力。当然，贾充之所以这样极力阻挠羊祜的灭吴计划实施，其背后是有原因的。

羊祜忠诚无私，一心为国，讨厌奸佞谄媚之徒，并把全部精力用于灭吴准备之中，不屑于参与朝廷利益纷争，也从不巴结宠臣权贵。因此，贾充、荀勖、冯𬘭这类人很忌恨羊祜，把他当作政敌来看待。贾充等人虽然没有治国安邦的能力，也没有能力对付得了外敌，但他们搞阴谋诡计能将政敌整得半死不活。尽管羊祜并没有公开指责贾充等人，但依然被他们为难了。

对此，羊祜叹息道："天下不如意之事，总是十有七八，当断而不断。上天赐予而不去取，岂不是让经历此事的人在后来引为遗憾吗？"

于是，心情郁闷的羊祜只能在公务之余经常出去散心。羊祜非常喜欢山水风光，每逢好时光必定去襄阳城南的岘山游玩，设酒赋诗，从早到晚不知疲倦。在岘山上，羊祜俯览群峰有感于怀，便对随从们感叹道："自从有了宇宙，就有了这座山。从那以后，贤人名士登此山远望，如同你和我一样不知有多少啊。他们都在岁月里湮没无闻，想来使人悲伤不已。如果死后有知，魂魄也应登这座山。"

从事中郎邹湛答道："羊公之美德，四海第一，道承前代哲人，美好的名望必定和这座山一同流传下去。至于我们这些人，就像羊公所说的一样。"

文鸯破虏

秦凉之变自泰始六年（公元270年）爆发以来，西晋朝廷已经派出多批官军围剿叛军，却不仅连连遭遇失败，还搭上了几位将领的性命。这些年来，河西鲜卑首领秃发树机能在西北连败晋将，不可一世。

毫无疑问，西北叛乱已经成为阻碍西晋统一天下的重要因素。如果秦凉失控，西晋就不能发动灭吴战争，而司马炎统一天下的宏图大志也就无法实现。由于许多朝臣经常以"西北叛乱未平"为由反对伐吴，所以司马炎迫切需要在西北战场打一场胜仗来堵住反战派的嘴。但是，有一个很现实的问题摆在司马炎的眼前，即派谁去攻打秃发树机能。

之前，司马炎曾经派过许多将领去西北迎战秃发树机能，但无一例外都遭遇失败。久而久之，许多将领形成了一个共识——迎战秃发树机能等于去送死，因此几乎没人愿意去平定西北叛乱。

"将者，勇气也。"如果一个人还没有上战场，就丧失了战胜敌人的勇气，那基本上是必败无疑了。因此，司马炎必须派一个胆量过人且不怕死的人去主持西北军事，但肯定不能再派像贾充那样贪生怕死的人了。寻思许久，司马炎想到了一个合适的人选——文鸯。

当年，年仅十八岁的文鸯在淮南二叛中率领少数骑兵夜袭司马师大军，大呼司马师名字叫其出来应战，甚至吓得司马师受伤的眼珠从眼眶里震了出来。可惜的是，文钦当夜没来接应儿子文鸯，于是文鸯在天亮后只能率军撤退，最后在途中与父亲会合。随后，司马师派遣八千名骁骑追击文钦部队，而文鸯在敌阵中"七进七出"如入无人之境，令中央军魂飞魄散。文鸯杀退追兵后，与其父文钦一起投靠吴国。后来，在淮南三叛中，诸葛诞因嫌隙杀死文钦。文鸯、文虎兄弟听闻父亲文钦被杀后，立即出城（寿春）投降了司马昭。此后，文鸯为曹魏朝廷效力，受封关内侯。司马炎建立西晋后，文鸯仍仕晋朝，担任平虏护军。不过，由于文鸯间接"害死"了司马师，因而他被司马氏所忌，并未受到重用。

如今，在没人可用的情况下，司马炎也不得不起用文鸯。

咸宁三年（公元277年），司马炎命令平虏护军文鸯都督凉、秦、雍三州诸军事，督领诸军平定西北叛乱。文鸯临危受命，赴任西北负责平叛。当年三月，文鸯率领凉、秦、雍三州的联合部队，寻秃发树机能以决战。文鸯集结三州之军力，向秃发树机能所在大营发起猛烈进攻。在战场上，文鸯身先士卒，率先冲进敌营。于是，晋军众将士也拼死作战，并大破秃发树机能部队。

此战之后，文鸯因收降二十万胡人而名震天下。

不过，秃发树机能在此战中并没有被杀死，率领残部转为打"游击战"。

由于司马氏不喜欢文鸯，所以司马炎在文鸯取胜之后便剥夺其军权，下诏将其征召回朝。文鸯一生未遇明主，其才能没有得到充分施展的机会，悲哉！

就这样，一代盖世猛将被"雪藏"了。不过，此举却为秃发树机能提供了东山再起的机会。

王浑

在文鸯取得西北胜利的当年，西晋也在东边取得了一些胜利。

尽管陆抗生前经常告诫众将士不要随意去侵扰西晋，但诸将依然乐此不疲。陆抗死后，吴国诸将没有了约束力，他们更是放开了手脚经常带人越过边境进入西晋的地盘抢掠。

有一天，吴将薛莹、鲁淑带着麾下的人马浩浩荡荡去敌国地盘抢掠，并对外号称有十万人。其中，鲁淑率军去弋阳，薛莹率军去新息。当时，正值豫州士兵休养生息，各地都少了一些兵力，而这对吴军来说却是一个抢掠的好机会。因此，薛莹、鲁淑大喜过望，准备纵兵大肆抢掠一番。谁想到，薛莹等人碰到了一个可怕的对手，这个人的名字叫王浑。

王浑，生于公元223年，字玄冲，太原郡晋阳县（今山西太原）人。王浑出身于曹魏时期的官僚家庭，其父是曹魏重臣王昶。王昶是曹魏时期的显赫人物，官至骠骑将军、司空。

王浑深沉儒雅有器量，早年被大将军曹爽征辟为掾属。高平陵政变后，曹爽集团倒台，王浑循例遭到罢黜。不过，王浑之父王昶却是司马懿的忠实追随者，因此其凭着父亲的人脉关系和自身的才能在不久后复出，先后担任怀县县令、散骑黄门侍郎、散骑常侍等职。

甘露四年（公元259年），王昶去世，王浑承袭其父京陵侯的爵位。

司马炎建立西晋后，加封王浑为扬烈将军，迁任徐州刺史。不久后，徐州遇上灾荒饥馑，王浑开仓赈济，因而深得百姓信赖。

泰始初年，王浑迁任东中郎将，监督淮北诸军事，镇守许昌，屡次陈述治国方略，并多次被朝廷采纳。

后来，王浑转任征虏将军、监督豫州诸军事，假节，并兼任豫州刺史。由于王浑的管辖地与吴国接壤，他便在当地大力"宣扬"西晋朝廷的威信。王浑这一招果然奏效，很多不满孙皓统治的吴人便前来归降。

如今，王浑得知吴军入侵的消息后，知道凭借手中为数不多的兵力很难正面击败敌军。于是，王浑率军悄悄渡过淮河，出其不意地攻击吴军。薛莹等人没料到晋军这么快就到来，毫无防备之际被对方打了个措手不及。王浑打败入侵之敌后，因功迁任安东将军、都督扬州诸军事，镇守寿春。

此时，吴人大规模在皖城屯田，意图为进攻西晋储蓄军备。见此状，王浑派遣扬州刺史应绰督率淮南诸军进攻皖城，成功击败当地守军，焚烧了吴人积储的一百八十多万斛谷物、四千多顷稻苗以及六百多艘战船。

取得大胜后，王浑在东部边境陈列重兵，勘察吴国的地形险易和城池布防情况，积极筹划进攻方略，为即将到来的灭吴之战做好了充分的准备。

羊祜的最后时光

在西晋君臣庆祝胜利之时，坐镇襄阳的羊祜却不怎么高兴得起来。在羊祜看来，这些胜利固然重要，但这也只是局部的胜利，而只有灭掉东吴政权，西北的问题才会迎刃而解，并且所有的问题也才能妥善解决。如今灭吴战争一拖再拖，如果等到吴主孙皓驾崩，吴国可能会再立一个英明之君，那恐怕江南之地就非西晋所有了。

就在羊祜闷闷不乐的时候，朝廷忽然派遣特使来襄阳谴责羊祜。这是怎么回事呢？

原来，吴国的夏口都督孙慎率军入侵西晋边界，掳掠江夏、汝南等地千余家百姓而去。坐镇襄阳的羊祜，认为远水救不了近火，所以并没有派兵追击孙慎。此事传到洛阳后，司马炎下诏派遣侍臣传文书责问羊祜不追击敌兵的原因。此外，朝廷特使还奉司马炎之命，打算迁徙荆州治所到别的地方。

羊祜说："江夏距离襄阳八百里，在我得知敌兵进犯的消息时，敌兵已经离去好几天了。这时，我派遣步兵去追击，哪能救护得了百姓呢？如果调动军队来回奔波只图不受责备，这样做恐怕不合适吧。从前，魏武帝（曹操）设置都督治所一般都和州府接近，因为兵势讲究集中而忌讳分散。国境边线上一方是敌一方是我，谨慎守住边界就是了，这是古代的经验。如果动辄就迁移州府所在地，而敌兵出没无常，那就很难确定州府设在何处适宜了。"这番话的意思很明显，不能随便迁徙荆州治所，留在襄阳最合适。

朝廷特使被羊祜说得哑口无言，不能再发话责问他。

其后，羊祜继续镇守襄阳，抓紧时间做最后的灭吴准备，一直到他病倒的那一刻。

咸宁四年（公元278年）春，羊祜染病不能继续镇守襄阳，请求回京师治病。羊祜返回洛阳后，正逢景献皇后羊徽瑜（司马师妻子）灵车出殡。羊徽瑜是羊祜的姐姐，于是羊祜睹物伤情极度悲痛，导致病情更加严重了。

司马炎下诏晓谕羊祜，给予他安慰。于是，羊祜抱病进宫觐见司马炎，想当面陈述伐吴之计。司马炎知道羊祜有病在身，命他乘坐辇车上殿，不必行跪拜之礼。当时，一个臣子能享受这样的殊荣，那是很高的礼遇了。

就坐后，羊祜再一次向司马炎详细陈述了伐吴之计，指出吴主孙皓暴政无道，此时伐吴可以一战而定，不可错过统一天下的最好机会。

羊祜的统一大计激起了司马炎埋藏在心底多年的雄心壮志，让其久久不能平静。司马炎早已有统一天下之心，所以完全赞同羊祜的看法。

当然，司马炎很想再听羊祜向他陈述出兵方略，但考虑到羊祜有病在身不宜经常入朝，便派遣中书令张华向其询问灭吴的详细计策。

张华奉命来到羊祜府上，询问伐吴详策。羊祜分析道："现在皇上有受禅让的美名，但功德尚未著称于世，而孙皓的暴政却已经到了极点，此时伐吴可以不战而胜。统一天下，兴盛礼乐，严正法度，则皇上可比尧舜，而臣下犹如稷契，这是百代难逢的盛事。如果错过这个机会不伐吴，假如孙皓不幸死了，吴人另立明主，那么我们就算有百万大军，可能长江也是难以越过的，这不是留下后患吗？"

张华听了羊祜的谋略后完全赞成，并记录下来以方便回去呈报给司马炎。

羊祜深情地对张华说道："能实现我志向的人就是你啊！"

司马炎听了张华的汇报后，知道伐吴已到刻不容缓的时刻了，打算让羊祜担任伐吴主帅，就算躺在病榻上统领诸将伐吴也好。

话说淮南二叛时，司马炎的伯父司马师就是躺在病床上被抬着出征的，最后成功平叛。有了这样成功的事例在前，司马炎也想效仿一遍。

羊祜答道："攻取吴国不一定要我亲自参与，但平吴之后还要皇上操心去治理啊。其实，涉及功名的事，我不应居处其间。假如我的一生即将完结，应当将未成事业托付他人，希望能慎重选出这个人。"

羊祜之所以拒绝出任伐吴主帅，因为他的身体已经支撑不了远征了。此时，羊祜已经奄奄一息，只剩下最后一口气了。羊祜非常清楚，如果自己担任伐吴主帅却在征途中病逝，势必会影响士气，从而影响到伐吴进程，不如让一个合适的人接任自己未完成的事业。

羊祜临终之前，向司马炎举荐杜预代替自己，认为他完全可以承担得起灭吴重任。

当年十一月，羊祜病逝于洛阳，时年五十八岁。

司马炎听闻羊祜的死讯后不胜悲痛，身穿素服以示哀悼。羊祜去世那天天气极冷，司马炎由于失声痛哭而将鼻涕、眼泪沾在了胡须和鬓发上，便都结成了冰。（《晋书·羊祜传》："帝素服哭之，甚哀。是日大寒，帝涕泪沾须鬓，皆为冰焉。"）

荆州百姓在集市之日听到羊祜病逝的噩耗后，商贩们都关门歇业罢市痛哭，以示哀悼。一时之间，荆州街头巷尾哭声四起、连绵不断，人们都为失去羊祜而伤心欲绝。吴国守边将士听闻羊祜的死讯后，也为之伤心落泪。由此可见，羊祜在荆州实施仁政深得民心，甚至连敌国的将士都被他感化了。

羊祜死后，襄阳百姓为了怀念他，在其生前游憩之地岘山立庙竖碑，以示纪念。每当人们至岘山，皆触景生情并睹碑伤心，无不为之落泪流涕，以缅怀和祭拜羊祜。因此，羊祜的继任者杜预便将此碑命名为"堕泪碑"。

历史证实了从事中郎邹湛的预言——"羊祜美好的名望，必定和岘山一同流传下去"。羊祜的仁德百世流芳，可谓死而不朽矣！

羊祜坐镇襄阳十年，一心一意为司马炎谋划灭吴大计。羊祜谦虚朴实，平易近人，有着出色的政治才能，并在他的政治生涯中取得了非凡的政绩。羊祜屯田兴学，以德怀柔，称贤荐能，赢得了广泛的称誉。

无论是当时的天下军民，还是后世的文人墨客，提起羊祜都交口称赞。可以说，能达到这个成就的人在历史上并不多，羊祜能占一席之地足见其足够优秀。

上书请战

羊祜病逝后，杜预出任镇南大将军，都督荆州诸军事，镇守襄阳，为即将开始的灭吴战争做最后的战前准备。

杜预到任后，修缮锁甲兵器以示武力，借此震慑吴国军民。杜预积极进行军事部署，挑选精锐，派奇兵袭击吴国军事重镇西陵，并一举得手打败了西陵守军。

此时，西陵督是吴国的名将张政，他在陆抗病逝之后接替前线要地的防御。由于之前羊祜镇守襄阳期间每次和吴人打仗都提前打招呼，约好时间地点才交战，所以张政万万想不到杜预一上任就直接突袭。张政由于没有准备吃了败仗，不敢把伤亡实情上报给孙皓，而这正中了杜预的下怀。杜预知道张政有较强的军事才能，如果由他驻守在西陵，必定会给晋军的灭吴之战造成很大的麻烦，所以杜预早就想除掉他了。如今，杜预有了除掉张政的机会，欲借助孙皓之手实现计划。

于是，杜预故意将在西陵抓到的俘虏送到建业还给孙皓，并在表文中陈说张政的"坏话"。果然不出杜预所料，孙皓中计了。孙皓本来生性多疑，对边防将领不信任，如今得知张政吃了败仗却瞒报军情，一怒之下就撤销了张政的职务，并将其征召回京师受审。然后，孙皓另派武昌监军留宪代替张政出任新的西陵督。

孙皓中了杜预的离间计撤换了西陵守将，这为不久之后西陵前线吴军的覆没埋下了伏笔。

临阵换帅容易造成军心动荡，历来为兵家所忌。张政镇守西陵多年，熟悉前线的情况，这次失败主要是由于疏忽防备而被杜预打了一个措手不及。不过，孙皓却不能辨别其中的"隐情"，轻易掉进了杜预精心设下的圈套。

杜预安排妥当各项开战前的准备后，立即上疏司马炎请求伐吴。

当然，朝中的反战派依然不同意伐吴，贾充等人更是乘机说三道四。由于朝中反战派的阻挠，使得司马炎对杜预的请战迟疑不决。最后，司马炎采取了一个折中方案，同意将灭吴计划推迟到下一年再实施。

杜预担忧司马炎变卦，心中非常着急，立即再次上表陈述自己的见解，并分析道："自闰月以来，敌军只是警戒，长江下游没有兵员上调。以情理形势推论，敌人兵力缺乏，在力量不能保全两头时，必定先保护上游，即只能集中力量保住夏口以东。现在，吴国苟且偷生，不会大规模派兵西进而使首都空虚。陛下误听而放弃灭吴大计，实际上是纵敌养患，给敌人喘息的机会。伐吴的确是国家的长远之计，假如行动会导致失败，可以不行动；但现在发动灭吴战争基本上是稳操胜券，一旦成功，陛下就能开创太平盛世。退一万步说，即使不能成功，不过耗费一些时间罢了，为什么不尝试一下呢？假如等到下一年再行动，天时、人事不会不变，我怕到时伐吴会更难了。陛下先前的意见是分别命令将帅们在自己镇守的疆界分头进军，诸路主帅对军队进行约束且东、西战线符节相同，这是万全之计，没有失败的忧虑。我心中确实了解所有的详情，不敢用模糊不清的见解自找麻烦，请陛下多加考虑臣下的意见。"

杜预的奏疏，可谓"一石激起千层浪"。西晋朝堂上热烈讨论，朝臣们议论纷纷，但大多数人还是不同意伐吴，尤其是以贾充、荀勖为首的反战派更是极力劝谏司马炎不要听信杜预的话。

当这些消息传到益州后，王濬上疏道："我多次查访研究吴楚之地的情况，孙皓荒淫凶暴，生活在荆、扬之地的百姓不论贤愚皆没有不抱怨孙皓的暴政的。况且，观察时机运数考虑，应该迅速征伐。如果现在不讨伐吴国，天意的变化难以预料。假如孙皓突然死亡，吴国更换了贤明之君，文武百官各自有了合适的位置且人尽其才，那么吴国就成了我们的强敌了。我负责造船已经有七个年头了，有些战船因久不使用而逐渐腐朽败坏了。再说，我已年过七十，离死亡日期也不远了。以上三件事，如有一件不遂人愿，伐吴就更加困难了。我诚恳地希望陛下当机立断，不要错失良机。"

王濬这些年在蜀地造船练兵积极备战，可谓"万事俱备，只欠一声令下"。

王濬请求司马炎同意立即开战，趁着最有利的时机一举灭掉吴国。

不过，司马炎尽管内心深处接受了杜预和王濬的看法，但依然迟迟不能下定决心伐吴。司马炎虽然非常想下令伐吴，但是西北的叛乱确实尚未平定，如果真的如反战派所说的那样不能迅速灭掉吴国，就很容易陷入两线作战的窘境。所以，伐吴是一件大事，关系到整个国家的命运，必须做到万无一失才能行动。

杜预见他的奏疏犹如石沉大海，迟迟得不到司马炎的批复，便又一次上表陈述己见，慨然地说道："羊祜与朝廷大臣多有不同，他不先广为谋划而秘密地和陛下共同施行这一计谋，因而更招致不同意见。凡事应当比较利害，如今伐吴行动十有八九会成功，十有一二不成功也不过无功罢了。那些反战派说的战败情形是不可能出现的，只不过因为计谋不是出自他们自己而功劳不在自身，于是各自以自己先前的言论为耻而坚持不同意伐吴。近来，朝廷不论大小事务都有不同意见，既有人心不同，也有自恃恩宠不考虑后果，于是他们就轻易发表相同或相反的意见。从前，汉宣帝评议赵充国的奏疏，事情应验以后责问那些持异议的人，都以叩头谢罪来搪塞。自从秋天以来，我们讨伐敌人的形势已经初步显露。如果现在不伐吴，孙皓可能因为害怕而出计谋或迁都到武昌，进一步完善修筑江南各城并把居民迁到远方。这样一来，我军就会攻不破吴国城池，在田野又没东西可以获取，更不能在夏口蓄积大船，那么下一年的伐吴计划或许会落空。"

在这封奏疏里，杜预愤怒地批评反战派的阴暗心理，说他们既不顾国家利益，又怕别人建功立业。杜预把国内外的形势剖析得一清二楚，并忧虑地指出伐吴的形势已经显露，如果现在不伐吴肯定会令孙皓采取相应的对策，这必将给灭吴战争带来许多新的困难。因此，现在伐吴已到了刻不容缓的时刻，陛下不要听信谗言，不要再优柔寡断了。

这次，当杜预的奏疏送达洛阳皇宫时，恰好中书令张华正在陪着司马炎下围棋。

张华看了杜预的奏疏后一把推开棋盘，拱手恭贺道："陛下圣明神武，朝廷内外清平，国家富裕，兵力强大，号令如一。然而，吴主荒淫暴虐，诛杀贤能，此时伐吴可以不费力就能成事。"

司马炎见才学过人的张华也这样说，这才终于下定决心伐吴——同意出兵大举进攻吴国。

第二十章 天下一统

在司马炎下定伐吴决心且尚未下令大军出征时，西北地区却传来了一个震惊朝野的消息——凉州沦陷了！

当初，文鸯临危受命集结凉、秦、雍三州军力击败秃发树机能后，司马炎猜忌这位叛臣之后，便将其征召回朝"雪藏"起来。谁知道，文鸯前脚刚走，秃发树机能就马上行动起来，收集散兵游勇准备新一轮征伐计划。虽然秃发树机能不久前被文鸯打败了，但其主力尚存，还有足够的兵力再次掀起风浪。

咸宁四年（公元278年）六月，秃发树机能命令部将若罗拔能率军攻打武威郡。凉州刺史杨欣率军与之交战，战况异常激烈，最后叛军大破晋军，杨欣兵败身亡。杨欣曾经随同邓艾参加魏灭蜀之战，并击败了蜀国大将军姜维，可如今他却被凉州的叛军枭首了。因此，杨欣之死给驻守在凉州的晋军造成了很大的心理压力，各郡县的守军终日处于惶恐之中，战斗意志十分低落。

叛军取胜后，秃发树机能乘胜出击，攻陷了凉州诸多郡县。到咸宁五年（公元279年）正月，秃发树机能攻下了整个凉州。

西晋治下的凉州全部沦陷，意味着西北局势已经完全失控了。很显然，如果不解决掉西北的秃发树机能，西晋朝廷根本不可能集中精力在东南发动灭吴战争。

马隆平西

凉州沦陷后，西晋朝廷遭遇到了空前的内忧——河西地区的道路断绝了。换言之，整个西北地区已经成为少数民族部落的势力范围。有一天朝会上，司马炎召集群臣商议解决西北问题，感慨道："谁人能够为我讨平这些叛胡，开通凉州之路？"

原本摇头叹息的朝臣听到这话后立刻低头沉默无语，不能应对司马炎的问话。要知道，此时秃发树机能风头正劲，纵横西北，威震天下，没人敢与之交锋。

司马炎见这些平日高谈阔论的朝臣集体沉默，没人与之谋划对策，觉得非常失望。

就在这时，一个人挺身而出，朗声答道："如果陛下肯任用臣下，臣下能率军讨平叛胡。"

这个人就是司马督马隆，一个低级别的武官。马隆自幼智勇兼备，爱好名节，为人仗义。泰始年间，司马炎打算征伐东吴统一天下，便下诏州郡举荐一些强壮勇猛且有出色才智和气力的优秀人才。兖州长官认为马隆才堪良将，便向朝廷举荐。就这样，经过州郡的举荐，马隆迁任为司马督，得以上朝旁听政事。

司马炎见有人毛遂自荐，顿时龙颜大悦，说道："只要有人能帮我灭掉叛贼，为什么不任用呢？我想听一听你有什么平叛策略。"

马隆说道："如果陛下肯任用臣下，就要给予臣下独立行事的权利，不准其他人干涉！"

司马炎问道："你打算怎样做呢？"

马隆充满信心地答道："请陛下准许臣下自行招募三千名勇士，不问应招勇士的出身来历。我率领他们擂鼓西进去凉州平叛，一路宣传陛下的威严美德，如此这般胡虏何愁不被我军剿灭！"

司马炎非常欣赏马隆的自信和勇气，当下就同意了他的要求，并破格将其晋升为讨虏护军、武威太守，负责率军平定凉州叛乱。

想不到的是，朝堂公卿心疼这笔军费开支，一致反对马隆的征兵要求，并异口同声地说道："陛下，现在我们六军兵力众多，州郡之兵不可胜数，应该用这些士兵去平叛，不宜另行设赏招募新兵，否则就乱了常规。马隆只不过是一位小将，信口胡说罢了，不要相信他的大话！"

此时，马隆只不过是一名中下层军官，还没有立下什么战功证明自己的能力，所以满朝公卿都鄙夷这个无名之辈，更不可能相信他能打败秃发树机能。

司马炎见这些公卿这样说十分愤怒，责骂他们拿着丰厚的俸禄办事不成却败事有余，遂不采取他们的建议。

于是，司马炎让马隆不惜重金招募勇士，并务必将秃发树机能灭掉。

由于得到了司马炎的大力支持，马隆不管群臣的议论和嘲讽放开手脚大胆去做，随即在校场上立起标杆贴出了招募告示——"英雄不问出身，重金招募勇士"。

马隆选拔勇士的标准是这样的：只招募能拉开三十六钧（约540公斤）的弩和四钧（约60公斤）的弓的勇士。换言之，只选录腰力能达到540公斤、臂力能达到60公斤的大力士，不达标的人无论如何也不要。

俗话说，"重赏之下，必有勇夫"。于是，许多年轻力壮之人便纷纷赶来应招。

前文述及，魏晋时期的选官制度是九品中正制，因此许多社会底层人士无法进入仕途。因此，许多渴望建功立业、出人头地的寒门子弟只能通过战功来博取功名。如今，有这样的建功立业且能改变命运的机会在眼前，他们怎能不来应招呢！

经过严格的挑选，马隆到中午时分便募得了三千五百名勇士。

马隆见招募人数已经够用了，便带着一些勇士去武库（兵器库）领取兵器装备军队。不过，看管武库的武库令严词拒绝了马隆自行挑选兵器的要求，说没有这样的规矩，要领取兵器只能由其给士兵们分配。

没办法，马隆等一干人只能在外面等着……

等了许久后，武库令才命令属下搬出一批几十年前魏国打仗用过的兵器。马隆一看竟然全是老旧的兵器，于是怒气冲天地大声与武库令争吵起来，并拒绝领取锈蚀不堪的兵器。

御史中丞听闻此事后精心准备了一份材料弹劾马隆，并建议司马炎罢免不懂规矩的马隆。

司马炎接到弹劾奏书后立即派人将马隆召来，询问究竟是怎么回事。

马隆义愤填膺地答道："我舍命去战场与叛军殊死作战以报答陛下的恩情，但武库令却发放曹魏时期不可再用的兵器给我，这样将士们怎能在战场上拼命消灭敌人呢？我知道这不是陛下的心意，肯定是有人在背后挑唆才这样的。"

司马炎闻此事后大为生气，随即下令任何人都不得为难马隆，任其自行挑选兵器。此外，司马炎还特意下拨了三年的粮草物资给马隆，供其能长久地在西北作战。

马隆得令后去武库挑选了最先进、最好用的兵器，并特别准备了三样装备——偏箱车、磁石、犀甲。

值得一提的是，马隆是一名兵器专家，擅长研制各种克敌制胜的兵器。马隆精心准备的这些"秘密武器"，将会带给秃发树机能很大的"惊喜"。

就这样，马隆率领这支由三千五百名勇士组成的特殊部队踏上了西去的征程。当然，估计谁也想不到，这支人数并不多的军队在不久后将会取得载入史册的大胜。

马隆率军渡过武威以东的温水，向凉州地区挺进。秃发树机能知道此消息后，亲率万人骑兵部队半途拦截，并指挥手下数万部众一起围歼。鲜卑部队或者在沿途据险抵御，以遏制马隆部队前进；或者设伏截断晋军后路，企图首尾夹攻马隆部队。鲜卑各部队一路跟踪袭扰马隆部队，想找准机会吃掉这支小规模的晋军。

不过，马隆足智多谋，立即想出克敌制胜之策，并依八阵图摆出偏箱车迎战鲜卑大军。

顺便提一下，八阵图是古代行军作战时的一种阵法，由诸葛亮推演兵法创设而成。马隆制作的偏箱车配合八阵图一起作战更是相得益彰，二者配套使用将会发挥出巨大的威力。

马隆部队行走到开阔地方时，就将偏箱车并列起来四面布设鹿角，列成鹿角车营阵，能够有效抵御鲜卑骑兵的强大冲击力；行走到狭窄山路时，就摆八阵图设木屋放在偏箱车上，通过车中的射击孔放箭射杀敌军。晋军强弩大发神威，箭镞所射之处敌军皆鬼哭狼嚎，死伤一片。

就这样，马隆部队一边战斗一边前进，沿途箭无虚发，而敌军纷纷应弦而倒，人仰马翻。

自古以来，西北地区出骄兵悍将，而鲜卑战士身强力壮，凶悍善战。尽管马隆部队多次杀退鲜卑大军，但对方依然一直跟在后面并不打算放弃。

马隆知道秃发树机能有勇有谋，便为他精心准备了磁石阵。马隆因地制宜，暗中在道路两边放置大量磁石，故意示弱引诱敌军前来进攻。由于鲜卑士兵身穿铁铠，他们被磁石吸住而行动受阻，因而只有挨打的份儿。马隆部众身穿犀甲行动自如，不受磁石的影响，因而能够有效攻杀敌军。鲜卑士兵不知道磁石会吸引铁器，看见这一幕后目瞪口呆，以为马隆部队是神兵天降。

马隆部队转战千里，杀死、杀伤几千名敌军，消灭了对方大量的有生力量，重创了鲜卑大军。鲜卑人拿马隆毫无办法，他们无论是设伏还是截击，都没有一点效果。

自从马隆率军西征后，洛阳方面没人知道这支深入敌境的平叛部队的任何情况。马隆部队走了很长时间，也一直没有任何一点消息传回洛阳。

因此，有朝臣认为马隆部队已经全军覆没了，否则这么久怎么没有传回一点消息呢。

有人随声附和，马隆并没有多少能耐，他只是说大话而已，何况胡烈、牵弘这种猛将都死于秃发树机能之手而他又怎能幸免呢。事实上，由于道路断绝，马隆取胜后根本无法派人及时将前线的军情传回洛阳。

司马炎听了大臣们的议论后忧心如焚，苦苦等待着马隆部队的消息，迫切地想知道情况究竟如何。司马炎望穿秋水，终于在一天深夜里等来了马隆的信使。

司马炎听了信使的汇报后知道马隆取得了大胜，便欣喜若狂得拍手大笑起来，多日紧绷的神经终于可以松弛下来了（"帝抚掌欢笑"）。

次日早朝，司马炎满脸喜色，万分高兴地向群臣宣布马隆获胜的喜讯，得意地对大家说道："如果朕听从众卿的话，就会永远失去秦、凉之地了！"

于是，司马炎当即下了一道嘉奖诏令："马隆以偏师深入敌境，以少胜多，奋不顾身，为国平叛，功垂青史，擢升为宣威将军，给予其假节权力，加赤幢、曲盖、鼓吹。"

没有了西顾之忧的司马炎终于摆脱了两面受敌的危险局面，可以专心一致地伐吴了。

咸宁五年（公元279年）十一月，司马炎下令早已待命的几十万大军集中行动，大举伐吴。

话说马隆部队抵达武威后再接再厉，多次击败叛军，前后累计歼灭上万人。参与叛乱的鲜卑首领猝跋韩、且万能十分恐惧，主动率领其部落一万多人前来归降。猝跋韩、且万能投降后，严重削弱了秃发树机能部队的实力。与之相反，马隆部队的实力无疑更为强大了。

咸宁五年（公元279年）十二月，马隆联合已经归顺的善戎没骨能部等与秃发树机能决战。这是一场以性命相搏的大战，马隆的联合部队与鲜卑叛军展开了大决战——"不是你死，就是我亡"。

在这场大战中，马隆沉着指挥众将士围歼叛军，截断了秃发树机能的逃生之路。马隆部队的将士都是精心挑选的勇士，无不奋勇当先、勇往直前。

经过一番激战后，秃发树机能临阵被斩，鲜卑大军顿时土崩瓦解，兵败如山倒。秃发树机能死后，秦、凉二州诸羌胡部族由于失去了首领而纷纷向晋军弃械投降。

就这样，马隆取得了全面胜利，彻底解决了秃发树机能的势力，平定了凉州。至此，历时九年之久的秦凉之变终于结束了。

作战方略

在马隆在西北取得大胜的同时，西晋主动发起的另一场大战也轰轰烈烈地展开了。这是一场具有划时代意义的大战——晋灭吴之战。

晋灭吴之战是西晋为统一天下而发动的战役，也是三国时期最后的一场大战。这次大规模的军事行动，各路伐吴大军的将帅部署如下：

一、琅邪王司马伷率领数万军队自下邳（今江苏邳州南）向涂中（今安徽滁河流域）方向进军，进逼长江，佯攻吴国首都建业（今江苏南京）；

二、安东将军王浑率领扬州诸军十余万人自扬州（治所在今安徽寿春）向江西（今安徽和县方向）出横江渡口进军，意图夺取长江渡口，然后再夺取建业；

三、建威将军王戎率领数万军队自豫州向武昌（今湖北鄂州）方向进军，意图攻取江夏、武昌二郡江北诸地；

四、平南将军胡奋率领数万军队自荆州向夏口（今武汉武昌）方向进军，意图攻取夏口；

五、镇南大将军杜预率领荆州军自襄阳向江陵方向进军，意图夺取江陵从而控制整个荆州；

六、龙骧将军王濬、巴东监军唐彬率领五万多水陆大军自巴蜀之地顺江东下，直趋建业。

司马伷这一路作为疑兵策应友军，牵制吴军不得互相救援；王戎、胡奋这两路负责夺取吴国荆州的各战略要点，配合主力行动；王浑、杜预、王濬这三路是主力，担任主要的作战任务，其中王浑负责夺取建业，杜预负责夺取吴国治下的荆州，王濬配合王浑夺取建业。

这是晋军战前总的作战意图，分路对吴国的城池据点各个击破。不过，战场上的状况是瞬息万变的，有时候主角也会变成配角，甚至站在远处当观众。

其实，这个出兵计划基本上是根据羊祜的遗策来拟制的。西晋水陆六路大军共计二十多万人，各路晋军同时进攻东吴，佯攻、辅攻、主攻皆有，水陆并进，多路出击，主力、疑兵各执行其任务。如此，吴军很难辨别晋军虚实，容易顾此失彼做出错误判断，根本无法应付多路晋军的进攻。

与此同时，司马炎任命太尉贾充为使持节、假黄钺、大都督，冠军将军杨济作为贾充的副手，让他们率领中军驻扎襄阳为各路伐吴大军节制调度。中书令张华为度支尚书，总筹粮草运输，负责后勤供应。

其实，贾充并不想担任这次大战名义上的主帅，他担心伐吴不成功而自己要承担战败责任。于是，贾充再次向司马炎陈述伐吴的各种不利之处，又以自己"年老力衰"为由大力推辞任命。为此，司马炎大为光火，下了一道只有一句话的诏书给贾充，其诏曰："如果你不肯去，我就御驾亲征！"

贾充接到诏书后不得已地勉强接受了任命，为诸军节度。

值得一提的是，为了让兵力集中和方便统一指挥，司马炎命令王濬大军从蜀地顺流而下过建平（今重庆巫山）后，受杜预节制调度；而到达秣陵（建业）时，则受王浑节制调度。想不到的是，这个安排在不久后差点引出了一场事端。

最后的决战

咸宁六年（公元280年）正月，王浑统率扬州诸军十余万人向横江（今安徽和县东南）方向进军，派遣参军陈慎、都尉张乔率军攻打寻阳（今湖北武穴东北），又攻击吴国牙门将孔忠，先后都取得胜利并俘获了吴将周兴等五人。取胜之后，王浑又派遣麾下殄吴护军李纯率军占据高望城（今江苏江浦西南）进攻吴将俞恭。是月二十五日，李纯击破俞恭所部，斩杀俘获众多，从而晋军得以顺利推进至横江以东，并成功夺占了渡江的有利渡口。

东线晋军一路所向披靡，这一系列胜利极度震慑了吴军。吴国厉武将军陈代、平虏将军朱明等畏惧不敢抵抗，直接率部归降晋军。

前线败讯传回建业后，吴主孙皓得知王浑率军南下，急忙命令丞相张悌统率丹杨太守沈莹、护军孙震、副军师诸葛靓率领三万精锐渡江迎战，以阻止晋军渡江。

张悌等行军至牛渚（今安徽当涂西北），沈莹向张悌分析道："西晋在蜀地备办水军已经有很长时间了，如今敌国举倾国之力攻打我们，一定是率领全益州之兵力顺江而下。我们上游的各支部队素来没有戒备，况且名将又都已经过世，只是些年少之人担当重任，恐怕沿江各城抵挡不住敌军的进攻。晋国水军必定会到达此地，我们应集中众人之力在此等待与晋军交战，假如我军有幸能够取胜，那么长江以北的地区自然就太平了。如果现在我军渡江迎战，恐怕不能取得胜利，一旦兵败则吴国就大势已去了！"

张悌答道："吴国将要亡国，这是无论聪明还是愚笨的人都知道的事实，不是今日才有的事。我担心蜀地之兵到达此地后我军必定恐惧惊慌，到时候就不可能再整肃起来迎战了，不如趁着现在我军士气尚在之时赶紧渡江，或许还能与晋军决一死战。如果我们失败了，那么我们是为国捐躯，没有什么悔恨的；如果我们取胜了，那么敌人就会向北逃亡，我军声势就将倍增，如此我军乘胜向南进军在半路上迎击敌人，不担心不能破敌。如果按照您的计策，恐怕兵力不久就散尽了，而我们只能坐以待毙。这样一来，吴国君臣都要投降，但没有一个人死于国难，这难道不是耻辱吗？"

于是，张悌毅然决然率部渡江迎战——寻找晋军主力决一死战。当然，张悌是明知胜算渺茫也要拼死一搏，只为做到问心无愧。张悌等人渡过长江后，在杨荷包围了王浑的部将张乔。

当时，张乔麾下只有七千名士兵，他知道敌不过吴军的三万精锐，当下便关闭栅栏举起白旗请求投降。

不过，诸葛靓识破了张乔的诡计，知道这是伪降，便建议张悌屠杀这支七千人的晋军部队以免留下后患。张悌阻止道："强敌还在前面，不宜先去做无关紧要的事情，况且杀了投降的人是不吉利的。"

诸葛靓听了这话着急地说道："这些人是因为援兵还没有到且他们力量弱小抵挡不住，这才暂且假装投降以拖延时间，而并不是真正的屈服了。现在，我们应趁其没有战斗之心而坑杀他们，如此则可以激励我三军的士气。如果放了他们，必然造成后患。"

其实，一般来说是"杀降不祥"，但是非常时刻应行非常之事。当然，虽然坑杀降军的做法残忍无比，但这对此时的吴军来说却是正确之举。要知道，一旦将这支七千人的晋军留在后面，待吴军去前方与其他晋军决战之时，后面假降的晋军必然会反戈一击，到时候本来士气就不高的吴军就会遭到首尾夹攻，这样将会必败无疑。

不过，张悌是一个仁慈的迂腐之人，并没有意识到这七千名晋军就是七千颗"不定时炸弹"。于是，张悌不听从诸葛靓的建议，安抚了这支归降的晋军后就继续前进了。

王浑听闻张悌部队围困张乔所部后，立即派遣安东司马孙畴和扬州刺史周浚率领大军去迎战吴军主力。

不久之后，张悌部队遭遇了周浚部队，而两军相遇自然是各自列阵对战。张悌求胜心切，立即命令沈莹率领五千名丹杨精锐士兵冲击晋军阵列。张悌万万想不到的是，沈莹所部冲击三次都没能冲破晋军的队列。其实，周浚率领的部队是久经战阵的淮南军，他们的战斗能力并不比丹杨兵弱。

沈莹见冲不破晋军，只能引兵退下。然而，其他的吴军见素来以骁勇善战闻名的丹杨兵都无法取胜，一下子所有吴军都泄气了，正所谓"一鼓作气，再而衰，三而竭"。于是，三万吴军开始混乱起来，许多人甚至当逃兵逃离了战场。

晋将薛胜、蒋班抓住战机，趁吴军混乱之际进行反攻。这样一来，本是惊弓之鸟的吴军兵败如山倒，士兵们接二连三地奔逃溃散，没人有心迎战，即使吴军将帅们在后面斩杀逃兵也无法制止这场溃败。恰好，这时张乔又率军从背后杀过来，首尾夹攻吴军。

诸葛靓见败局已定，只能带着五六百名士兵逃走。在逃亡过程后，诸葛靓派人去接应张悌一起逃命。不过，张悌死活不肯离开，决定以身殉国。诸葛靓见情况万分危急，亲自跑过去强拉张悌逃走，对他说道："天下存亡是有定数的，并不是你一个人所能支撑的。你为什么一定要自己在此送死呢？"

张悌流泪道："仲思（诸葛靓的字），今天就是我的死期了。况且，我还是孩童的时候，就被你家丞相所赏识提拔。我常常担心自己不能死得其所，辜负了名贤对我的提携与照顾。我今天要以身殉国，又为何要逃走呢？不要再拦住我了！"张悌硬撇开了诸葛靓的手，从容赴难。

诸葛靓再三强拉张悌逃命，但还是拉不动他，只能放手任其留在原地。诸葛靓没办法，只得流着眼泪走了。诸葛靓走了一百多步后回过头去看张悌时，只见他已经被赶上来的晋兵乱刀分尸了。对于张悌的为国献身，明代学者周礼有诗云："颠危国祚势难支，江左全收大将旗。张悌死忠怀食禄，为臣到此是男儿。"

这一战，除了张悌主动为国献身外，孙震、沈莹等人力战而死。

就这样，晋军在版桥（今安徽和县境内长江西岸）大破吴军，斩首七千八百级，俘虏上万吴军，歼灭了吴国最为精锐的部队。

周浚取得大胜后，进军驻扎横江以等待王浑的命令。

此时，只要王浑继续挥师南下，即可不费吹灰之力进入建业夺得灭吴首功。但是，王浑取胜后将十万大军推进至江边就不再继续进军，而是等待王濬从蜀地顺流而下会师后再联合攻打建业。

扬州别驾何恽看出战机，便向周浚建议道："张悌率领吴国最为精锐的部队出来迎战被我军歼灭，吴国朝野震惊。现在，龙骧将军王濬已攻下武昌，必定乘胜东下，所向披靡。目前，吴国已呈土崩瓦解之势，我们应迅速挥军渡江直捣建业，只要我军突然而至建业城下，一定能不战而逼降孙皓。"

周浚认为这是条妙计，便打算派人将此建议禀告王浑。

何恽一看就急了，说道："王浑不明事理，不会灵活变通，以致捕捉战机迟缓，同时又想保身免于过失，因此他必定不会听从我的建议。"何恽的意思是让周浚单独行动，直攻建业，夺取灭吴首功。不过，周浚只是一个扬州刺史，归属于王浑指挥，无权做这么大的决定。

周浚仍坚持派人将何恽的建议禀告王浑，劝其立即下令全军直捣建业。

果然不出何恽所料，王浑听到这一建议后拒绝道："诏书仅命令我们在江北与吴军抗衡，没有让我们轻易进军进攻建业。如果违背君命擅自渡过长江直接进攻建业，即使作战获胜也难以获赏，但一旦失败则必获重罪。再说，陛下已命令龙骧将军王濬受我节制调度，就应当等待他到来会师后再一起同时渡江进攻建业。"

于是，王浑坚持按原诏令就地等待王濬的水陆大军到来，然后再统一指挥王濬等军渡江作战。

殊不知，司马炎在一个月之前已经另行下达新诏令给王濬了——授予王濬可以单独进攻建业的旨令。况且，此时整个战况已经起了很大的变化，王濬也不可能按照原作战计划听从王浑的指挥。

何恽不忍心看这样的盖世奇功从眼前溜走，再次向王浑分析道："龙骧将军王濬已经攻克万里之敌，以已成的战功来接受我们的指挥是我不曾听说过的事，因此他又怎会甘心受您命令节制。再说，掌握兵权的关键是时机允许就夺取，这就是所谓接受命令而不接受辞让。明公身为上将当见机而进，岂有事事等待诏命之理！如今，乘胜渡江必定大获全胜，您有什么疑虑而不肯渡江直捣建业呢？"

王浑固执己见仍不听从此建议，执意等待王濬大军到来。其实，王浑按兵不敢渡江前进去进攻建业，主要是害怕失败而受到责罚。

当然，王浑停驻不动，将会错过这个千载难逢的夺取灭吴首功的机会而抱恨终身。

荆州战场

晋军不仅在东线战场大获全胜，而且在荆州战场也所向无敌。这里，具体说一下晋军是怎样作战成功并夺取吴国治下的荆州的。

晋灭吴之战开始后，杜预向江陵进军，派遣参军樊显、尹林、邓圭以及襄阳太守周奇等人率领军队沿江西上，并授予他们指挥权。樊显等人按照杜预的军事部署多路出击，十天之内连续攻克吴国荆州治下的各城邑。

二月初五，王濬的陆军顺道进攻乐乡城。孙歆派兵出城迎战，杜预即遣牙门将管定、周旨、伍巢等人率领八百名精壮的士卒去袭击乐乡。这支奇兵在夜幕的掩护之下神不知鬼不觉地渡过长江，到达目的地后一边竖立旗帜虚张声势，一边在巴山上点火迷惑吴军。晋军在吴国要害地区频繁活动，果然把乐乡城里的吴军都督孙歆吓得坐卧不安。孙歆极为恐慌，给吴将伍延写信说道："晋军的各路军队是飞过江来的。"

此时，孙歆两面受敌，前有王濬部队，后又有杜预部队。当孙歆部队出城迎战王濬部队大败回城时，周旨、伍巢等人正伏兵于乐乡城外。于是，周旨等人乔装打扮混在吴军的队伍里，跟随败军一起溜进乐乡城里并活捉了孙歆，乐乡城被攻陷。

杜预部队扫清江陵的外围之后，继而进逼江陵。吴国江陵督伍延见外围诸城皆失，自知孤城难守，便心生一计而表面假装投降，暗中却陈列军队登上城墙准备偷袭杜预部队。杜预一眼看破伍延的诡计，立即指挥人马攻城，并在攻杀伍延后很快拿下了江陵。

杜预攻下江陵后，对众将说道："如果王濬能通过建平就会顺流长驱而下，到时候他的威名已经显著，不宜令他受到我的节制。如果王濬不能顺流而下，则也无理由去调度他了。"

不久，胡奋率军攻克公安（南郡治所）。随即，王濬、唐彬配合胡奋、王戎共同率军平定夏口、武昌等地，至此晋军顺利占据了整个荆州。

杜预平定长江上游后挥师东进，以配合其他各路伐吴晋军。在杜预部队所到之处，吴国的各郡县都望风生畏，其长官奉送印绶主动投降。杜预招抚吴国军民后分兵南下，攻占交州、广州一带。

杜预这一路大军作战以来收获颇丰，共计斩杀及活捉吴国十四名都督、监军，一百二十多名牙门将、郡守。杜预又凭仗军威迁徙归降将士及屯田戍守之家以充实江北，并在南郡各地设置长吏治理当地。因此，荆地整肃，吴人来投奔晋军如同回家一样。

却说杜预听闻王濬攻克西陵后马上给对方写了一封信，其信云："你已经摧毁了吴国西部屏障，就该直接去攻取建业，解救吴民于涂炭之中。你的水陆大军从长江进入淮河，渡过泗水、汴水，溯黄河而上，然后凯旋都城洛阳。这是旷世未有的盛事啊！"

王濬楼船下益州

咸宁六年（公元280年）正月，王濬和唐彬率领五万多水陆大军从成都发兵顺流而下。此时，王濬先前在巴郡所保全的男婴都到了服兵役、供徭役的年龄，而出征前他们的父母都劝勉从军的儿子道："王府君给予了你们生命，你们一定要勤勉效力，作战时不要贪生怕死啊！"

王濬派遣唐彬作为先锋，率领水军自成都沿江而下，行至建平即遭到建平太守吾彦的顽强抵抗。建平城防坚固，易守难攻，况且吾彦又做了充分的准备。王濬见晋军短时间内无法攻下建平，不想在这里消耗时间和兵力，便派一支偏师对其只围不歼。然后，王濬率领大军绕道而下，毕竟他的终极目标是建业。

前文述及，吾彦为了阻止西晋战船从蜀地顺流东进，提前命人打造了铁锁链、铁锥埋在长江险阻要害之处。所以，王濬必须清除这些障碍后才能顺流而下，否则战船就会被水下的铁锁链、铁锥拦住去路或者扎破。

于是，王濬就制作了几十个百余步见方的大木筏，筏上皆扎着披盔甲、执兵器的草人，以此迷惑吴军。然后，王濬命令水性好的水兵乘筏先行，而铁锥遇上大木筏后就刺到筏子上被带走了。王濬又命人制作了长十余丈、宽数十围的火炬，灌上麻油放在船前而行，一旦遇到铁锁链就点燃火炬焚烧它。在高温的炙烤之下，铁锁链很快就熔成液体而断掉了。

就这样，王濬清除了水中的障碍物，使战船得以通行无阻，然后一路经过瞿塘峡、巫峡进至秭归附近。

二月初一，王濬、唐彬攻破吴国丹杨郡（今湖北秭归东南），擒获了丹杨监盛纪。

二月初三，王濬等人又攻克西陵，擒斩西陵督留宪、征南将军成据、宜都太守虞忠、西陵监郑广。

西陵的战略位置十分重要，是吴国防备西晋入侵的前沿屏障。当年，陆抗临终之前反复提醒孙皓要派重兵防守此地，可惜孙皓不采纳此建议。况且，不久之前，孙皓中了杜预的离间计撤换了熟悉西陵防务的张政，另派武昌监军留宪出任新的西陵督。不过，留宪不堪其任，一下子就被晋军擒杀了。

西陵失守，意味着吴国的西大门已经洞开，其治下的荆州基本上就无险可守了，沦陷只是时间问题而已。

二月初五，王濬又攻克荆门、夷道两城，擒斩夷道监军陆晏。随即，王濬命令陆军攻击乐乡城，水军向江陵进发。

二月初八，王濬的陆军与杜预所遣奇兵攻克乐乡城。同日，西晋水军大破吴国水军于长江，斩杀吴国水军都督陆景。吴国平西将军施送大惊之下不敢抵抗，率军投降晋军。

王濬水陆大军一路斩关夺隘，势如破竹，所向披靡，没有遇到任何有效的抵抗。之所以会出现这样一边倒的战况，那是因为吴国边境不设防，仅有设防的守将也只有吾彦一人而已。所以，吾彦成功坚守住了建平，直到吴国灭亡大势已定后才归降了晋朝。

当然，那些仓促之间组织起来迎战的吴军，哪里是有备而来的晋军的对手呢。

喜讯传到洛阳后，司马炎下诏晋升王濬为平东将军、假节，都督益、梁二州诸军事。实际上，王濬取得了与王浑同等的军事指挥权，可以不受王浑的节制调度。

这一天，是咸宁六年（公元280年）农历二月十八日。

王濬水陆大军作战千里，节节取胜，兵不血刃，无坚不摧。司马炎意识到了王濬水陆大军就要成为进攻建业的主力部队，便下了一道诏令：杜预分兵一万人给王濬，分兵七千人给唐彬；胡奋分兵七千人给王濬；王戎分兵六千人给唐彬。此道诏令之意，即令王濬不必受杜预节制调度，应当立即乘胜顺流长驱以进攻建业。

其实，此道诏令另一层隐藏意思是王濬也不必再受王浑节制调度。可惜，王浑并没有及时得知司马炎这道诏令的内容，还在江北一直等待王濬大军到来。就是这一等待，王浑就与千载难逢的灭吴首功失之交臂了。

经过增兵，王濬水陆大军多达八万多人，声势更加浩大了。王濬水陆大军扬帆直下，经过夏口、武昌，楼船已过万重山，浩浩荡荡直扑建业而去……

孙皓听闻王濬水陆大军直奔建业而来终于慌了神，派遣游击将军张象率领一万水兵御敌。张象率军出发后，远远看见王濬水陆大军的旌旗布满长江后，瞬时吓得魂不附体。王濬的楼船又高又大且坚固无比，根本不用攻击，就是直接开过来也可以将张象那些战船撞碎。不过，张象是一个识时务之人，立即举起白旗投降了。

张象不战而降的消息传回建业后，孙皓气得暴跳如雷，但无计可施。这时，有一个人向孙皓请求愿意出战破敌，他就是徐陵督陶濬。

陶濬此前奉命去交州讨伐作乱的叛将郭马，当他行军至武昌时听到晋军大举来伐，便率军掉头返回建业。陶濬回来后，孙皓即日召见他，询问晋军水军情况。

陶濬答道："蜀地的船只都很小，如果现在我能得到二万兵卒，乘坐大船作战，就足以击败来犯之敌。"估计陶濬是没有看见王濬的楼船，才敢这样大言不惭地说这种大话。

孙皓犹如一个溺水之人，听了陶濬的话后仿佛抓住了最后一根救命稻草，并又重新燃起了希望。

于是，孙皓调集兵力，东拼西凑好不容易才凑齐二万名士兵给陶濬。为了以示隆重，孙皓授予陶濬符节斧钺，让其全权指挥诸军迎敌作战。

自从张悌部队溃败后，吴国全境大震，军民人人惊慌失措，而且都知道最终的结局如何了——亡国。因此，吴国士兵们不再愿意为孙皓效命，都当逃兵各自逃散了。毕竟大家都很清楚，现在去与晋军交战，无疑是跑过去送死。

第二天早晨即将出发时，陶濬到军营一看暗呼不妙，原来的二万名士兵全部连夜逃走了。

孙皓听闻王濬水陆大军布满长江，旌旗蔽日与天际相连，威势十分盛大，差点吓破了胆子。孙皓已到穷途末路，知道大势已去，遂采纳光禄勋薛莹、中书令胡冲等人的建议，分遣使者送投降信给王濬、司马伷、王浑，并将皇帝玺绶送给司马伷，试图挑拨他们之间的关系让他们互相争功而引起晋军内部分裂。

此时，王濬水军已驶至三山（今南京西南），即将到达建业。王浑隔江看见王濬距离建业只有一步之遥时才急了，急忙派人送信给王濬命其暂停进军，暂且过来商议军事。

当然，王浑此举无非是怕王濬抢了灭吴首功罢了。

王濬也知道王浑的意图，直接派人捎了一句话给王浑——"顺风，无法停船"。

王浑听了王濬使者的话气得七窍生烟，但他无法阻止王濬的行动，只能眼睁睁地看着王濬的楼船浩浩荡荡地驶进建业——鞭长莫及啊！

王濬根本不理会王浑，借口顺风无法停船而直接展开风帆加速直冲建业……

其实，王濬抢战功的行为是可以理解的。此时，蜀国早已被灭，西北地区的叛乱已平，只剩下一个吴国了，以后不可能还有建功立业的机会了。何况，这又是青史留名的灭吴首功，何人能无动于衷呢！

转瞬间，王濬的八万多水陆大军就抵达了建业城下。事已至此，孙皓的所有幻想破灭了，只好备下"亡国之礼"——脱下衣服令人反绑自己的双手，亲率太子孙瑾等人出城，让属下抬着棺材到王濬军门前投降。

王濬手持符节颇有风度地躬身为孙皓松绑，并当众焚烧棺材以代表西晋接受了吴国的投降。

这一幕情景，与当年后主刘禅投降邓艾时一模一样。

这一天，是咸宁六年（公元280年）农历三月十五日。

如果从孙权称帝时开始算起，东吴政权共历四帝，国祚五十二年，而这一天正式宣告了它的灭亡。

孙皓出降后，敕令吴国各地尚在抵抗的守军向晋军弃械投降。交州牧陶璜、建平太守吾彦等人知道吴国灭亡后，不得已才举州郡归顺西晋。

王濬进入建业后，封闭府库，收查吴国的图书簿籍，统计财产户口，处理善后之事。

据史料记载，晋灭吴之战后，西晋获得四个州（荆、扬、交、广四州），四十三个郡，三百一十三个县，五十二万三千户，三万二千名官吏，二十三万名士兵，二百三十万人口。（《晋书·武帝纪》）

对此事件，后世唐代诗人刘禹锡《西塞山怀古》诗云："王濬楼船下益州，金陵王气黯然收。千寻铁锁沉江底，一片降幡出石头。人世几回伤往事，山形依旧枕寒流。今逢四海为家日，故垒萧萧芦荻秋。"

争功

当王濬在建业城内忙碌统计吴国财物之时，有一双无比愤怒的眼睛在旁边看着这一切。王浑比王濬晚一天抵达建业，被王濬抢先一步夺走了能载入史册的功劳。对此，王浑非常愤怒，对王濬心生恨意。

其实，自从王濬不听从王浑的调遣扬帆直抵建业那一刻起，王浑心中就埋下了报复的种子。王浑自认为他是灭吴之战的主角，而王濬是配角，只是给他做帮手的。如今，配角却抢了主角的戏份和风头，而王浑自然是火冒三丈了。

当然，王浑也受降了吴国司徒何植、建威将军孙晏，但他这个功劳是不能与王濬相提并论的，因为在史册上记载的是王濬接受孙皓的投降而不是王浑，这是谁也无法改变的事实。

不过，王浑不应该怪别人，只能怨自己。要知道，此前何恽曾经三番两次劝说王浑立即渡江进攻建业，但是王浑死活不听，这才被王濬抢了灭吴首功。

对于王濬抢了灭吴首功，王浑愤愤不平，甚至一度打算下令部队攻打王濬。

王濬的军事参谋何攀见情形不对，马上劝说王濬赶紧把孙皓送给王浑，以平息对方的怒火。王濬接受此建议做出让步，反正历史性事件已经过去了，把孙皓送给王浑又有何妨呢！

王浑收到最大的"战利品"孙皓后，虽然怒气没有全消，但也没有理由攻打王濬了。

不过，王浑并没有打算就此放过王濬。虽然王浑不能再用军事手段攻打王濬，但他计划改用政治手段整死对方。

对于王濬抢夺灭吴首功这件事儿，王浑深感羞耻和愤恨，遂上表说王濬违抗诏书不受节制调度，不听军令擅自进军。（《晋书·王濬传》："濬乘胜纳降，浑耻而且忿，乃表濬违诏不受节度，诬罪状之。"）

随即，王濬上书解释，指出《庚戌诏书》没有命令他另外接受王浑的节度，因此他没有违诏不受王浑节制调度的问题；而他乘胜进军建业，完全是按照圣诏的命令。

王浑见司马炎没有处罚王濬，心中咽不下这口恶气，决心排除万难也要扳倒对方。王浑又连夜搜罗了王濬一堆"证据"，捏造一系列所谓"罪行"，诬陷王濬进入建业抢掠吴国宝物，纵容将士放火焚烧吴宫。更恶毒的是，王浑还诬告王濬在建业屯兵，恐吓煽动吴人谋反。

这一幕像极了当年钟会陷害邓艾，目的是想把对方置于死地而后快。当时，邓艾偷渡阴平夺得灭蜀首功，因此被钟会忌恨。随之，邓艾被诬为谋反，一代名将就这样被人合谋害死。

针对这些指控，王濬又上书自辩，并逐一批驳。王濬指出，当自己带人在府库收查吴国的图书簿籍之时，周浚等人就先行进入吴宫，而且王浑比他早一天登上孙皓的龙船，如果有人抢掠吴国的宝物，那也是王浑麾下的人做的；况且上述事情为全军所见，大家都可以做证，同时可以验证审问众人从而辨明真假。王濬进一步指出，自己治军一向严明，军人不许擅自离开部队战阵，而且自己深受朝廷厚恩，岂能去做这些大逆不道之事呢？

为了解气和解恨，王濬又在自辩奏疏中举报王浑虚报战功欺骗朝廷以多邀赏。王濬在自辩奏疏中痛心疾首地说道："孙皓投降后，建业城中所发生的这些事都如同我先前上表说的那样。然而，妒贤嫉能之徒大有人在，他们故意编造罗织罪名，公然行于圣世，颠倒黑白，这是多么令人不齿啊！佞臣奸邪祸国殃民，自古就是那样……何况我顽钝疏漏，怎能堵得上说坏话人的嘴呢！我保全身首的希望，全仗着陛下圣明，以使渐进的谗言行不通。"

王浑非常后悔击败张悌后没有即刻进攻建业，从而导致王濬抢了他的灭吴首功。因此，王浑非常不服气，不断地编织罪名诬告王濬，强烈要求用槛车押送王濬回京师受审。对于王浑这种小人行径，时人都讥讽他。当然，王濬也不断上书自辩，并举报王浑所犯下的各种罪行。为了争辩谁的功劳更大，王浑、王濬二人互相揭发对方，一路吵得不可开交，甚至班师回洛阳后直接把"口水官司"打到了司马炎那里。

司马炎虽然深知内情，但王濬和王浑都是灭吴功臣，无论处罚谁都伤感情。于是，司马炎充当和事佬和稀泥，一概不予追究，这事儿才算不了了之。

历史意义

晋灭吴之战是中国战争史上第一次大规模突破长江天堑的江河进攻战，对此后历代长江用兵提供了重要的借鉴。

自从东汉末年黄巾起义开始，天下大乱，群雄割据，四分五裂，民不聊生，无数人间悲剧在中华大地上上演。晋灭吴之战后，中华大地历经近百年战乱后又重新统一了，并走向光明与新生。南北统一后，司马炎下诏免除苛捐杂税，天下百姓终于可以安居乐业了。

晋灭吴之战后，天下复归于一统，四海升平，从此结束了三国鼎立的局面。毫无疑问，西晋发动这次战役顺应了社会形势的需要，对当时社会的发展起了积极的推动作用。

在中国漫长的历史长河中，一百年的历史只不过是沧海一粟，但这段百年三国史却是大多数中国人最为熟悉的一段历史。今天，人们对许多三国故事耳熟能详，而三国时代那些无数叱咤风云的英雄人物都已经家喻户晓。

然而，曾经的千古风流人物建立下的丰功伟绩，终究消逝于历史长河之中，一切都终将被时间带走了。

行文至此，就以明代文学家杨慎的《临江仙》词作为结束，词云：

滚滚长江东逝水，浪花淘尽英雄。

是非成败转头空。

青山依旧在，几度夕阳红。

白发渔樵江渚上，惯看秋月春风。

一壶浊酒喜相逢。

古今多少事，都付笑谈中。

主要参考书目

［1］陈寿.三国志［M］.合肥：黄山书社，2015.

［2］范晔.后汉书［M］.北京：中华书局，1965.

［3］房玄龄，等.晋书［M］.北京：中华书局，2015.

［4］司马光，等.资治通鉴［M］.上海：上海古籍出版社，1980.

［5］刘义庆.世说新语［M］.北京：线装书局，2018.

［6］台湾三军大学.中国历代战争史：第4册［M］.北京：中信出版社，2013.

［7］台湾三军大学.中国历代战争史：第5册［M］.北京：中信出版社，2013.

［8］卢弼.三国志集解［M］.上海：上海古籍出版社，2009.

［9］常璩.华阳国志［M］.上海：上海古籍出版社，1987.

［10］钱仪吉.三国会要［M］.上海：上海古籍出版社，1991.

［11］严耕望.两汉太守刺史表［M］.上海：上海古籍出版社，2007.

［12］吕思勉.秦汉史［M］.北京：北京理工大学出版社，2016.

［13］吕思勉.三国史话［M］.北京：民主与建设出版社，2015.

［14］吕思勉.中国政治史［M］.北京：新世界出版社，2016.

［15］吕思勉.中国通史［M］.北京：新世界出版社，2012.

［16］吕思勉.两晋南北朝史［M］.哈尔滨：哈尔滨出版社，2015.

［17］黄仁宇.中国大历史［M］.北京：生活·读书·新知三联书店，1997.

［18］易中天.品三国［M］.上海：上海文艺出版社，2018.

［19］易中天.三国纪［M］.杭州：浙江文艺出版社，2016.

［20］易中天.魏晋风度［M］.杭州：浙江文艺出版社，2016.

［21］［德］克劳塞维茨.战争论［M］.魏止戈，译.武汉：华中科技大学出版社，2016.

［22］方诗铭.论三国人物［M］.北京：北京出版社，2016.

［23］沈忱，何昆.中国历代战争之汉末烟云［M］.北京：中国地图出版社，2015.

［24］赵春阳.英雄的棋局——三国军事地理大势［M］.北京：台海出版社，2017.

［25］谭其骧，主编.中国历史地图集：第三册［M］.北京：中国地图出版社，1996.

［26］孙武.孙子兵法［M］.北京：中华书局，2011.

［27］方北辰.刘备："常败"的英雄［M］.北京：北京大学出版社，2013.

［28］何兹全.三国史［M］.北京：人民出版社，2011.

［29］钱穆.国史大纲［M］.北京：九州出版社，2011.

后　记

这部《三国风云》是从2019年春末夏初开始构思动笔，到2021年3月正式完稿。在这两年里，我深居简出，埋首故纸堆，几不与外人相往来。

我写这部书是源于我对历史的热爱，正是由于有了这种"驱动力"，才能坚持两年去写完这部书。如果这部书能够作为一部三国历史的"科普读物"，那我就心满意足了。当然，任何人想在一部书中把三国百年历史写得面面俱到、十全十美，那几乎是不可能的。就这部《三国风云》的资料来源而言，其中正史和官方史料占比85%，野史与小说笔记占比10%，我个人的自由发挥空间占比5%，而且这仅有的5%还大多是为了润色和衔接预留的。可以说，这部书所写的内容几乎都是正史，甚至连人物的对话都是依据史料翻译成白话的。

中国历史典籍浩如烟海，有关三国的史料更是卷帙浩繁，仅裴松之为陈寿《三国志》作注补缺而广搜的史料差不多就有二百种之多。因此，在写作过程中，我只能精选史料，剔除与历史发展不甚关紧要的人物和事件，如《三国志》中有一些有传记的人物也只字未提，而只挑选三国时期有代表性的人物和典型事件进行书写。同时，为了让文章更加有趣味性和可读性，不但在行文中借鉴小说写作的技巧如留下悬念和伏笔，使得故事情节一环紧扣一环，让人阅读起来有欲罢不能之感，而且尽量在符合史实的前提下使语言风格具有幽默和诙谐的特点，以做到"忠于史实；好看有料；给人启迪"三原则。

其实，这部《三国风云》是可以当作白话版的三国通史来阅读的，书里除了军事斗争外还写了政治制度和经济、文化等方面的内容，基本上可以粗略地了解整个三国百年的历史全貌。

当然，这部书虽然是一部关于三国的通俗历史作品，但它不只是书写了三国的历史，还包含了人性的所有特质，不管是理想、奋斗、坚持、气节、智慧、坚强、勇气、温情、伟大、谦逊、勤奋、真情、果断、决心、大义、信念、雄心、善良，抑或是罪恶、虚荣、卑鄙、残暴、骄傲、狡诈、贪婪、自私、冷漠、诬陷、恶毒、伪善、阴谋、诡计、背叛、阴险、蛮横，等等。在这部书里，有人为了人生梦想而终生奋斗不已，有人坚持忠诚而放弃荣华富贵，有人奋战到底而尽节殒命，有人誓死不降而用生命捍卫气节，有人蔑视权贵不肯低头而不惜血染断头台……还有为了个人利益而不顾国家利益卖国求荣之辈，有打小报告捕风捉影的宵小之徒，有为了荣华富贵而放弃人格的龌龊卑鄙小人，有设圈套耍阴谋的阴险奸诈之徒，有草菅人命的残暴统治者，有放弃生命尊严的贪生怕死之人……但是，我以为"忠义、理想、良知、信念、骨气"是一个人所不能抛弃的，因为这是一个精神与人格健全的人应该具备的东西。

现在，这部《三国风云》已经完整，《群雄逐鹿》《三分天下》《三国鼎立》《三家归晋》四卷也终于齐备了。在这部书的写作过程中，虽然前期反复查阅了各种权威文献，也不断阅读了前辈学者们的诸多论著，动笔后更是战战兢兢、如履薄冰、小心翼翼，但由于个人水平有限，错漏之处亦在所难免，敬请广大读者批评指正。

最后，我还要对所有帮助过我的人真诚地说一声"谢谢"！

蓝水飞舟

2021 年 3 月 9 日